KB166008

효과적인 의태어 번역전략

-한국 현대소설의 중국어 번역을 중심으로

이 저서는 2020년 대한민국 교육부와 한국연구재단의 지원을 받아 수행된 연구임
(NRF-2020S1A5B5A17089207)

효과적인 의태어 번역전략

한국 현대소설의 중국어 번역을 중심으로

정영지 지음

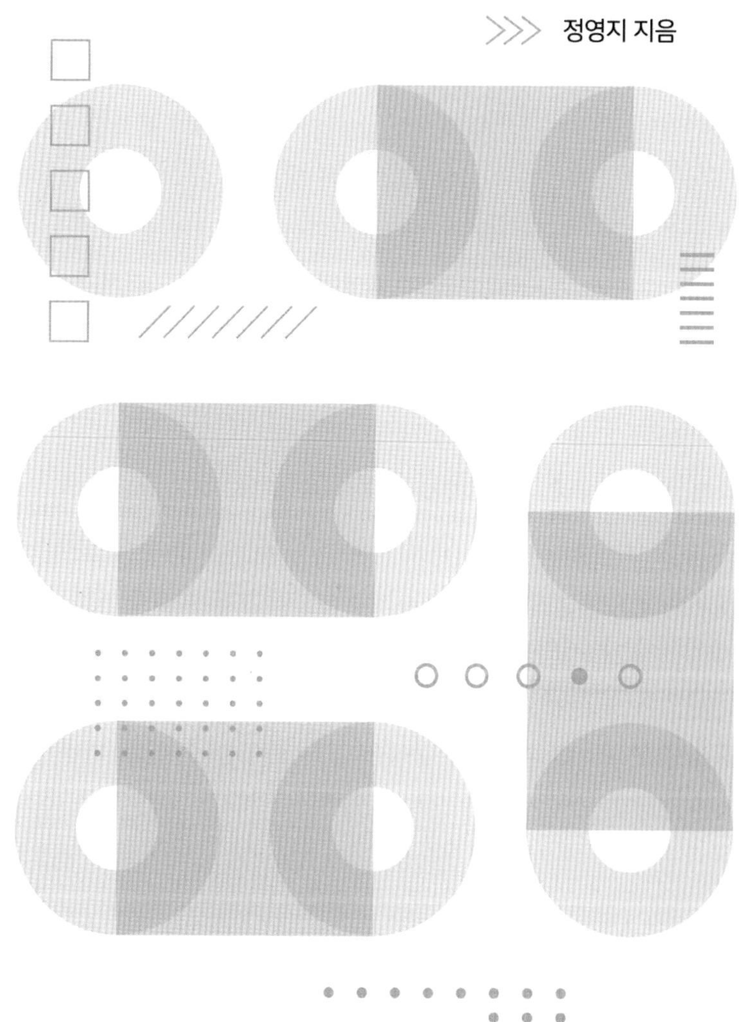

역락

머리말

모든 언어에는 사람이나 사물의 소리나 모양, 움직임들을 묘사하는 표현이 존재한다. 자연계의 소리를 모방하여 언어화한 의성어는 실제 소리와 필연적인 有缘性을 갖게 되지만 각 나라의 언어마다 독특한 음운체계가 있어 실제 소리를 언어화할 때 차이가 있게 된다. 하지만 극소수이긴 하나 공통성도 지니고 있는데, 예컨대 중국어에서 사람이 크게 소리 내서 웃는 소리인 '哈哈(hāhā)'가 한국어에서는 '하하'로 러시아어에서도 'xa-xa(하하)'로 표기되고, 문을 노크하는 소리를 한국어에서는 '똑똑', 러시아어에서는 'тук-тук(뚝뚝)', 프랑스어로는 'toc-toc(똑똑)'으로 표현되어 비슷한 청각적 효과를 주고 있다.[1]

이에 반해 의태어는 사회발전 과정 중에 약속된 것으로 恣意的 성격이 강해 언어 사이에 필연적인 연계가 있을 수 없다. 그리고 한국어는 표음문자인데 중국어는 표의문자이기 때문에 의태어의 표현 방식이 서로 다를 수밖에 없다. 거기에다 한국어에서 의태어는 한자어의 영향을 받지 않는 고유어로서 구어에서도 많이 쓰지만, 문학작품에서는 수사학적 효과를 살리기 위해 다양한 의태어를 많이 쓰고 있음을 볼 수 있다. 따라서 한국의 문학작품을 중국어로 번역할 때 의태어의 처리는 쉬운 일이 아니다.

이 책을 쓰게 된 것도 소설작품 속의 의태어는 중국어로 어떻게 번역

1 김태진, 「러시아어 의성어 연구」(2009).

할까? 하는 호기심에서 시작되었다. 먼저 몇 편의 소논문을 쓰면서 분량의 한계로 늘 아쉬움이 남았고, 좀 더 구체적으로 분석 과정을 소개하고 싶다는 열망을 갖고 연구재단의 문을 두드렸고, 연구비를 지원받게 되어 꿈을 이루게 되었다. 본 책은 본편과 부록편 두 부분으로 나눈다. 본편에서는 의태어 번역양상, 통사적 특징, 교육용 의태어 목록의 중국어 번역 전략 등을 소개한다. 부록편에서는 첫째, 각각의 작품별로 출현하는 의태어 모두를 하나하나 번역된 것과 생략한 것을 구분하여 정리했고, 번역된 것은 번역양상과 간단한 뜻을 소개하였다. 둘째, 분석에 사용한 5편의 소설작품에서 의태어가 출현하는 원문과 번역문을 모두 정리 소개하였는데, 특히 『빛의 제국』은 대륙본과 타이완본이 둘 다 존재해 두 번역을 서로 비교할 수 있도록 정리하였다.

부록편을 본편 못지않게 분량을 할애한 이유는 연구계획서에서도 언급했지만 처음 의태어 번역 양상 고찰 작업을 시작하면서 참고자료를 찾던 중 몇 편의 관련 논문을 찾았다. 하지만 대부분 간단하게 일부 예들만 소개하고 있어 그 자료를 참고하기에는 한계가 있었다. 소논문으로 발표된 것이니 분량의 제약으로 분석된 자료들이 사장된 부분이 있을 수밖에 없다는 점에 아쉬움이 많았다. 그래서 분석 과정에서 얻은 결과물을 모두 소개해 후속 연구자들이 관련 연구를 할 때 참고할 수 있도록 책으로 만들었다. 하지만 이 책에서 분석한 작품도 한국 소설 5편과 그 번역판 6편을 분석한 것이라서 아직 부족함이 있고, 분석 결과에도 어느 정도 오차가 있을 수 있을 것이다. 후속 연구자들이 기존의 연구를 발판으로 더 많은 작품을 분석해서 더욱 정밀하고 정확한 전략을 제시하기를 기대해 본다.

이 책이 나올 수 있도록 지원해 준 한국연구재단에 감사드리고, 원고를 처음부터 끝까지 꼼꼼히 읽고 오류를 지적해 주신 정철주 교수님께도

진심으로 감사를 드린다. 부족한 원고지만 좋은 책 만들어 주신 역락 출판사 관계자 여러분께도 감사를 드린다. 그리고 늘 응원해주는 가족들과 언제나 함께하시는 하나님께 감사를 드립니다.

2022.1.

정영지

차례

제1장

소설작품 속의 의태어 번역 양상과 통사적 특징

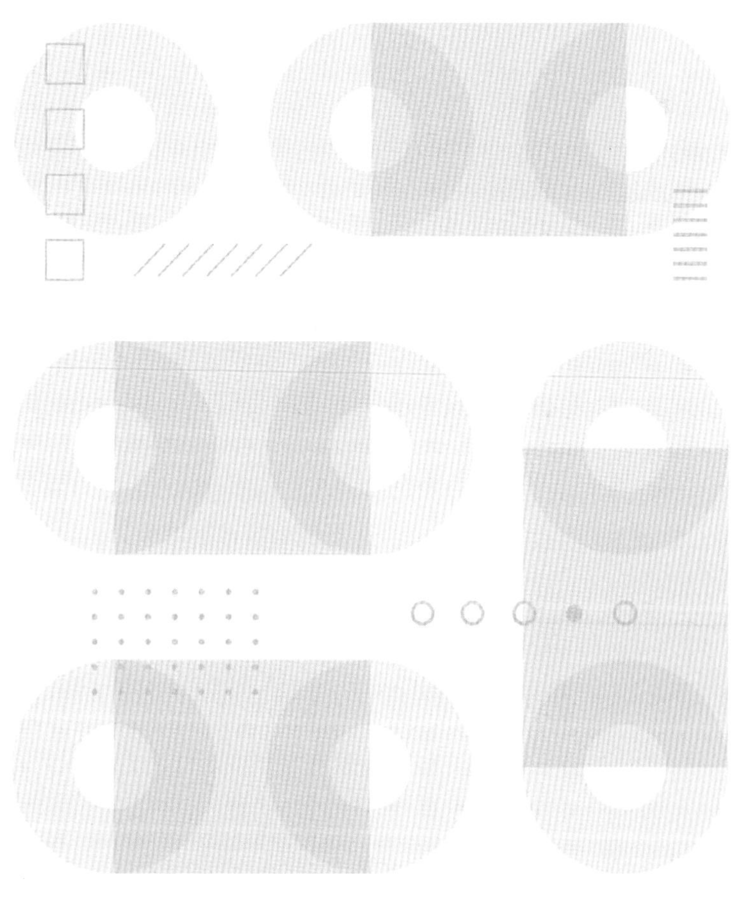

1. 의태어의 번역 양상[1]

사전이나 번역 자료에서 한국어의 의성어는 중국어의 '拟声词'로 대응하고 있지만, 의태어는 중국어에서 대응할 만한 적당한 용어가 없다. 『现代汉语词典』에도 '拟态词'나 '象形词'란 용어가 없으며, 대역사전에도 '~貌'나 '~样子' 정도로 해석한다. 이처럼 중국어에는 의태어 개념이 제대로 확립되어 있지 않고 연구도 별로 없다. 이 책의 분석 결과에서도 볼 수 있듯이 부사의 속성을 지닌 우리말 의태어를 중국어로 번역하면 여러 가지 형태로 표현되고 있다. 게다가 같은 의태어라도 문맥에 따라 다르게 번역되어야 하는 경우도 제법 있다. 한국인처럼 직관에 의존할 수 없다 보니 의태어의 번역이 문맥의 흐름을 어색하게 만드는 경우도 볼 수 있고, 번역하지 않고 생략하여 원문의 느낌을 살리지 못하는 경우도 볼 수 있었다. 물론 의태어도 의성어처럼 표현의 차원에 속하므로 존재 여

1 본문 속에 출현하는 모든 한자는 간체자 사용을 원칙으로 하고, 도표 안에 인용한 타이완본 『光的帝國』는 번체자로 표기한다. 그리고 타이완본 번역서의 예문을 문장 단위로 인용할 경우에는 번체자로 표기한다.

부가 의미전달 측면에서는 큰 영향을 미치지는 않는다. 하지만 작가가 표현하고자 하는 수사학적 효과는 살리지 못하게 된다. 따라서 의태어를 번역할 때는 형식적인 문제로만 접근할 것이 아니라 언어 내용의 차원에서 좀 더 다각적으로 풀어야만 원문에서 전달하고자 하는 의미를 제대로 표현할 수 있을 것이다.[2]

이 책에서 한국어 의태어의 중역 양상을 분석하기 위해 사용한 자료는 한국소설 5편과 번역본 6편이다. 이 중 김영하의 『빛의 제국』은 대륙과 타이완에서 모두 번역하여 두 판본을 모두 사용하였다. 분석에 사용한 한국소설과 그 번역본은 다음과 같다. 천명관 『고래』와 薛舟 · 徐丽红 번역의 『鲸』, 조경란 『혀』와 薛舟 · 徐丽红 번역의 『舌尖上凋落的爱情』, 안도현 『연어』와 千太阳 번역의 『鲑鱼』, 김영하 『빛의 제국』과 薛舟 번역의 『光的帝国』(대륙본) · 盧鴻金 번역의 『光的帝國』(타이완본), 최수철 『몽타주』와 朴明爱 · 李琨 · 刘传友 번역의 『画影图形』이다.[3]

작품 속에 출현하는 의태어의 종류와 횟수를 분석해 보면 다음과 같다.[4] 『고래』에는 150종류의 의태어가 316회 출현하고 있고, 『혀』에는 135종류가 238회 출현하고 있다. 『빛의 제국』에는 153종류가 396회, 『연어』에는 35종류가 60회 출현하고 있다.[5] 『몽타주』는 8편의 단편소설로 이루

---

2 최은정, 「우리말 소설의 중국어 번역에서 나타나는 미적 요소의 재현 문제」(2011).

3 『고래』 · 『혀』 · 『빛의 제국』을 번역한 薛舟와 徐丽红은 신경숙의 『외딴방』 번역으로 한국문학 번역상을 수상한 전문 번역가이다. 원문의 정확한 이해와 미묘한 감정까지 중국어로 표현할 만큼 뛰어난 능력을 지니고 있다고 인정받고 있다. 千太阳은 『연어』, 盧鴻金은 『빛의 제국』을 한국번역원의 지원을 받아 번역할 만큼 번역 실력이 우수하다. 그리고 朴明爱는 한국인으로 최수철의 『어느 무정부주의자의 사랑』을 한국번역원 지원으로 具本奇와 공동 번역하는 등 5편의 작품을 번역한 실력을 갖춘 번역가이다.

4 본 책에서 분석의 대상으로 삼은 것은 자립성을 갖는 의태어이고, 의태어 구성요소를 어기로 한 파생어는 분석에서 제외하였다.

5 앞서 필자가 발표한 논문 속의 의태어 출현 회수와 본 책의 출현 회수가 약간의 차이가 있는데, 이는 후속 작업 중 누락된 한 두 개를 더 추출하였기 때문이다.(『고래』는

어져 있는데, 각각의 상황은 다음과 같다. 첫 번째 작품 『몽타주』에는 21종류의 의태어가 24회 출현하고 있고, 『메신저』에는 8종류가 9회, 『확신』에는 29종류가 39회, 『창자 없이 살아가기』에는 22종류가 33회, 『진부한 일상』에는 32종류가 37회, 『채널부수기』에는 40종류가 70회, 『격렬한 삶』에는 30종류가 45회, 『첫사랑에 관하여』에는 19종류가 28회 출현하고 있다(이하 8편의 단편소설은 『몽타주』로 칭한다).

의태어의 번역을 '의태어 단독', '의태어+동사', '기타', '번역하지 않고 생략' 등으로 나누어 분석한다.

1.1. 의태어 단독

원천텍스트 속의 의태어만을 단독으로 번역한 예들이 이에 속한다. 형용사, 부사, 동사, 수량사, 명사, 의성어, 사자성어, 설명적 형식의 표현 등 다양한 형태로 번역하고 있다.[6] 소절로 나누어 먼저 쉽게 볼 수 있도록 표로 정리하고 자세한 설명을 하였다.

1.1.1. 형용사로 번역

형용사는 의미에 따라 사람이나 사물의 성질을 나타내거나 동작 행위의 발전이나 변화의 상태를 묘사하는 기능을 갖는다. 상태 묘사의 기능을 갖는 형용사를 사용하여 한국어 의태어를 번역하는 경우가 많다. '비중첩 형용사', '중첩 형용사(AA형, AABB형, ABB형, A里AB형)', '~然 형식의

314회에서 316회로, 『혀』는 237회에서 238회로 수정)

6 중역한 단어들의 품사 구분은 『现代汉语词典』과 『中韩辞典』(黑龙江朝鲜民族出版)에서 분류한 원칙을 따랐다.

형용사'로 구분해서 정리하였다.

1.1.1.1. 비중첩 형용사[7]

원천텍스트 속에 출현하는 의태어를 비중첩 형용사로 번역한 예들을 표로 정리하면 다음과 같다.

〈표1〉 비중첩 형용사로 번역

『고래』		『혀』		『몽타주』	
3. 허겁지겁	慌乱	5. 주렁주렁	丰硕	3.12 느릿느릿	缓慢
40. 바들바들	瑟瑟	29. 부르르	剧烈	3.16 휘적휘적	蹒跚
45. 휘영청	皎洁	47. 반짝	闪闪	4.25 훨씬	许多
51. 구불구불	蜿蜒	68. 부르르	瑟瑟	5.9 쑥	狡猾
62. 바들바들	瑟瑟	82. 조각조각	缕缕	5.28 휙	直接
117. 부들부들	瑟瑟	84. 확확	明显	6.10 깜짝	彻底
133. 피식	莞尔	99. 활짝	灿烂	6.38 스르르	自动
136. 겅중겅중	有力	105. 번쩍번쩍	闪闪	7.17 느릿느릿	缓慢
152. 번쩍번쩍	闪闪	117. 찌르르	清晰	7.36 부르르	簌簌
156. 두근두근	忐忑	134. 꽉	紧	7.37 흠뻑	充足
164. 바싹	紧	160. 부들부들	瑟瑟	8.11 쑥쑥	迅速
173. 반짝반짝	闪闪	163. 오슬오슬	瑟瑟	8.13 훨씬	许多
185. 구불구불	崎岖	184. 바싹	紧		
202. 부르르	瑟瑟	198. 느릿느릿	缓慢		
259. 꾸불꾸불	崎岖	209. 반짝반짝	闪闪		

7 아래 도표 속의 의태어 앞의 번호는 원천텍스트에 출현하는 순서대로 번호를 표시한 것이다(아래 출현하는 도표도 동일 적용). 『몽타주』는 8편의 단편으로 구성되어 있어 표현법이 다르다. 예컨대 3.12 '느릿느릿'은 세 번째 단편작품에서 열두 번째 출현하는 것을 의미한다. 의태어가 출현하는 원문과 번역문은 작품별로 정리해서 부록편에 첨부하였다.

278. 구불구불	崎岖	『연어』			
284. 푹푹	容易	17. 번쩍	耀眼		
		20. 선뜻	轻易		
		25. 꼭	温柔		
		40. 반짝반짝	闪闪		
『빛의 제국』 대륙본			『빛의 제국』 타이완본		
2. 콕콕	猛		2. 콕콕	猛	
10. 살짝	漂漂		8. 살짝	輕	
19. 어슴푸레	隐约		10. 살짝	飄飄	
29. 살짝	隐隐		19. 어슴푸레	隱約	
43. 이리저리	稀里糊涂		27. 빙긋	莞爾	
50. 스윽	迅速		29. 살짝	隱約	
67. 성큼	飞快		35. 둥둥	悠悠	
69. 물끄러미	怔怔		52. 바싹	乾癟	
83. 물끄러미	怔怔		61. 주춤주춤	躊躇	
85. 삐죽삐죽	尖锐		85. 삐죽삐죽	尖	
105. 뚝뚝	簌簌		96. 슬쩍	迅速	
106. 고래고래	高声		105. 뚝뚝	滴滴	
132. 성큼	迅速		106. 고래고래	高聲	
144. 생긋	莞尔		127. 벌떡	迅速	
161. 씩	莞尔		184. 듬성듬성	零星	
169. 파르르	瑟瑟		192. 또박또박	清楚	
188. 휘청	沉重		198. 스르륵	自動	
198. 스르륵	自动		231. 물끄러미	愣愣	
260. 바짝	紧		262. 꼭	緊	
262. 꼭	紧		264. 선뜻	爽快	
264. 선뜻	痛快		268. 훨씬	遠	
266. 우두커니	呆		269. 살짝	些微	
269. 살짝	轻微		296. 허겁지겁	慌忙	
281. 물끄러미	怔怔		319. 허둥지둥	慌忙	

296. 허겁지겁	慌忙	337. 안절부절	不安
349. 바들바들	瑟瑟	341. 쑥	快速
351. 으슬으슬	瑟瑟	351. 으슬으슬	瑟瑟
365. 버럭	大	368. 물끄러미	怔怔
375. 훨씬	许多	375. 훨씬	許多

먼저 두 번 이상 같은 형용사로 번역한 예들을 중심으로 살펴보면 다음과 같다.[8] '허겁지겁'이나 '허둥지둥'은 '당황하다, 황망하다'란 의미의 '慌乱(1회)'이나 '慌忙(3회)'으로 번역했고, 몸을 떠는 모양을 나타내는 '바들바들, 부들부들, 부르르, 파르르'와 춥거나 무서워 몸이 움츠러들거나 소름이 끼치는 모양을 나타내는 '오슬오슬, 으슬으슬'은 모두 '瑟瑟(11회)'로 번역했다. 이중 '부르르'는 '瑟瑟, 簌簌, 剧烈' 세 종류로 번역했고, 몸을 떠는 강도가 '바들바들, 파르르'는 '부들부들, 부르르'보다 약하지만 똑같이 '瑟瑟'로 번역하고 있고, '으슬으슬, 오슬오슬'도 '瑟瑟'로 번역하고 있어 원천텍스트 속의 느낌을 제대로 살리지 못하고 있는 듯하다. 이처럼 의태어가 상당히 발달되어 있는 한국어를 중국어로 번역하는 것이 쉽지 않다는 것을 볼 수 있다. '번쩍번쩍(2회), 반짝반짝(3회), 반짝(2회)'은 '빛이 번쩍번쩍하다'란 의미의 '闪闪'으로, '구불구불, 꾸불꾸불'은 산길이 울퉁불퉁하고 구불구불함을 묘사하는 형용사 '蜿蜒, 崎岖(3회)'로, '피식, 생긋, 씩, 빙긋'은 빙그레 웃는 모양을 묘사하는 형용사 '莞尔'로 번역하여 의미를 살리고 있다. '바싹 안다' '바싹 붙다' '바짝 붙다' '꽉 잡다'의 '바싹, 꽉, 바짝, 꼭' 등의 의태어는 '紧(6회)'으로, '바싹 야위어'의 '바싹'은 '바싹 말라 쪼글쪼글하거나 무미건조하다'란 의미의 '干瘪'를 사용

8 본문에 출현하는 모든 한자는 중국어 발음을 적용하여 뒤에 붙는 조사를 선택하였다.

하여 문맥의 흐름이 자연스럽도록 번역하고 있다.

'느릿느릿'은 '缓慢(3회)'으로, '스르르, 스르륵'은 '自动(3회)'으로 번역하였다. '선뜻'은 '轻易, 痛快, 爽快' 세 종류의 형용사로 번역했고, '쑥쑥, 스윽, 성큼, 슬쩍, 벌떡'을 모두 '迅速'로 번역하였다. 문맥에 따라서 서로 다른 의태어를 동일한 형용사로 번역하였는데, '쑥쑥'은 '빨리 자란다', '스윽'은 '주변을 신속히 살폈다', '성큼'은 '발을 크게 들어 빠르게 내뻗었다', '슬쩍'은 '남의 눈을 피하여 재빠르게 살폈다', '벌떡'은 '큰 동작으로 갑자기 일어나다'란 의미로 쓰이고 있어, 대체로 동작이 빠르게 행해진다는 의미를 내포하고 있다. 그래서 '迅速'로 번역을 한 듯하다. 발걸음을 '성큼' 내뻗을 때는 위에서 보듯이 '迅速'로 번역했으나, '자동차가 성큼 들어섰다'에서는 '飞快'로 번역해 더 빠른 속도감을 잘 살리고 있다. '바늘로 콕콕 찌르는'의 '콕콕'은 '맹렬하다'란 의미의 '猛(2회)'으로, '삐죽삐죽 올린'의 '삐죽삐죽'은 '뾰족하고 날카롭다'란 의미의 '尖锐'와 '尖'으로 번역하였다.

'살짝'은 '漂漂, 隐隐, 轻, 飘飘, 隐约, 轻微, 些微'로 번역하고 있는데, 이 예들은 모두 『빛의 제국』에 출현하는 것이다. 문맥에 따라 상이한 형용사를 선택하고 있는데, '하늘로 살짝 떠오르는 느낌'의 '살짝'을 대륙본은 나는 모양을 묘사한 '漂漂'로, 타이완본은 '飘飘'로 번역하고 있는데 이 두 단어는 동의어임으로 같은 번역이라 볼 수 있다. '살짝 헝클어뜨렸다'에서 '살짝'을 대륙본은 중첩형 '轻轻'으로, 타이완본은 '轻'으로 번역했다. '물비린내가 살짝 풍기는'의 '살짝'을 대륙본은 '은은하다'란 의미의 '隐隐'으로, 타이완본은 '隐约'로 번역하였다. '살짝 한기가 느껴졌다'에서 '살짝'을 대륙본은 '경미하다'란 의미의 '轻微'로, 타이완본은 '些微'로 번역하였다. '어슴푸레'도 '희미하다, 어슴푸레하다'란 의미의 '隐约(2회)'로 번역하고 있다. '물끄러미'는 얼이 빠진 모양을 묘사하는 '怔怔(4

회)'과 정신이 나간 것처럼 멍하니 있는 모습을 묘사하는 '愣愣'으로 번역하였고, '고래고래'는 '소리가 크다'란 의미의 '高声(2회)'으로 번역하여 의미를 잘 살리고 있다. '미끄러운 은빛 몸통이 손에서 쑥 빠져나가'의 '쑥'은 '약삭빠르다'란 의미의 '狡猾'로, '택시는 아파트 단지 안으로 쑥 들어가 버릴'의 '쑥'은 '속도가 빠르다'란 의미의 '快速'로 번역하여 각각 문맥에 맞는 의미의 단어를 선택하여 번역하고 있다.

『빛의 제국』 예문 중 '권태가 걸음걸음 바짓자락을 타고 뚝뚝 떨어졌다'에서 '뚝뚝'을 대륙본은 눈물 따위가 뚝뚝 흘러내리는 모양을 묘사하는 '簌簌'로, 타이완본은 물방울이 떨어지는 모양을 묘사하는 '滴滴'로 각각 번역하고 있다. 원천텍스트 속의 '뚝뚝'은 눈물이나 물방울 등의 액체가 떨어지는 의미가 아니라, 권태로움이 심함을 비유적으로 표현한 것인데 두 번역본 모두 그 의미를 제대로 살려 번역하지 못하였다. '훨씬'은 '许多'로 번역하고 있는데, '许多'는 주로 형용사 뒤에 쓰여 보어로써 '꽤, 퍽, 상당히' 등의 뜻을 나타낸다. 원문과 번역문을 비교해서 살펴보면 쉽게 알 수 있다. 예를 들면, '훨씬 다정하고 부드러운 어조로(温柔亲切了许多)', '평소보다 훨씬 맑다(比平时清晰了许多)', '정신이 훨씬 맑아지면서(精神清爽了许多)'이다.[9]

이 외에 한 번씩 출현하는 예들을 살펴보면 다음과 같다. '휘영청 맑다'를 의미하는 '皎洁'로 '휘영청'을, '有力'로 긴 다리를 모으고 계속 힘있게 솟구쳐 뛰는 모양을 묘사하는 '겅중겅중'을, '마음이 불안하다'란 의미의 '忐忑'로 '두근두근'을, '발이 푹푹 빠지는'에서 '푹푹'을 '容易'로, '주렁주렁'을 '(과일이) 크고 많음'을 의미하는 '丰硕'으로 번역하고 있다.

9 '훨씬'은 부사와 의태부사 두 가지 기능을 겸하고 있다. 사전별 설명과 예문이 서로 차이가 나서 본 책에서는 두 가지를 구분하지 않고 모두 소개한다(이하 아래에 출현하는 '훨씬'도 같다).

‘조각조각 이어나갈 테니까’의 ‘조각조각’은 줄줄이 계속 이어지는 모양을 묘사하는 ‘缕缕’로, ‘체중이 확확 늘었을 텐데’의 ‘확확’은 ‘明显’으로, ‘활짝 웃었다’에서 ‘활짝’은 ‘灿烂’으로, ‘온몸으로 찌르르 느껴지곤 했다’에서 ‘찌르르’는 ‘생생하다’란 의미의 ‘清晰’로, ‘흠뻑 뿌려주었지만’에서 ‘흠뻑’은 ‘充足’로, ‘휘청 흔들고’의 ‘휘청’은 ‘沉重’으로, ‘둥둥’은 ‘유유하다. 여유가 있고 느리다’란 의미의 ‘悠悠’로, ‘주춤주춤’은 ‘머뭇거리며 망설이다’란 의미의 ‘踌躇’로 각각 번역하여 원천텍스트에서 전달하고자 하는 느낌을 살리고 있다. 하지만 번역이 부자연스러운 몇몇 예들도 있다. ‘휘적휘적 걸어 다니는’에서 ‘휘적휘적’은 걸을 때 두 팔을 몹시 자꾸 휘젓는 모양을 묘사하는데, 비틀거리며 걷는 모양을 묘사하는 ‘蹒跚’로 번역하고 있다. ‘꼭 껴안아 주며’에서 ‘꼭’은 야무지게 힘을 주어 누르거나 죄는 모양을 묘사하는데 ‘温柔’로 번역하여 포옹하는 강도에 차이가 제법 큼을 느낄 수 있다.

1.1.1.2. 중첩 형용사

한국어 의태어를 번역할 때 가장 많이 사용하고 있는 유형이 부사와 중첩 형용사이다. 자주 사용한 중첩 형용사는 ‘AA, AABB, ABB’ 형식이고, ‘A里AB’ 형식은 세 번 사용되고 있다. 쉽게 볼 수 있도록 표로 먼저 정리하고 자세한 설명을 덧붙였다.

1.1.1.2.1. ‘AA’ 형식

‘AA’식 형용사 중첩을 부사어나 보어로 사용하면 묘사성을 더 뚜렷이 표현할 수 있다.[10] 중역 작품 속에서 ‘AA’식은 대부분 부사어나 보어로

---

10 이여진,「현대중국어 형용사 중첩 연구」(2006).

활용되고 있어 원천텍스트 속의 의태어가 전달하고자 하는 생생한 느낌을 잘 살리고 있다. 예컨대 '满'보다는 '满满'이 흘러넘칠 정도로 가득함을, '高'보다는 '高高'가 하늘을 찌르듯 더 높이 우뚝 서 있는 모양을, '紧'보다는 '紧紧'이 더 힘을 주어 꽉 잡거나 뗄 수 없을 만큼 밀착하여 붙어 있음을 나타낸다. 이처럼 'AA'식 형용사 중첩형은 정도가 더 강하면서도 생동감 넘치게, 마치 눈앞에 펼쳐지듯 시각적으로 표현할 수 있어 의태어 번역에 자주 사용되고 있다.[11] 표로 정리하면 다음과 같다.

〈표2〉 'AA'식으로 번역

『고래』		『혀』		『몽타주』	
7. 이글이글	熊熊	10. 물끄러미	呆呆	1.10 물끄러미	呆呆
11. 처덕처덕	紧紧	16. 꽉	紧紧	1.16 살랑살랑	轻轻
13. 우뚝	高高	19. 활짝	重重	3.1 물끄러미	呆呆
25. 부들부들	轻轻	30. 꽉	紧紧	3.14 살짝	轻轻
28. 살살	轻轻	50. 훌훌	轻轻	4.20 물끄러미	呆呆
57. 슬그머니	悄悄	53. 물끄러미	呆呆	4.29 반짝	闪闪
59. 살짝	轻轻	57. 지그시	轻轻	5.21 꽉	紧紧
78. 꿈틀	轻轻	65. 슬금슬금	悄悄	6.9 슬그머니	慢慢
103. 꼭	紧紧	107. 살며시	轻轻	6.49 스르르	缓缓
146. 허둥지둥	匆匆	125. 물끄러미	呆呆	7.7 슬쩍	悄悄
238. 찔끔	轻轻	129. 흘깃	悄悄	7.10 바싹	紧紧
247. 살금살금	轻轻	171. 꽉	紧紧	7.22 툭툭	轻轻
257. 살금살금	悄悄	182. 둥둥	轻轻	7.33 물끄러미	呆呆
258. 빙그레	轻轻	187. 지그시	轻轻	8.6 물끄러미	呆呆
266. 엉거주춤	呆呆	189. 줄줄줄	慢慢	8.14 슬그머니	悄悄
287. 활활	熊熊	195. 꼭	紧紧		

11 정영지, 「『혀』와 『고래』 속의 의태어 中译 양상 고찰」(2018).

		203. 푹	深深		
		204. 살짝	轻轻		
		205. 오소소	纷纷[12]		
		212. 꽉	紧紧		
		219. 툭툭	纷纷		
		220. 살랑살랑	轻轻		
		『연어』			
		2. 슬슬	轻轻		
		48. 질끈	紧紧		

『빛의 제국』 대륙본		『빛의 제국』 타이완본	
5. 살살	轻轻	5. 살살	輕輕
8. 살짝	轻轻	9. 지그시	輕輕
9. 지그시	轻轻	11. 살짝	輕輕
11. 살짝	轻轻	12. 쿡	重重
12. 쿡	重重	15. 슬쩍	悄悄
15. 슬쩍	悄悄	19. 지그시	輕輕
19. 지그시	轻轻	20. 바짝	緊緊
20. 바짝	紧紧	25. 슬쩍	輕輕
25. 슬쩍	轻轻	51. 슬쩍	悄悄
40. 슬쩍	悄悄	66. 살짝	輕輕
44. 슬쩍	悄悄	68. 슬쩍	輕輕
46. 슬쩍	悄悄	72. 슬쩍	悄悄
48. 스멀스멀	轻轻	76. 질끈	緊緊
58. 줄줄	涔涔	84. 스멀스멀	緩緩
64. 슬쩍	悄悄	104. 슬쩍	悄悄
66. 살짝	轻轻	108. 살짝	輕輕
68. 슬쩍	轻轻	115. 슬쩍	悄悄
71. 살짝	轻轻	121. 비쭉비쭉	高高
76. 질끈	紧紧	126. 힐끗	悄悄
80. 슬슬	悄悄	131. 슬쩍	悄悄

81. 간질간질	痒痒	141. 슬쩍	悄悄
84. 스멀스멀	慢慢	147. 뉘엿뉘엿	慢慢
87. 슬쩍	悄悄	160. 슬쩍	輕輕
95. 슬쩍	轻轻	174. 꼭	緊緊
104. 슬쩍	悄悄	186. 살짝	輕輕
108. 살짝	轻轻	187. 슬쩍	悄悄
115. 슬쩍	悄悄	191. 힐끗	悄悄
126. 힐끗	悄悄	197. 슬쩍	悄悄
131. 슬쩍	悄悄	206. 슬슬	悄悄
141. 슬쩍	悄悄	218. 슬쩍	悄悄
174. 꼭	紧紧	230. 힐끗	悄悄
186. 살짝	轻轻	235. 살짝	輕輕
191. 힐끗	悄悄	235. 지그시	輕輕
197. 슬쩍	悄悄	242. 슬쩍	輕輕
206. 슬슬	悄悄	260. 바짝	緊緊
224. 슬그머니	轻轻	267. 슬그머니	悄悄
229. 살짝	轻轻	273. 슬며시	輕輕
230. 힐끗	悄悄	291. 오물오물	慢慢
235. 살짝	轻轻	300. 툭	輕輕
235. 지그시	轻轻	303. 살짝	輕輕
237. 살짝	轻轻	307. 살짝	輕輕
238. 살짝	轻轻	315. 슬쩍	悄悄
242. 슬쩍	轻轻	343. 슬그머니	悄悄
267. 슬그머니	悄悄	359. 꼭	緊緊
268. 훨씬	远远	370. 슬쩍	輕輕
285. 살짝	轻轻		
297. 슬쩍	轻轻		
300. 툭	轻轻		
303. 살짝	轻轻		
307. 살짝	轻轻		

312. 살짝	轻轻		
315. 슬쩍	悄悄		
318. 힐끗	悄悄		
322. 살짝	轻轻		
343. 슬그머니	悄悄		
359. 꼭	紧紧		
370. 슬쩍	轻轻		

두 번 이상 같은 'AA' 중첩형식을 사용한 예들을 중심으로 분석해 보면 다음과 같다. '이글이글, 활활'은 불이 세차게 타오르는 모양을 묘사하는 '熊熊'을 사용해 의미를 살리고 있고, '처덕처덕(1회), 꼭(6회), 꽉(5회), 질끈(3회), 바싹(1회), 바짝(3회)'은 모두 '紧紧'으로 번역하여 '밀착하여 붙어있거나', '꽉 잡거나', '질끈 눈을 감는' 등의 동작을 생동감 있게 살리고 있다. '살살(3회), 살짝(25회), 찔끔(1회), 지그시(8회), 살며시(1회), 슬며시(1회), 살금살금(1회), 툭툭(1회), 툭(2회), 슬슬(1회), 슬그머니(1회), 빙그레(1회), 훌훌(1회), 둥둥(1회), 살랑살랑(1회), 슬쩍(11회), 스멀스멀(1회), 부들부들(1회), 꿈틀(1회)' 등을 모두 '轻轻'으로 번역하고 있다. 가볍거나 부드럽고 조용하게 이루어지는 동작을 묘사할 때에는 대체로 '轻轻'을 사용하여 원문 속의 의태어가 전달하고자 하는 느낌을 살리고 있다. 하지만 이 중 '부들부들'은 몸을 자꾸 크게 부르르 떠는 모양을 묘사하고, '꿈틀'은 몸을 이리저리 뒤틀거나 세게 구부리며 움직이는 모양을 나타내는데 '轻

12 '纷纷'은 형용사 중첩과 부사로 모두 사용되고 있는데, '(눈 · 비 · 꽃 · 낙엽) 등이 어지럽게 흩날리다, 분분하다'란 의미로 쓰일 때는 형용사 중첩형으로, '(많은 사람이나 사물이) 잇달아. 연달아. 쉴새 없이. 계속해서. 몇 번이고'의 의미로 쓰일 때는 부사이다. 본 책에서는 '오소소, 툭툭'을 번역한 '纷纷'은 AA 중첩형으로, '절레절레, 빙'을 번역한 것은 부사로 분류하였다.

轻'으로 번역하여 강도를 제대로 표현하지 못했음을 볼 수 있다.

'활짝(1회)·쿡(2회)'은 '重重'으로, '스르르(1회)·스멀스멀(1회)'은 '缓缓'으로, '줄줄줄(1회)·슬그머니(1회)·스멀스멀(1회)·뉘엿뉘엿(1회)·오물오물(1회)'은 '慢慢'으로, '오소소(1회)·툭툭(1회)'은 '纷纷'으로, '엉거주춤(1회)·물끄러미(8회)'는 '呆呆'로, '흘깃(1회)·힐끗(7회)'은 '悄悄'로 각각 번역하였다. '활짝'은 '냉장고 문을 양쪽으로 활짝 펼친다'에 사용되고 있는데 무거운 냉장고 문 두 짝을 동시에 열 때의 느낌을 표현하기 위해 '重重'을 사용한 듯하고, '손가락에 볼이 쿡 찔렸다'의 '쿡'은 세게 찔렸다는 느낌을 살리기 위한 듯하다. 느릿느릿한 모양을 묘사하는 '缓缓'으로 '바닥에 스르르 무너져 내렸다'에서 '스르르'와 '아이들이 스멀스멀 기어 나오는'에서 '스멀스멀'을 번역했다. '스멀스멀'은 살갗에 벌레가 자꾸 기어가는 것처럼 근질근질한 느낌을 살릴 때 사용하는 의태어이지만, 문맥상 아이들이 아직은 차가운 봄바람에 몸을 잔뜩 웅크리고 천천히 교실에서 걸어 나오는 모습들이 마치 벌레가 기어 나오는 것처럼 묘사하기 위해 사용한 듯하다. '줄줄줄, 슬그머니, 스멀스멀, 뉘엿뉘엿, 오물오물'은 모두 천천히 동작을 진행하였음을 표현하기 위해 '慢慢'으로 번역한 것으로 여겨진다. '맛봉오리도 오소소 일어나 있네요'에서 '오소소'는 작은 물건이 소복하게 쏟아지는 모양을 묘사하고, '허브향이 팝콘처럼 툭툭 터지면서'에서 '툭툭'은 허브향이 팝콘이 터지듯이 어지럽게 흩날리는 것을 생동감 있게 표현하고 있는데, 이 두 의태어를 '눈·비·꽃·낙엽 등이 어지럽게 흩날리다'란 의미의 '纷纷'으로 번역하였다. '엉거주춤'과 '물끄러미'는 어리벙벙한 모양을 묘사하는 '呆呆'로, '흘깃'과 '힐끗'은 조용한 모양을 묘사하는 '悄悄'로 번역하고 있다.

이 외에 한 종류의 의태어를 두 종류 이상의 'AA'식으로 번역한 예를 들면 다음과 같다. '살금살금'은 '轻轻(1회)'과 '悄悄(1회)'로, '툭툭'은 '轻轻

(1회)'과 '纷纷(1회)'으로, '슬슬'은 '轻轻(1회)'과 '悄悄(3회)'로, '슬그머니'는 '悄悄(6회) · 慢慢(1회) · 轻轻(1회)'으로, '슬쩍'은 '悄悄(24회)'와 '轻轻(11회)'으로, '스멀스멀'은 '轻轻(1회) · 慢慢(1회) · 缓缓(1회) · 부사 暗暗(1회)'으로 각각 번역하고 있다.

끝으로 한 종류의 의태어를 한 종류의 'AA'식으로 번역하고 있는 예를 들면 다음과 같다. '우뚝'은 '高高'로, '허둥지둥'은 황급한 모양을 묘사하는 '匆匆'으로, '칼을 푹 쑤셔 넣고'에서 '푹'은 '深深'으로, '식은땀을 줄줄 흘리며'에서 '줄줄'은 비나 땀 등이 줄줄 흐르는 모양을 묘사하는 '涔涔'으로, '간질간질'은 '痒痒'으로, '비쭉비쭉 위로 뻗친 머리를'에서 '비쭉비쭉'은 '高高'로, '훨씬'은 '远远'으로 각각 번역하고 있다.

1.1.1.2.2. 'AABB' 형식

'AABB'식은 음운상에서 'AB' 보다 리듬감이 강하며, 일반 형용사와 달리 사물의 성질과 상태를 진술하는 동시에 생생하게 묘사하는 특징을 보이고 있다.[13] 중역된 작품 속에서 'AABB' 형식은 주로 보어나 부사어로 사용되고 있다. 'AABB' 형식으로 번역한 예들을 표로 정리하면 다음과 같다.

〈표3〉 'AABB'식으로 번역

『고래』		『허』		『몽타주』	
50. 휘적휘적	踉踉跄跄	9. 꼭꼭	严严实实	8.18 굽이굽이	弯弯曲曲
69. 꼬깃꼬깃	整整齐齐	34. 꽉	满满当当		
96. 띄엄띄엄	断断续续	78. 꽁꽁	结结实实		
154. 허겁지겁	慌慌张张	164. 휘청휘청	踉踉跄跄		
161. 활활	痛痛快快	201. 꽝꽝	结结实实		

13 王振凤, 「韩国语拟态词的特性以及与汉语的对应」(2007).

369. 구불구불	弯弯曲曲	209. 꽝꽝	结结实实		
『빛의 제국』 대륙본			『빛의 제국』 타이완본		
61. 주춤주춤	迟迟疑疑		135. 허둥지둥	慌慌張張	
184. 듬성듬성	稀稀落落				

두 번 이상 'AABB'식을 사용했거나, 한 종류의 'AABB'식으로 두 종류 이상의 의태어를 번역한 예들을 살펴보면 다음과 같다. '허겁지겁(1회)'과 '허둥지둥(1회)'은 '허겁지겁하다'란 의미의 '慌慌张张'으로 번역하고 있고, '구불구불(1회)'과 '굽이굽이(1회)'는 '길이 꼬불꼬불하다'란 의미의 '弯弯曲曲'로, '꽁꽁 얼린'의 '꽁꽁(1회)'과 '꽝꽝(2회)'은 '단단하다, 굳다'란 의미인 '结结实实'로 번역하여 의미를 살리고 있다.

'휘적휘적'은 앞에서 비틀거리며 걷는 모양을 묘사하는 형용사 '蹣跚'로 번역한 것을 소개했었다. 여기서는 '비틀거리다'란 뜻의 형용사 '踉跄'을 중첩한 '踉踉跄跄'으로 번역하고 있다. 그러나 앞에서도 언급했지만 '휘적휘적'은 걸을 때 크게 활갯짓을 하며 두 팔을 자꾸 세게 휘젓는 모양을 표현하는 것이지 중역한 단어가 의미하는 비틀거리며 걷는 것은 아니다. 하지만 팔을 세게 흔들고 걸으면 몸이 많이 흔들리므로 조금은 비틀거릴 수도 있다고 여겨서 이 단어로 번역하지 않았을까 여겨진다. 이에 반해 '걸을 때 다리에 힘이 없어 똑바로 걷지 못하고 기우뚱거리며 자꾸 흔들리는 모양'을 묘사하는 '휘청휘청'을 '踉踉跄跄'으로 번역하여 의미를 제대로 살리고 있다. '돈을 꼬깃꼬깃 접어 전대에 넣었다'에서 '꼬깃꼬깃'은 고김살이 생기게 자꾸 함부로 고기는 모양을 나타내는 단어인데, 가지런한 모양을 의미하는 '整整齐齐'로 번역한 것은 원문에서 표현하고자 하는 느낌을 제대로 살리지는 못한 것 같다.

'띄엄띄엄'은 '끊어졌다 이어졌다 하는' 의미의 '断断续续'로, '윗도리를 벗고 활활 씻으세요'에서 시원스럽게 씻는 모양을 묘사하는 '활활'은 '痛痛快快'로, '창문을 꼭꼭 닫다'에서 '꼭꼭'은 '빈틈없다, 긴밀하다'란 의미의 '严严实实'로, '꽉 채운'의 '꽉'은 '그득그득하다'란 의미인 '满满当当'으로, '주춤주춤'은 '머뭇거리다, 우물쭈물하다'란 의미인 '迟迟疑疑'로, '듬성듬성'은 '稀稀落落'로 번역하고 있다.

1.1.1.2.3. 'ABB' 형식

'ABB'식도 'AB'의 쌍음절 형용사보다 묘사와 수식의 의미가 더 가중된다.[14] 'ABB'식으로 번역한 예들을 표로 정리하면 다음과 같다.

〈표4〉 'ABB'식으로 번역

『고래』		『혀』		『몽타주』	
2. 주렁주렁	胖嘟嘟	11. 느릿느릿	慢吞吞	3.5 팅팅	胖乎乎
52. 터덜터덜	慢腾腾	23. 기신기신	慢腾腾		
91. 허겁지겁	急匆匆	90. 느릿느릿	慢吞吞		
138. 느릿느릿	慢吞吞	185. 느릿느릿	慢吞吞		
144. 허겁지겁	急匆匆	194. 느릿느릿	慢吞吞		
147. 느릿느릿	慢吞吞				
171. 느릿느릿	慢吞吞				
175. 느릿느릿	慢吞吞				
188. 느릿느릿	慢吞吞				

『빛의 제국』 대륙본		『빛의 제국』 타이완본	
13. 한들한들	慢悠悠	13. 한들한들	慢悠悠
147. 뉘엿뉘엿	慢吞吞	190. 어슬렁	慢吞吞
190. 어슬렁	慢吞吞		
236. 이리저리	滴溜溜		

14 이여진, 앞의 논문.

두 번 이상 'ABB'식을 사용했거나, 한 종류의 'ABB'식으로 두 종류 이상의 의태어를 번역한 예들을 살펴보면 다음과 같다. 느리고 꾸물거리는 모양을 묘사하는 '慢吞吞(12회)'과 '慢騰騰(2회)'으로 '느릿느릿', 지치거나 느른하여 무거운 발걸음으로 힘없이 걷는 모양을 묘사하는 '터덜터덜', 게으르거나 기운이 없어 느릿느릿 자꾸 힘없이 행동하는 모양을 묘사한 '기신기신', 해가 곧 지려고 산이나 지평선 너머로 조금씩 차츰 넘어가는 모양을 묘사한 '뉘엿뉘엿', 몸집이 큰 사람이나 짐승이 몸을 조금 흔들며 계속 천천히 걸어 다니는 모양을 묘사한 '어슬렁'을 번역하여 의미를 잘 살리고 있다. 그리고 '허겁지겁(2회)'은 매우 서두르는 모양을 묘사하는 '急匆匆'으로 번역하여 생생한 느낌을 전달하고 있다. 그러나 느릿느릿한 모양을 묘사하는 '慢悠悠'로 가볍게 자꾸 이리저리 흔들리거나 흔들리게 하는 모양을 묘사하는 '한들한들(2회)'을 번역한 것, '살진 느타리버섯을 주렁주렁 달고 있었다'에서 '주렁주렁'을 사람이 포동포동 살이 찐 모양을 묘사하는 '胖嘟嘟'로 번역한 것은 원문에서 전달하고자 하는 느낌을 제대로 표현하지 못하고 있다. 이외에 '팅팅 불은'의 '팅팅'은 '통통하다'란 의미의 '胖乎乎'로, '눈동자를 이리저리 굴렸다'에서 '이리저리'를 빙글빙글 도는 모양을 묘사하는 '滴溜溜'로 번역해 의미를 살리고 있다.

1.1.1.2.4. 'A里AB' 형식

'A里AB' 형식은 사람이나 사물에 대하여 강한 묘사 수식성을 지니고 있다.[15] 'A里AB' 형식으로 번역한 예들이 많지는 않으나 표로 정리하면 다음과 같다.

15 이국혜, 「'A里AB'식 단어구조의 기능에 대한 고찰」(2002).

〈표5〉 'A里AB' 형식으로 번역

『고래』		『빛의 제국』 대륙본	
115. 허겁지겁	慌里慌张	135. 허둥지둥	慌里慌张
		319. 허둥지둥	慌里慌张

'허겁지겁'과 '허둥지둥'을 모두 '허둥지둥하는 모양, 갈팡질팡하는 모양'을 의미하는 '慌里慌张'으로 번역하고 있다. 『고래』 속의 '허겁지겁'은 주인공이 남편인 걱정이 살해당했다고 여기고 맨발로 옷도 제대로 걸치지 못하고 '허겁지겁' 대문을 열고 밖으로 달려나가는 모습을 묘사한 부분에서 '慌里慌张'으로 번역해 실감 나게 의미를 잘 살리고 있다. 『빛의 제국』 대륙본에는 '허둥지둥'을 모두 '慌里慌张'으로 번역하고 있으나, 타이완본은 'AABB'식인 '慌慌张张'과 형용사 '慌忙'으로 각각 번역하여 의미를 살리고 있다.

1.1.1.3. '~然' 형식의 형용사

'~然' 형식의 형용사는 '~하는 모양'을 주로 묘사함으로, 의태어를 번역할 때 활용하면 자연스럽게 그 생생한 느낌을 전달할 수가 있어,[16] 문학작품 등을 번역할 때 많이 사용하고 있다. 이 책에서 분석한 번역본들에도 상당히 많은 예가 보이는데, 표로 정리하면 다음과 같다.

〈표6〉 '~然' 형식의 형용사로 번역

『고래』		『혀』		『몽타주』	
12. 울컥	突然	27. 훅	油然	1.11 슬그머니	悄然
17. 화들짝	赫然	38. 쑥	突然	1.13 슬그머니	悄然

16 정영지, 앞의 논문.

53. 불쑥	赫然	106. 픽	突然	3.21 문득	突然
68. 문득문득	突然	158. 퍼뜩	突然	3.24 불쑥	突然
89. 퍼뜩	突然	173. 불쑥	突然	4.22 번쩍	突然
104. 문득	突然	180. 문득	突然	4.27 문득	突然
212. 버럭	勃然	193. 뻥	豁然	5.19 문득	突然
246. 우뚝	傲然	196. 울컥	突然	6.42 불쑥불쑥	突然
260. 문득문득	突然	198. 문득	突然	6.53 불쑥	突然
264. 퍼뜩	突然	『연어』		7.3 문득	突然
267. 불쑥	突然	21. 선뜻	显然	7.12 문득	突然
271. 불쑥	突然	43. 문득	突然	7.19 덜컥	突然
286. 주르르	潸然			8.5 문득	突然
				8.12 문득	突然

『빛의 제국』 대륙본		『빛의 제국』 타이완본	
1. 문득	突然	1. 문득	突然
42. 문득	突然	31. 문득	突然
110. 불끈불끈	突然	42. 문득	突然
120. 문득	突然	82. 불끈	突然
129. 벌떡	突然	120. 문득	突然
138. 문득	突然	129. 벌떡	突然
156. 벌떡	突然	155. 번뜩	突然
158. 불쑥	突然	158. 불쑥	突然
180. 불쑥	突然	180. 불쑥	突然
185. 찔끔	黯然	207. 물끄러미	茫然
207. 물끄러미	茫然	213. 문득	突然
213. 문득	突然	232. 딱	突然
231. 물끄러미	茫然	239. 불쑥	突然
232. 딱	突然	245. 문득	突然
239. 불쑥	突然	250. 불쑥	突然
245. 문득	突然	263. 불쑥	突然
250. 불쑥	突然	265. 문득	突然

251. 깜빡	突然	273. 문득	突然
263. 불쑥	突然	279. 문득	突然
265. 문득	突然	298. 문득	突然
271. 깜빡	突然	313. 헤벌레	燦然
273. 문득	突然	314. 문득	突然
279. 문득	突然	321. 벌떡	突然
298. 문득	突然	346. 문득	突然
306. 문득	突然	350. 문득	突然
314. 문득	突然	353. 울컥	突然
346. 문득	突然	354. 문득	突然
350. 문득	突然	371. 벌떡	突然
353. 울컥	突然		
354. 문득	突然		
371. 벌떡	突然		

위의 표에서 보면 알 수 있듯이 가장 많이 사용하고 있는 형용사는 '突然'이다. '울컥(4회), 문득(40회), 문득문득(2회), 퍼뜩(3회), 불쑥(15회), 불쑥불쑥(1회), 쑥(1회), 픽(1회), 번쩍(1회), 덜컥(1회), 불끈(1회), 불끈불끈(1회), 벌떡(6회), 딱(2회), 깜빡(2회), 번뜩(1회)' 등의 의태어 번역에 사용하여 어떤 동작이 예상치 못하게 갑자기 발생하는 경우를 생동감 있게 묘사하고 있다. '화들짝 놀라'의 '화들짝'과 '불쑥 솟아올라'의 '불쑥'을 몹시 화내는 모양이나 놀라운 것이 갑자기 눈에 띄는 모양을 묘사하는 '赫然'으로 번역하고 있다. '슬그머니(2회)'는 조용한 모양을 묘사하는 '悄然'으로, '물끄러미(3회)'는 아무것도 모르고 멍한 모양을 묘사하는 '茫然'으로 번역하여 의미를 살리고 있다.

이 외에 '버럭 화를 냈을'에서 '버럭'은 갑자기 노하거나 흥분하는 모양을 묘사하는 '勃然'으로, '우뚝 솟아나'의 '우뚝'은 굳센 모양이나 꿋꿋

하여 굽히지 않는 모양을 묘사하는 '傲然'로, '눈물이 주르르 흘러내렸다'에서 '주르르'는 눈물을 흘리는 모양을 묘사하는 '潸然'으로, '훅 올라오는'에서 '훅'은 생각이나 감정이 저절로 일어나는 모양을 의미하는 '油然'으로, '뻥 뚫린 것처럼 쾌감을 느끼거나'의 '뻥'은 마음이 탁 트이거나 뚫린 모양을 나타내는 '豁然'으로, '찔끔 눈물을 흘렸다'에서 '찔끔'은 '슬프고 침울하다'란 의미의 '黯然'으로, '헤벌레 웃고 있었다'에서 '헤벌레'는 '찬연하다'란 의미의 '灿然'으로 각각 번역하고 있다.

1.1.2. 부사로 번역

한국어에서 의태어는 품사 분류상 부사에 해당한다. 그래서 중국어로 번역할 때도 부사로 번역하면 가장 자연스러울 것으로 여겨지나, 실상은 꼭 그렇지는 않다는 것을 분석을 통해 알 수 있었다. 그래도 부사로 한국어 의태어를 번역한 경우가 상당히 많았다. 일목요연하게 볼 수 있도록 두 가지 유형으로 나누어서 정리해 보았다.

1.1.2.1. '~然' 형식의 부사

'~然' 형식의 부사는 상황을 묘사하는 부사의 표지로 중국 진나라 시대부터 사용되고 있다.[17] '~然' 형식의 부사로 번역한 예들을 표로 정리하면 다음과 같다.

17 王振凤, 앞의 논문.

〈표7〉 '~然' 형식의 부사로 번역

『고래』		『혀』		『몽타주』	
49. 퍼뜩	猛然	191. 불쑥	竟然	1.20 번쩍	驟然
73. 덜컥	竟然			4.5 덜컥	居然
83. 퍼뜩	翻然			7.26 불끈	猛然
92. 퍼뜩	猛然				
137. 덜컥	忽然				
145. 쫙	忽然				
168. 덜컥	贸然				
193. 번쩍	猛然				
222. 후끈	驟然				
『빛의 제국』 대륙본			『빛의 제국』 타이완본		
16. 얼핏	猛然		16. 얼핏	猛然	
37. 벌떡	猛然		37. 벌떡	猛然	
54. 벌떡	猛然		156. 벌떡	猛然	
155.번뜩	忽然		311. 벌떡	猛然	
175. 덜컥	猛然		348. 벌떡	猛然	
196. 문득	忽然		363. 벌떡	猛然	

위의 표에서 사용되고 있는 '~然' 형식의 부사는 '갑자기 · 돌연 · 불쑥'이란 뜻의 '猛然', '뜻밖에도 · 의외로'란 뜻의 '竟然', '불현듯이'란 뜻의 '翻然', '갑자기 · 별안간 · 문득'이란 뜻의 '忽然', '경솔하게 · 분별없이'란 뜻의 '贸然', '돌연히 · 갑자기'란 뜻의 '驟然', '뜻밖에 · 의외로'의 뜻인 '居然' 등이다. '퍼뜩 눈을 떴다'의 '퍼뜩'은 '猛然(2회)'으로, '퍼뜩 정신이 들었다'의 '퍼뜩'은 '翻然(1회)'으로 번역하고 있다. '덜컥'은 5종류로 번역하고 있는데 예를 들면, '덜컥 손을 얹어놓고'의 '덜컥'은 '竟然'으로, '발을 덜컥 내려놓고'의 '덜컥'은 '忽然'으로, '덜컥 일을 저지른'의 '덜컥'은 '贸然'으로, '덜컥 고소를 한'에서 '덜컥'은 '居然'으로, '덜컥

멈추었다'에서 '덜컥'은 '猛然'으로 번역한 것이다.

'힘이 쫙 빠지며'의 '쫙'은 '忽然'으로, '번쩍 치켜든'의 '번쩍'은 '猛然'으로, '번쩍 깨어나는'에서 '번쩍'은 '骤然'으로 번역하고 있다. '불쑥 눈물이 고인다'에서 '불쑥'은 '竟然'으로, '불쾌감이 불끈 치밀었다'에서 '불끈'은 '猛然'으로, '열기로 후끈 달아올라'의 '후끈'은 '骤然'으로, '얼핏 훔쳐 본'의 '얼핏'은 '猛然(2회)'으로, '벌떡(7회)'은 '猛然'으로, '번뜩 깨달았다'의 '번뜩'과 '문득'은 '忽然'으로 각각 번역하여 의미를 살리고 있다.

1.1.2.2. '~然' 형식 이외의 부사

'~然' 형식 이외의 부사로 번역한 예들을 표로 정리하면 다음과 같다.

〈표8〉 '~然' 형식 이외의 부사로 번역

『고래』		『허』		『몽타주』	
6. 가물가물	渐渐	35. 살짝	偷偷	1.2 언뜻	乍
27. 절레절레	连连	62. 엉거주춤	连连	1.8 벌떡	猛地
39. 부르르	猛地	91. 펄쩍펄쩍	猛地	1.12 차츰	渐渐
65. 퍼뜩	猛地	93. 펄쩍	猛地	1.17 번쩍	一下子
93. 벌컥	猛地	118. 꽉	一下子	2.1 벌떡	猛地
104. 벌떡	猛地	140. 절레절레	连连	4.6 벌떡	霍地
105. 벌떡	猛地	148. 스르르	渐渐	5.4 휙	倏地
106. 덜컥	猛地	156. 푹	猛地	5.8. 퍼뜩	马上
108. 홱	猛地	167. 힐끔	偷偷	5.26 훨씬	更
110. 펄쩍	极力	188. 쑥	猛地	5.27 슬그머니	马上
112. 벌떡	猛地	190. 확	猛地	6.7 왈칵	一下子
116. 우뚝	猛地	『연어』		6.8 질끈	连忙
166. 휙	猛地	7. 절레절레	纷纷	6.10 벌떡	呼地
172. 깜짝	大为	8. 가만가만	偷偷	6.23 훨씬	更
192. 번쩍	猛地	13. 곰곰	反复	6.47 훨씬	更加

200. 주춤주춤	纷纷	14. 훨씬	逐渐	7.9 벌렁	一下
205. 동동	连连	23. 핑	不由得	7.20 확	哗地
239. 덥석	猛地	26. 깜짝	非常	7.28 꾸역꾸역	再次
251. 덥석	猛地	27. 파르르	微微	7.43 문득	猛地
272. 문득문득	不时	36. 빙	纷纷	8.21 훨씬	非常
273. 문득문득	偶尔	42. 훨씬	更加		
275. 벌떡	猛地	45. 훨씬	更加		
276. 와락	猛地	47. 훨씬	更加		
281. 덥석	猛地				
283. 바싹	格外				

『빛의 제국』 대륙본		『빛의 제국』 타이완본	
7. 번쩍	一把	7. 번쩍	一把
22. 싹	完全	32. 살짝	稍微
32. 살짝	稍微	33. 슬쩍	微微
33. 슬쩍	微微	34. 꾸벅꾸벅	連連
41. 힐끗	偷偷	40. 슬쩍	稍微
56. 살짝	有点儿	41. 힐끗	偷偷
82. 불끈	立刻	44. 슬쩍	稍微
91. 빙긋이	微微	46. 슬쩍	偷
101. 우수수	统统	48. 스멀스멀	暗暗
127. 벌떡	猛地	54. 벌떡	猛地
128. 살짝	稍许	56. 살짝	有點
148. 벌떡	猛地	63. 슬쩍	有點
153. 살짝	稍微	64. 슬쩍	稍微
153. 살짝	稍	79. 오들오들	微微
166. 딱	就	84. 슬쩍	微微
167. 살짝	微微	87. 슬쩍	微微
171. 살짝	蓦地	91. 빙긋이	微微
179. 훨씬	更	95. 슬쩍	微微
199. 절레절레	连连	107. 훨씬	更

201. 훨씬	更	121. 살짝	略微
205. 딱	正好	123. 바싹	極其
208. 살짝	稍微	128. 살짝	些微
219. 지그시	微[18]	144. 생긋	微微
223. 훨씬	更	145. 훨씬	更加
228. 살짝	稍微	148. 벌떡	猛地
240. 벌떡	猛地	153. 살짝	略微
241. 훨씬	更	153. 살짝	有點
270. 훨씬	还	166. 딱	就
272. 훨씬	更加	167. 살짝	略微
273. 슬며시	微微	171. 살짝	微
275. 번쩍	猛地	173. 살짝	稍微
278. 슬쩍	偷	175. 덜컥	陡地
280. 절레절레	连连	177. 훨씬	更
283. 훨씬	更	179. 훨씬	更
308. 와락	猛地	201. 훨씬	更加
311. 벌떡	猛地	205. 딱	剛好
321. 벌떡	猛地	208. 살짝	微微
328. 벌떡	猛地	220. 펑펑	直(流)
338. 꼬박꼬박	都	224. 슬그머니	微微
345. 훨씬	更	228. 살짝	稍微
348. 벌떡	猛地	237. 살짝	微微
363. 벌떡	猛地	240. 벌떡	猛地
		241. 훨씬	更
		270. 훨씬	更
		272. 훨씬	更加
		275. 번쩍	一把
		276. 살짝	有點
		278. 슬쩍	偸
		283. 훨씬	更

		285. 살짝	稍微
		293. 훨씬	更
		295. 깜짝	大爲
		297. 슬쩍	略微
		305. 훨씬	更
		308. 와락	一把
		312. 살짝	稍微
		322. 살짝	微
		329. 슬쩍	偸偸
		338. 꼬박꼬박	從不
		345. 훨씬	更

위의 표에서 볼 수 있듯이 부사 중에서 가장 많이 사용되고 있는 종류는 '돌연히, 갑자기, 급히'란 의미의 '猛地'이다. 예를 들면 '부르르(1회), 퍼뜩(1회), 벌컥(1회), 벌떡(17회), 덜컥(1회), 홱(1회), 우뚝(1회), 휙(1회), 번쩍(2회), 덥석(3회), 와락(2회), 펄쩍펄쩍(1회), 펄쩍(1회), 푹(1회), 쑥(1회), 확(1회), 문득(1회)' 등을 모두 '猛地'로 번역하고 있다. 예를 든 의태어들은 동작이 순간적으로 갑자기 발생하는 상황을 실감 나게 표현할 때 주로 사용하는데, '猛地'로 번역하여 그 느낌을 생생하게 잘 묘사하고 있다.

이 외에도 한 종류의 부사로 여러 종류의 의태어를 번역하고 있는 예들을 살펴보면 다음과 같다. '절레절레(3회) · 동동(1회) · 엉거주춤(1회) · 꾸벅꾸벅(1회)'은 머리를 좌우로 흔들거나, 발을 동동 구르거나, 엉거주춤 뒷걸음질 치거나 하는 등의 동작들을 묘사하고 있는데, '줄곧, 계속해서'

18 '微微'와 '微'는 형용사와 부사로 분류된다. 형용사일 때는 '작다' '미미하다'란 의미이고, 부사로 쓰일 때는 '약간, 조금(稍微, 略微)'의 의미이다. 본 책에서는 부사로 분류하여 정리한다.

의 의미인 '连连'으로 번역해서 동작을 계속 반복해서 행하는 의미를 살리고 있다. '가물가물(가물가물 멀어지고), 스르르(동공이 스르르 풀리는), 차츰(차츰 현실감각을 잃을 수밖에)'은 '渐渐'으로 번역하여 동작이 점점 진행되어 변화가 생김을 표현하고 있다. '꽉(1회) · 번쩍(1회) · 왈칵(1회)'은 '단시간에, 갑자기'란 의미의 '一下子'로, '벌렁'은 '一下'로 번역하였고, '빙긋이(2회) · 파르르(1회) · 슬며시(1회) · 오들오들(1회) · 생긋(1회) · 슬쩍(5회) · 살짝(3회)' 등의 의태어는 '조금, 약간'의 의미인 '微微'로, '지그시'는 '微(1회)'로 번역하여 동작들이 가볍거나 살짝 행해졌음을 표현하고 있다. 하지만 '오들오들'은 춥거나 무서워서 몸이 잇따라 심하게 떠는 모양을 묘사함으로 '微微'로 번역하면 제대로 의미를 살리기가 어렵다. '힐끗(2회) · 힐끔(1회) · 가만가만(1회)'은 '偷偷'로 번역해 남몰래 슬그머니 동작이 이루어짐을 잘 살리고 있다.

한 종류의 의태어를 여러 종류의 부사로 번역한 예들을 살펴보면 다음과 같다. '벌떡'은 '猛地(17회)'로 대부분 번역하고 있으나, '갑자기 · 벌떡'이란 의미의 '霍地(1회)'와 '휙'이란 의미의 '呼地(1회)'로도 각각 번역하여 갑자기 동작이 발생함을 잘 묘사하고 있다. '퍼뜩'은 '猛地(1회)'와 '马上(1회)'으로, '덜컥'은 '猛地(1회)'와 '돌연 · 갑자기'란 의미의 '陡地(1회)'로, '휙'은 '猛地(1회)'와 '재빨리 · 갑자기'란 의미의 '倏地(1회)'로, '번쩍'은 '猛地(2회)'와 '와락 · 힘껏'의 의미인 '一把(3회)'로, '와락'은 '猛地(2회)'와 '一把(1회)'로, '펄쩍'은 '猛地(1회)'와 '극구 · 한사코'란 의미의 '极力'로, '확'은 '猛地(1회)'와 '왈칵'이란 의미의 '哗地'로 각각 번역하고 있다. '깜짝'은 '크게 · 대단하게'란 의미의 '大为'와 '非常'으로, '슬그머니'는 '马上'과 '微微'로, '바싹'은 '각별히 · 유달리'란 의미의 '格外'와 '지극히 · 매우'란 뜻의 '极其'로, '꼬박'은 '都'와 '从不'로 각각 번역하고 있다.

좀 더 다양한 부사로 번역한 예들을 살펴보면, '문득문득'은 '猛地(1회)'

와 '갑자기 · 이따금'이란 의미의 '不时(1회)', '간혹 · 이따금'의 '偶尔(1회)'로 번역하였고, '딱 한 번만'의 '딱'은 '就', '딱 마주치고'의 '딱'을 대륙본은 '正好'로, 타이완본은 '刚好'로 번역하고 있다. '살짝'은 '偷偷(1회) · 稍微(9회) · 有点儿(4회) · 稍许(1회) · 稍(1회) · 微微(3회) · 蓦地(갑자기 · 돌연히 1회) · 略微(3회) · 些微(1회) · 微(2회)'로 번역하여 '조금 · 약간'의 의미를 더하고 있다. 이 중 『빛의 제국』 속에 나오는 '얼굴이 살짝 붉어졌다'에서 '살짝'을 대륙본은 '갑자기 · 돌연히'란 의미의 '蓦地(红了)'로, 타이완본은 '微(红)'로 번역하고 있는데, 후자의 번역이 원천텍스트의 의미에 더 충실하게 번역하고 있는 듯하다. '훨씬'은 '逐渐(1회) · 更加(8회) · 更(17회) · 非常(1회) · 还(1회)'로 번역하였고, '슬쩍'은 '微微(5회) · 偷(3회) · 偷偷(1회) · 稍微(3회) · 有点(1회) · 略微(1회)'로 번역하여 의미를 살리고 있다.

그 외에 한 번씩 출현하는 예들을 살펴보면, '주춤주춤'은 '잇달아 · 계속하여'란 의미의 '纷纷'으로, '말을 곰곰 되씹어본다'에서 '곰곰'은 '반복적으로 · 재차'란 의미의 '反复'로, '눈물이 핑 돈다'에서 '핑'은 '저도 모르게 · 저절로'란 의미의 '不由得'로, '언뜻 보기에'의 '언뜻'은 '갑자기 · 돌연히'란 의미의 '乍'로 번역하였다. 그리고 '눈을 질끈 감았다'에서 '질끈'은 '급히 · 재빨리'란 의미의 '连忙'으로, '꾸역꾸역 밀려 들어와서'의 '꾸역꾸역'은 '再次'로, '졸음이 싹 가신'의 '싹'은 '전부 · 모조리'란 의미의 '完全'으로, '불끈 힘이 솟았다'에서 '불끈'은 '立刻'로, '우수수 떨어져'의 '우수수'는 '전부'란 의미의 '统统'으로, '눈물을 펑펑 흘렸고'에서 '펑펑'은 '줄곧 · 끊임없이'란 의미의 '直(流)'으로 번역하여 의미를 살리고 있다. 하지만 '질끈 눈을 감았다'에서 '질끈'은 단단히 졸라매거나 동이는 모양을 묘사할 때 주로 사용하는데, '급히 · 재빨리'의 의미인 '连忙'으로 번역하여 원천텍스트의 의미를 제대로 살리지 못하고 있다.

1.1.3. 동사로 번역

동사도 한국어 의태어를 중국어로 번역할 때 자주 사용되고 있다. 비중첩 동사와 중첩 동사로 나누어 살펴보도록 하겠다.

1.1.3.1. 비중첩 동사

비중첩 동사로 번역된 예들을 표로 정리하면 다음과 같다.

〈표9〉 비중첩 동사로 번역

<table>
<tr><th colspan="2">『고래』</th><th colspan="2">『혀』</th><th colspan="2">『몽타주』</th></tr>
<tr><td>77. 와락</td><td>伸手</td><td>8. 푹푹</td><td>无比[19]</td><td>2.7 씩</td><td>咧嘴</td></tr>
<tr><td>105. 왈칵</td><td>用力</td><td>42. 후다닥</td><td>使劲</td><td>5.11 휙휙</td><td>飞驰</td></tr>
<tr><td>162. 힐끗</td><td>转头</td><td>80. 풀썩</td><td>无力</td><td>8.27 번쩍</td><td>不停</td></tr>
<tr><td></td><td></td><td>116. 꽉</td><td>使劲</td><td></td><td></td></tr>
<tr><td></td><td></td><td>123. 와락</td><td>使劲</td><td></td><td></td></tr>
<tr><td></td><td></td><td>136. 갈가리</td><td>粉碎</td><td></td><td></td></tr>
<tr><td></td><td></td><td>146. 꾹</td><td>使劲</td><td></td><td></td></tr>
<tr><td></td><td></td><td>161. 쭉</td><td>无力</td><td></td><td></td></tr>
<tr><td></td><td></td><td>180. 휘휘</td><td>使劲</td><td></td><td></td></tr>
<tr><td></td><td></td><th colspan="2">『연어』</th><td></td><td></td></tr>
<tr><td></td><td></td><td>3. 깜짝</td><td>无比</td><td></td><td></td></tr>
<tr><td></td><td></td><td>39. 깜짝</td><td>无比</td><td></td><td></td></tr>
</table>

<table>
<tr><th colspan="2">『빛의 제국』 대륙본</th><th colspan="2">『빛의 제국』 타이완본</th></tr>
<tr><td>4. 쑤욱</td><td>使劲</td><td>47. 꾹</td><td>使勁</td></tr>
<tr><td>34. 꾸벅꾸벅</td><td>点头</td><td>57. 북북</td><td>用力</td></tr>
<tr><td>47. 꾹</td><td>使劲</td><td>69. 물끄러미</td><td>出神</td></tr>
<tr><td>57. 북북</td><td>使劲</td><td>83. 물끄러미</td><td>出神</td></tr>
<tr><td>59. 비질비질</td><td>不停</td><td>86. 씩</td><td>咧嘴</td></tr>
</table>

118. 힘껏	用力	113. 씩	咧嘴
226. 절레절레	不停	118. 힘껏	用力
294. 꾹꾹	使劲	150. 흔들흔들	閃爍
334. 꾹꾹	使劲	161. 씩	咧嘴
356. 꾹꾹	使劲	176. 씩	咧嘴
364. 휙	使劲	178. 씩	咧嘴
		182. 씩	咧嘴
		226. 절레절레	不住
		248. 실쭉	撇嘴
		281. 물끄러미	出神
		286. 꾸역꾸역	不停
		294. 꾹꾹	使勁
		304. 절레절레	不住
		325. 씩	咧嘴
		332. 주절주절	嘟嘟囔囔
		334. 꾹꾹	使勁
		356. 꾹꾹	用力
		362. 씩	咧嘴

동사로 번역한 것 중 가장 많이 사용하고 있는 단어는 '힘을 쓰다'란 의미의 '使劲'인데, '힘껏 어떤 동작을 행하였다'란 뜻의 의태어 번역에 사용할 경우 원천텍스트에서 표현하고자 하는 의도를 자연스럽게 전달할 수 있다. '후다닥 문을 밀고'의 '후다닥(1회)', '두 손으로 꽉 잡곤'의 '꽉(1회)', '와락 끌어안았다'에서 '와락(1회)', '꾹 누른다'에서 '꾹(3회)',

19 '无比'는 '더 비할 바가 없다, 아주 뛰어나다', '无力'는 '힘이 없다'란 의미로 고려대 『중한사전』, 교학사 『현대중한사전』 등에서는 형용사로 품사가 분류되어 있으나, 『现代汉语词典』과 『中韩辞典』(黑龙江朝鲜民族出版)에서는 동사로 분류되어 있어 본 책에서는 두 단어 모두 동사로 분류하였다.

'휘휘 저었다'에서 '휘휘(1회)', '쑤욱 ~ 밀어 넣어'의 '쑤욱(1회)', '북북 ~ 긁어대고'의 '북북(1회)', '꾹꾹 눌렀다'에서 '꾹꾹(5회)', '휙 던져버렸다'에서 '휙(1회)'을 모두 '使劲'으로 번역하고 있다. '用力' 역시 '使劲'처럼 힘껏 어떤 동작을 행하는 것을 묘사할 때 쓰이고 있는데, '왈칵 떠밀었다'에서 '왈칵(1회)', '힘껏 들이마시고'의 '힘껏(2회)', '북북 ~ 긁어대고'의 '북북(1회)', '꾹꾹 눌러보았다'에서 '꾹꾹(1회)'을 '用力'로 번역하고 있다.

'눈을 번쩍 떴다'에서 '번쩍(1회)', '식은땀이 비질비질 흘러'의 '비질비질(1회)', '절레절레 흔들어보았다'에서 '절레절레(1회)', '꾸역꾸역 거리로 토해내고'의 '꾸역꾸역(1회)'은 '멈추지 않다, 끊임없다'란 의미의 '不停'으로 번역하여 의미를 살리고 있다. 하지만 '눈을 번쩍 떴다'에서 '번쩍'은 마음이 끌려 눈이나 귀 따위가 갑자기 뜨이는 모양을 나타내는 것이므로 '不停'으로 번역하면 의미를 제대로 살릴 수 없다. 그리고 『빛의 제국』 대륙본에서는 '절레절레'를 '不停'으로 번역했으나, 타이완본에서는 동사 '不住'로 번역하고 있다. '푹푹 찌곤 했었다'에서 '푹푹(1회)', '깜짝 놀란다'에서 '깜짝(2회)'은 '비할 바 없다, 아주 뛰어나다'란 의미의 '无比'로 번역하여 푹푹 찌듯이 매우 덥고, 정말 놀랐음을 잘 표현하고 있다. 그리고 '풀썩 주저앉는'의 '풀썩', '사지를 쭉 뻗고'의 '쭉'은 '힘이 없다'란 의미의 '无力'로 번역하여, 맥없이 주저앉은 모습과 사지를 쭉 뻗고 죽은 개의 모습을 잘 표현하고 있다.

이외에 '와락 보따리를 낚아채'의 '와락'은 '손을 뻗다, 손을 내밀다'란 의미의 '伸手(1회)'로, '힐끗 돌아보았다'에서 '힐끗'은 '머리를 돌리다'란 뜻의 '转头(1회)'로, '씩 웃고'의 '씩(9회)'과 '실쭉 웃었다'의 '실쭉(1회)'을 '옆으로 찢어지듯이 입을 벌리다'란 의미의 '咧嘴'로, '옆을 휙휙 지나치고'의 '휙휙'을 '질주하다'란 뜻의 '飞驰(1회)'로, '주절주절 사주풀이를 이어나갔다'에서 '주절주절'은 '끊임없이 중얼거리다'란 뜻의 '嘟嘟囔囔(1

회)'으로 번역하여 의미를 살렸다. 『빛의 제국』 타이완본에서는 '물끄러미 바라보았다'에서 '물끄러미'를 세 번 모두 '넋이 나가다'란 의미의 동사 '出神(3회)'으로 번역하고 있고, 대륙본은 앞에서 이미 언급했듯이 세 번 모두 얼이 빠진 모양을 묘사하는 형용사 '怔怔'으로 번역하고 있다.

1.1.3.2. 중첩 동사

의태어만 단독으로 번역할 때 사용한 동사 중첩 형식은 'ABAB'식과 'AABB'식 두 종류이다. 이음절 동사를 중첩할 때 일반적으로 'ABAB'식을 사용하는데, 어떤 동사는 때때로 특별한 동사중첩 형식인 'AABB'식을 사용해 동작이 끊이지 않고 계속 반복됨을 표현하기도 한다.[20] 중첩 동사로 번역한 예를 표로 정리하면 다음과 같다.

〈표10〉 중첩 동사로 번역

『연어』		『몽타주』	
28. 비틀비틀	摇摇晃晃	3.3 휘적휘적 3.35 휘적휘적 6.21 빙글빙글	摇摇摆摆 摇摇晃晃 滴溜滴溜
『빛의 제국』 대륙본		『빛의 제국』 타이완본	
30. 비틀비틀 134. 겅중겅중 150. 흔들흔들	摇摇晃晃 蹦蹦跳跳 闪闪烁烁	30. 비틀비틀 134. 겅중겅중	搖搖晃晃 蹦蹦跳跳

'비틀비틀'은 '흔들거리다'란 의미의 '摇摇晃晃(3회)'으로, 걸을 때 두 팔을 몹시 자꾸 휘젓는 모양을 묘사하는 '휘적휘적'은 '摇摇晃晃(1회)'과

20 김진아 · 차오슈링, 『중국어 문법 무작정 따라하기』(2004).

크게 팔을 흔들며 걷는 모양을 묘사하는 '摇摇摆摆(1회)'로 번역하여 원천 텍스에서 표현하고자 하는 의미를 살리고 있다. '빙글빙글 돌아가는 채널'의 '빙글빙글'은 '滴溜滴溜'로, 긴 다리를 모으고 계속 힘 있게 솟구쳐 뛰는 모양을 묘사하는 '겅중겅중'은 활발하게 뛰는 모양을 표현하는 '蹦蹦跳跳'로 번역하였다. '건너편 아파트의 창문들이 도깨비불처럼 흔들흔들 희미한 빛을 발하고'에서 '흔들흔들'은 '번쩍번쩍하다'란 의미의 '闪闪烁烁'로 번역하여 아파트 창문에서 비치는 불빛들이 떨어져서 바라보면 마치 번쩍번쩍 빛을 발하는 것처럼 보이므로 이같이 번역한 듯하다.

1.1.4. 수량사로 번역[21]

중국어에서 수량을 가진 단어들은 특별한 수사 효과를 지녀 강한 의태 효과를 나타낼 수 있어[22] 의태어 번역에 종종 사용되고 있다. 수량사로 번역한 예를 표로 정리하면 다음과 같다.

〈표11〉 수량사로 번역

『고래』		『연어』		『몽타주』	
109. 힐끗	(看了)一眼	12. 이리저리	几圈	2.1 깜짝	(吓了)一跳
231. 번쩍	一道(闪电)	41. 깜짝깜짝	一跳	3.23 움찔	(吓了)一跳
244. 꾸역꾸역	一口一口			4.15 슬쩍	一丝
				5.2 깜짝	(吓了)一跳
				5.16 깜짝	(吓了)一跳
				6.54 깜짝	(吓了)一跳
				7.24 깜짝	(吓了)一跳

21 본 소절에서는 명량사와 동량사를 따로 구분해서 나누지 않고 크게 양사로 처리한다.

22 손나나, 「한국 문학의 중국어번역 연구: 어휘적 측면을 중심으로」(2012).

				8.1 훨씬	一些
				8.10 깜짝	(吓了)一跳
				8.27 깜짝	(吓了)一跳
『빛의 제국』 대륙본			『빛의 제국』 타이완본		
70. 깜짝	(吓了)一跳		39. 쓰윽	(看了)一眼	
189. 깜짝	(吓了)一跳		55. 화들짝	(嚇了)一跳	
277. 화들짝	(吓了)一跳		70. 깜짝	(嚇了)一跳	
			96. 힐끔	(看了)一下	
			157. 깜짝	(嚇了)一跳	
			189. 깜짝	(嚇了)一跳	
			224. 꾸벅꾸벅	一點一點	
			229. 살짝	一絲(冷笑)	
			258. 쿡	(戳了)一下	
			259. 살짝	一絲(淚水)	
			347. 깜짝	(嚇了)一跳	

위의 표에서 보아 알 수 있듯이 '번쩍(一道闪电)', '슬쩍(一丝稚嫩的微笑)', '살짝(一丝冷笑/泪水)'은 수량사 구조로 뒤의 명사를 수식하고 있고, 나머지 '힐끗 · 쓰윽(看了一眼)', '이리저리(游了几圈)', '깜짝 · 움찔 · 화들짝(吓了一跳)', '힐끔(看了一下)', '쿡(戳了一下)'은 동량보어 형식으로 동사를 보충 설명하면서 시각적 효과를 느끼게 만들어 원문에서 느낄 수 있는 생동감을 전달하고 있다. '훨씬'은 '평소보다 훨씬 늦어지기는 했어도(比平时晚了一些)'에서 볼 수 있듯이 비교문장에서 비교의 차이를 나타낸다. 보통 '一些'는 차이가 작음을 나타내는데, '훨씬'을 '一些'로 번역하면 원문의 의미보다 차이의 정도가 약하게 전달되는 느낌이 든다.

부사어 기능의 수량구 중첩 형식인 '一A一A'식은 '연이어, 끊임없이 이어지다'의 연속성 의미와 동작 또는 행위의 방식에 대한 묘사 혹은 수량의 많음을 의미한다.[23] 입안에 음식을 많이 넣고 한꺼번에 잇달아 씹는 '꾸역꾸역'을 '一口一口'로, 졸려서 머리를 반복해서 꾸벅이며 조는 모양을 묘사하는 '꾸벅꾸벅'을 '一点一点'으로 번역하여 원문의 느낌을 잘 살리고 있다.

1.1.5. 명사로 번역

명사도 의태어 번역에 활용되고 있는데, '명사'와 '大+명사' 두 종류로 나누어 분석해 보도록 하겠다.

1.1.5.1. 명사

명사로 번역한 예들을 표로 정리하면 다음과 같다.

〈표12〉 명사로 번역

『고래』		『혀』		『몽타주』	
48. 바들바들	浑身	127. 기우뚱	左右	3.7 이리저리	四处
54. 부들부들	浑身			7.2 문득	方才
118. 문득	下意识				
220. 줄줄	到处				

『빛의 제국』 대륙본		『빛의 제국』 타이완본	
31. 문득	突然间	101. 우수수	全部
97. 이리저리	四处	135. 이리저리	到處
102. 문득	突然间	172. 이리저리	四處
172. 이리저리	四处	196. 문득	突然間
372. 꼬박	通宵	210. 군데군데	四處

23 이지혜, 「현대중국어 중첩 수량표현의 통사·의미적 특성 연구」(2014).

		236. 이리저리	到處
		306. 문득	突然間
		372. 꼬박	通宵

‘문득’은 앞에서 살펴보았듯이 형용사 ‘突然(40회)’으로 번역한 것이 대부분이다. 하지만 명사로 번역한 예들도 있는데, ‘突然间(4회)’, ‘下意识(무의식적으로, 엉겁결에)’, ‘方才(방금, 조금 전)’ 등이다. ‘이리저리’는 ‘도처, 여러 곳’의 ‘四处(4회)’와 ‘도처, 곳곳’의 ‘到处(2회)’로 번역하였고, ‘군데군데’도 ‘四处(1회)’로, ‘물이 줄줄 새고’의 ‘줄줄’도 ‘到处’로 번역하고 있다. ‘꼬박 새우신’의 ‘꼬박’은 ‘온밤’의 ‘通宵(2회)’로 번역하였고, ‘바들바들’과 ‘부들부들’을 ‘浑身’으로 번역하여 온몸으로 심하게 떠는 느낌을 표현하고 있다. ‘지구의가 덩달아 기우뚱 축이 흔들린다’에서 ‘기우뚱’을 ‘左右’로 번역하였고, ‘명함과 펜, 클립, 스테이플러와 딱풀 등이 우수수 떨어져’에서 ‘우수수’를 ‘全部’로 번역하여 의미를 살리고 있다.

1.1.5.2. ‘大+명사’

‘大+명사’ 형식은 동작을 크게 취하는 모양을 묘사할 때 주로 사용하고 있는데, 그 예를 표로 정리하면 다음과 같다.

〈표13〉 ‘大+명사’로 번역

『고래』		『혀』		『몽타주』	
61. 성큼성큼	大步	108. 활짝	大声	6.63 성큼성큼	大步
75. 성큼성큼	大步				
155. 성큼성큼	大步				
160. 쪼르르	大步				

37. 꾸역꾸역	大口		
『빛의 제국』 대륙본		『빛의 제국』 타이완본	
111. 성큼성큼 339. 성큼	大步 大步	111. 성큼성큼 246. 성큼성큼 339. 성큼 365. 버럭	大步 大步 大步 大聲

'성큼(2회)'과 중첩형 '성큼성큼(7회)'을 모두 '大步'로 번역하여 의미를 살리고 있으나, '쪼르르 개울가로 달려 내려갔다'에서 '쪼르르'도 '大步'로 번역하고 있다. '大步'는 '큰 걸음'을 나타내고 '쪼르르'는 작은 발걸음을 재게 움직여 걷는 모양을 묘사하므로, 원천텍스트에서 크지 않은 체구의 여자가 작은 보폭으로 달리듯이 가볍게 걷는 느낌을 살리려고 했던 의도를 제대로 표현해내지 못하고 있다. '활짝 웃곤 했다'에서 '활짝'과 '버럭 소리를 질렀다'에서 '버럭'을 '大声'으로 번역하여 크게 소리를 내며 웃고, 고함치는 것을 표현하고자 했음을 알 수 있다. '꾸역꾸역'을 앞에서는 수량사 중첩형 '一口一口'로 번역했지만, 여기서는 '大口'를 사용해 입안 가득히 바게트 샌드위치를 베어 물고 있는 모습을 묘사하고 있다.

1.1.6. 의성어로 번역

의성어로 한국어 의태어를 번역한 예도 제법 있는데, 표로 정리하면 다음과 같다.

<표14> 의성어로 번역

『고래』		『혀』		『몽타주』	
124. 주르르	哗啦啦	64. 쿡쿡	汪汪	4.8 씩	扑哧
		168. 히죽	嘻嘻	5.29 풀풀	噗噗
				6.6 휙휙	嗖嗖
				6.59 주르륵	哧溜

『빛의 제국』 대륙본		『빛의 제국』 타이완본	
38. 휭	轰	38. 휭	嗖
99. 보글보글	噗噜噗噜	71. 씩	嗤嗤
103. 부글부글	噗噜噗噜	103. 부글부글	噗噜噗噜
291. 오물오물	叽里咕噜	214. 부르르	嘟嘟嘟
		233. 피식	噗嗤
		249. 씩	嘻嘻
		255. 씩	嗤嗤
		261. 씩	嘻嘻
		344. 피식	噗哧

'내장이 주르르 바닥에 쏟아지고'의 '주르르'를 비가 내리거나 물이 흐르는 소리를 표현하는 '哗啦啦'로, '쿡쿡, 내 정강이를 찔렀다'에서 '쿡쿡'은 개가 짖는 소리인 '汪汪'으로 번역하였고, 흡족하여 슬며시 웃는 모양을 묘사하는 '히죽(1회)'과 소리 없이 싱겁게 얼핏 한 번 웃는 모양을 묘사한 '씩(2회)'은 만족하게 여기며 웃는 소리인 '嘻嘻'로 번역하였다. 그리고 '씩'은 '嘻嘻' 이외에 웃음소리인 '嗤嗤(2회)'와 '扑哧(1회)'로도 번역하고 있다. '입안 가득 물었다가 풀풀 내보낼'에서 '풀풀'은 액체나 기체를 내뿜는 소리인 '噗噗'로, '얼굴들이 휙휙 스쳐 지나가는'에서 '휙휙'은 차가 빨리 지나가거나 총탄이 날아갈 때 나는 소리인 '嗖嗖'로, '아래로 주르륵 미끄러져'의 '주르륵'은 미끄러지거나 찢어지거나 공기가 새는 소

리인 '哧溜'로 번역하였다. 『빛의 제국』 예문 중 '차를 휭 한 방에 집어넣었다'에서 '휭'을 대륙본은 폭음이나 우뢰 등의 소리를 표현하는 '轰(1회)'으로, 타이완본은 물체가 빠른 속도로 지나갈 때 나는 소리인 '嗖(1회)'로 번역하고 있는데, 타이완본의 번역이 더 원천텍스트의 의미와 부합한다.

적은 양의 액체가 잇따라 야단스럽게 끓는 소리인 '보글보글(1회)'과 많은 양의 액체가 야단스럽게 잇따라 끓는 소리인 '부글부글(2회)'은 모두 액체가 끓을 때 나는 소리를 표현하는 '噗噜噗噜'로 번역하였다. '오물오물 씹었다'에서 '오물오물'은 재잘거리는 소리인 '叽里咕噜'로 번역하고 있는데 '오물오물'은 음식을 입안에 넣고 시원스럽지 아니하게 조금씩 자꾸 씹는 모양을 묘사하는 의태어인데 '叽里咕噜'로 번역하는 것은 원천텍스트의 의미와는 차이가 큰 듯하다. '부르르 떨기'에서 '부르르'는 일부 발성기가 내는 소리를 표현하는 의성어 '嘟'의 중첩형 '嘟嘟嘟'로 번역하였다.

1.1.7. 사자성어로 번역

사자성어는 간단명료하면서도 생동감 있게 사물을 묘사하고 표현할 수 있어 의성어나 의태어 번역에 많이 사용되고 있다.[24] 사자성어로 번역한 예를 표로 정리하면 다음과 같다.

〈표15〉 사자성어로 번역

『고래』		『혀』		『몽타주』	
56. 톡	闷闷不乐	51. 성큼성큼	大步流星	4.30 슬쩍	不动声色
60. 성큼성큼	大步流星	75. 엉거주춤	不知所措	5.5 쭉	干脆利落

24 정영지, 「『혀』와 『고래』속의 의성어 中譯 양상 고찰」(2016).

72. 성큼성큼	大步流星	『연어』		5.22 슬며시	小心翼翼
79. 활짝	肆无忌惮	11.불쑥	没头没脑	7.29 허청허청	有气无力
82. 애면글면	无微不至			7.30 꼬치꼬치	刨根问底
84. 풀썩	有气无力				
128. 허겁지겁	狼吞虎咽				
180. 허겁지겁	手忙脚乱				
198. 꾸역꾸역	奋不顾身				
224. 슬금슬금	不动声色				
252. 허겁지겁	狼吞虎咽				
256. 후다닥	惊慌失措				
269. 엉거주춤	不知所措				

『빛의 제국』 대륙본		『빛의 제국』 타이완본	
23. 착착	按部就班	53. 가닥가닥	支離破碎
51. 슬쩍	不动声色	122. 이리저리	千方百計
53. 가닥가닥	支离破碎	137. 착착착	有條不紊
96. 슬쩍	不动声色	271. 깜빡	不知不覺
122. 이리저리	千方百计		
209. 꾸벅	毕恭毕敬		
246. 성큼성큼	大步流星		
329. 슬쩍	不动声色		
337. 안절부절	坐立不安		

앞에서 '성큼성큼'은 명사 '大步(7회)'로 번역하였는데, 여기서는 '큰 걸음으로 성큼성큼 빠르게 걷다'란 의미의 '大步流星(4회)'으로 번역하고 있다. '슬쩍(4회)'과 '슬금슬금(1회)'은 '아무런 티도 내지 않다'란 뜻의 '不动声色'로, 맥없이 주저앉는 모양을 묘사한 '풀썩(1회)'과 다리에 힘이 없어 잘 걷지 못하고 자꾸 비틀거리는 모양을 묘사하는 '허청허청(1회)'은 '맥이 풀리고 기운이 없다'란 뜻의 '有气无力'로 번역해 간결하면서도 생동

감 있게 표현하고 있다. '허겁지겁'은 앞에서 '慌乱 · 慌忙 · 慌慌张张 · 急匆匆 · 慌里慌张'으로 번역한 예들을 소개했었고, 성어로는 '狼吞虎咽'과 '手忙脚乱'을 사용하여 번역하고 있다. 구체적으로 살펴보면 '게걸스럽게 먹다'란 뜻의 '狼吞虎咽'은 허겁지겁 먹고 마시는 모습을 표현할 때 사용하고 있고, 발로 허겁지겁 뛰고 걸을 때는 형용사 중첩형 '急匆匆'과 '慌里慌张'으로, 손으로 허겁지겁 잡거나 얼굴에 바를 때는 형용사 중첩형 '慌慌张张'과 성어 '手忙脚乱' 그리고 형용사 '慌忙'을, 눈으로 허겁지겁 흔적을 찾을 때는 형용사 '慌乱'을 사용하여 묘사하고 있다. 한국어에서는 '허겁지겁' 한 단어로 여러 상황에서 자연스럽게 쓸 수 있으나, 중국어로 번역할 때는 문맥에 따라 적당한 표현을 선택해야만 원천텍스트의 의미를 잘 전달할 수 있다.

'톡 쏘아붙였다'에서 '톡'은 '의기소침하다'란 뜻의 '闷闷不乐'로, '활짝 열어젖혔다'에서 '활짝'은 '거리낌 없이 제멋대로 하다'의 '肆无忌惮'으로, '애면글면 보살피고'의 '애면글면'은 '보살핌이 매우 세밀하고 두루 미치다'란 뜻의 '无微不至'로, '꾸역꾸역 벌통으로만 기어들었다'에서 '꾸역꾸역'은 '자신의 생명을 돌보지 않고 용감하게 돌진하다'의 '奋不顾身'으로, '후다닥'은 '허둥지둥하다'의 '惊慌失措'로 번역하였다. 그리고 '엉거주춤'은 '어찌할 바를 모른다'란 뜻의 '不知所措(2회)'로, '말이 불쑥 튀어나온다'에서 '불쑥'은 '까닭이 없다, 느닷없이'의 '没头没脑'로, '아래로 쭉 내리긋는듯한'의 '쭉'은 '민첩하다, 깔끔하다, 거리낌 없다'란 뜻의 '干脆利落'로, '슬며시'는 '매우 조심스럽다'란 뜻의 '小心翼翼'로, '꼬치꼬치 캐물었기 때문에'의 '꼬치꼬치'는 '끝까지 꼬치꼬치 캐묻다'의 '刨根问底'로 번역하여 의미를 살리고 있다.

'옷을 착착 차려입기'의 '착착'은 '순서대로 하나하나 진행시키다'란 뜻의 '按部就班'으로, '착착착 가족들의 식사준비를 하고'에서 '착착착'은

'질서정연하다'란 의미의 '有条不紊'로 번역하였다. '선들은 가닥가닥 잘려나간 채'의 '가닥가닥'은 '산산조각 나다'란 뜻의 '支离破碎(2회)'로, '단체협상을 이리저리 회피하는'에서 '이리저리'는 '온갖 방법을 다 쓰다'란 의미의 '千方百计(2회)'로, '꾸벅 숙여 인사를 하고'의 '꾸벅'은 '매우 공손한 태도를 취하다'란 뜻의 '毕恭毕敬'으로, '안절부절'은 '안절부절하다'의 '坐立不安'으로, '깜빡 졸고'의 '깜빡'은 '부지불식간의'란 뜻의 '不知不觉'로 각각 번역하여 원천텍스트에서 표현하고자 하는 느낌을 잘 전달하고 있다.

1.1.8. 설명적 형식의 표현으로 번역

앞에서 소개한 방법들 이외에 중국어로 번역할 때 적절한 표현이 없거나 혹 있어도 문맥상 어색한 느낌이 들면 설명하듯이 관용구, 사자구,[25] 전치사구, 기타 등을 활용하여 의태어를 번역하여 최대한 자연스럽게 원문의 의미를 전달하고자 함을 볼 수 있다. 예를 표로 정리하면 다음과 같다.

---

25 '사자구'는 고정적으로 많이 사용되는 4음절 어구로 중국어의 특징을 잘 반영한 언어 현상이다. 사자구를 활용하여 번역하면 중국 독자의 심미적인 욕구를 만족시키는 효과를 거둘 수 있다. 따라서 높은 글쓰기 수준을 요구하는 연설문이나 정부 보고서에 비교적 많이 쓰이며, 문학작품의 번역에도 많이 활용된다(이현주, 「웹툰 상징어의 중국어 번역양상 연구」(2020)). 본 소절에서 다루는 4음절 어구에서는 사자성어를 이미 앞에서 소절로 분류하여 분석하였으므로 제외한다.

〈표16〉 설명적 형식의 표현으로 번역

『고래』		『혀』		『몽타주』	
159. 타박타박	迈着沉重的脚步	2. 바삭바삭	香脆	2.5 슬쩍	不留痕迹
167. 사뿐사뿐	迈着轻快的步子			3.19 드문드문	几处
191. 엉거주춤	丑陋不堪			3.27 줄줄	往下
				3.29 꾸역꾸역	接连不断
				6.20 훨씬	得多
		『연어』		6.40 언뜻언뜻	一晃一闪
		29. 훨씬	还要	7.6 슬쩍	一声不吭

『빛의 제국』 대륙본		『빛의 제국』 타이완본	
3. 훨씬	多了	3. 훨씬	多了
21. 힐끗	斜着眼睛	23. 착착	依序
107. 훨씬	多了	43. 이리저리	隨著時間
177. 훨씬	得多	67. 성큼	很快
186. 퉁퉁	很高	164. 샐쭉	撇著嘴
187. 슬쩍	在无形中	185. 찔끔	幾滴
192. 또박또박	一字一顿	223. 훨씬	還要
276. 살짝	多少有些	252. 훨씬	還要
284. 지글지글	吱吱响	284. 지글지글	吱吱作響
288. 슬쩍슬쩍	用余光	288. 슬쩍슬쩍	用眼睛餘光
293. 훨씬	得多	340. 빠끔	露出一條細縫
313. 헤벌레	很灿烂	350. 성큼성큼	邁開大步
332. 주절주절	逐字逐句	360. 엉거주춤	弓著腰
350. 성큼성큼	迈开大步	369. 구불구불	蜿蜒曲折
360. 엉거주춤	点头哈腰		

조금 느릿느릿 힘없는 걸음으로 걸어가는 모양을 묘사하는 '타박타박'을 '무거운 발걸음을 내딛다'란 '迈着沉重的脚步'로, 소리가 나지 아니할 정도로 잇따라 가볍게 발을 내디디며 걷는 모양을 묘사하는 '사뿐사뿐'

은 '경쾌한 발걸음을 내딛다'란 '迈着轻快的步子'로 설명하듯이 표현하여 느낌을 잘 살리고 있다. '엉거주춤'은 앞에서 부사 '连连(1회)'과 성어 '不知所措(2회)'로 번역했었고, 본 소절에서는 세 종류로 번역된 예를 볼 수 있다. 첫 번째 예는 『고래』에서 '웃통을 벗어젖힌 사내는 가마에 등을 기댄 채 엉거주춤 서 있었고'에서 '엉거주춤'을 '용모나 모양이 추함'을 나타내는 '丑陋不堪'으로 번역한 것인데, 이는 문맥상 검게 그을리고 몸에는 문신을 새긴 벽돌공이 웃통을 벗고 가마에 기대어 여사장과 정사를 나누는 추한 모습에 초점을 맞추려고 이렇게 번역한 듯하다. 두 번째는 『빛의 제국』 예문 중 '자리에서 일어나 엉거주춤 인사를 했다'에서 '엉거주춤'을 대륙본에서는 '굽실거리다'란 뜻의 '点头哈腰'로 번역한 것이고, 세 번째는 타이완본에서 '허리를 구부리다'란 의미의 '弓著腰'로 번역한 것이다. 한국어에서는 '엉거주춤' 한 단어로 두 문장에서 모두 의미에 맞는 자연스러운 표현이 가능하지만, 중국어로 번역할 때는 문맥에 따라 적절한 표현을 선택해야 하는 만큼 세심한 주의가 필요할 듯하다.

'바삭바삭'은 '바삭바삭하다'란 뜻의 '香脆'로 번역하였다. '슬쩍'은 앞의 소절에서 중첩 형용사 '悄悄(24회)'와 '轻轻(11회)'으로 번역한 예들을 살펴보았고, 본 소절에서는 사자구와 전치사구로 번역하고 있는데, 그 예를 소개하면 다음과 같다. '그 위에 슬쩍 자신의 입김을 불어 넣을'에서 '슬쩍'은 '흔적 없이'란 뜻의 '不留痕迹'로, '자기들끼리 슬쩍 빠져나간'에서 '슬쩍'은 '한마디도 하지 않다'란 뜻의 '一声不吭'으로, '내 삶의 행로를 슬쩍 뒤틀어놓은'에서 '슬쩍'은 '모르는 사이에, 어느새'란 뜻의 '在无形中'으로 각각 번역하여 문맥의 의미를 살리고 있다. 『빛의 제국』에서 '자동차들을 슬쩍슬쩍 곁눈질해보았다'에서 '슬쩍'의 중첩형 '슬쩍슬쩍'을 대륙본은 '곁눈질로'란 뜻의 '用余光'으로, 타이완본은 '用眼睛馀光'으로 번역하였다. '산책로 위에는 드문드문 말똥이 널려'에서 '드문드문'은 '几处'로, '줄줄 흘러내렸다'에서 '줄줄'은 '계속해서, 이어서'란 뜻의 '往下'로, '그의 속으로 꾸역꾸역 밀려 들어와'에서 '꾸역꾸역'은 '잇달아 끊임없이'란 뜻의 '接连不断'으로, '방황과 배회 속에서 서로 언뜻언뜻 그리고 아슬아슬하게 스치는 동안'에서 '언뜻언뜻'은 '아른아른하다'의 '一晃一闪'으로 번역하고 있다.

'힐끗'은 앞에서 형용사 중첩형 '悄悄(7회)'와 부사 '偷偷(2회)'로 주로 번역하였고, 본 소절에서는 '힐끗 살펴보았다'에서 '힐끗'을 '곁눈질하다'란 의미의 '斜着眼睛'으로 번역하고 있다. '퉁퉁 부어오르고'에서 '퉁퉁'은 '很高'로, '또박또박 말했다'에서 '또박또박'을 『빛의 제국』 대륙본은 '띄엄띄엄'의 '一字一顿'으로, 타이완본은 형용사 '清楚'로 번역하였다. '살짝'은 앞에서는 형용사 '漂漂 · 隐隐 · 轻 · 飘飘 · 隐约 · 轻微 · 些微'와 중첩형용사 '轻轻(25회)'으로 주로 번역하였고, 본 소절에서는 '다소 ~하다'란 뜻의 '多少有些'로 번역하고 있다. '지글지글 타는 비계가'에서 '지글지글'을 대륙본은 '(고기 등이 굽히며) 지글지글 소리나다'란 뜻의 '吱吱响'으로, 타이완본은 '吱吱作响'으로 번역하였고, '헤벌레 웃고 있었다'에서 '헤벌레'를 대륙본은 '很灿烂'으로, 타이완본은 형용사 '灿然'으로 번역하고 있다. '주절주절'은 '한 글자 한 문구씩'이란 뜻의 '逐字逐句'로 번역하였다. '성큼성큼'은 앞에서 성어 '大步流星(4회)'과 명사 '大步(7회)'로 주로 번역하였고, 본 소절에서는 '큰 걸음을 내딛다'란 뜻의 '迈开大步'로 번역하고 있고, 중첩하지 않은 '성큼'은 앞에서는 '大步'로, 본 소절에서는 '很快'로 번역하고 있다.

'이리저리 흘러 흘러 여기까지 온'의 '이리저리'를 대륙본은 '어리둥절하다, 멍하다'란 뜻의 형용사 '稀里糊涂'로, 타이완본은 '随著时间'으로 번역하였다. '샐쭉'은 '입을 삐죽거리다'의 '撇嘴'에 동태조사 '著(着)'를 붙인 '撇著嘴'로, '찔끔'은 '几滴'로, '빠끔'은 '露出一条细缝'으로, '구불구불'

은 '蜿蜒曲折'로 설명하듯이 번역하여 원천텍스트의 의미를 살리고 있다. 물론 이러한 표현들은 의미의 전달 측면에서는 문제가 없으나, 의태어를 사용하여 얻는 생동감 넘치는 표현을 하는 데는 한계가 있어 보인다. '훨씬'은 앞서 살펴본 예들 이외에 본 소설에서는 보어와 부사어로 사용된 용례가 있다. 예를 들면, '그는 그 정도가 훨씬 심했다(他的情况要严重得多)'. '처음 보다는 훨씬 견딜 만했다(比开始好受多了/比一開始要好受多了)', '예전보다 훨씬 말랐고(比以前瘦多了)', '서울보다 훨씬 아름답다(比首尔"美丽"得多)', '훨씬 나아질 거라구(肯定会好得多)' 등이다. 원문에서 부사어로 쓰인 '훨씬'이 번역문에서 비교의 결과를 보충 설명하는 정도보어로 번역되어 있다. 그리고 '그것은 하늘의 무지개나 고래의 무지개보다 훨씬 가까운 곳에 있었지(那道彩虹所处的位置竟然比天空或鲸鱼制造出来的彩虹还要近)', '할머니의 직감은 다른 사람보다 훨씬 발달해 있었다(奶奶的直觉比其他人还要发达)', '처음보다 훨씬 흐트러진 모습으로(模样比一开始还要狼狈)'의 예문이 있는데, 이 예문 속에서는 '훨씬'을 비교하는 문장에서 부사어로 쓰인 '더~하다'의 '还要'로 번역하고 있다.

1.2. 의태어+동사

원문 속의 의태어를 수식받는 동사와 함께 번역한 예들이 이에 속한다. 형용사, 동사, 명사, 의성어, 사자성어, 설명적 형식의 표현 등 다양한 형태로 번역하고 있다. 소절로 나누어서 먼저 표로 정리하고 자세한 설명을 하도록 하겠다.

1.2.1. 형용사로 번역

형용사로 번역한 예들은 비중첩 형용사, 중첩 형용사(AA형, AABB형, ABB형)로 나누어서 정리하였다.

1.2.1.1. 비중첩 형용사

의태어와 수식받는 동사를 함께 비중첩 형용사로 번역한 예를 표로 정리하면 다음과 같다.

〈표17〉 비중첩 형용사로 번역

『고래』		『몽타주』	
37. 줄줄 (흘리며)	淋漓	1.7 바싹 (마른)	干涸
『혀』		2.4 텅 (빈)	空荡
7. 떡 (벌어진)	舒展	3.11 탁 (트이면서)	开阔
13. 뚝뚝 (흘리며)	滂沱	6.22 텅 (빈)	空旷
72. 꽉 (차)	丰富	6.24 텅 (빈)	空旷
120. 펄펄(끓어오른다)	滚烫	8.15 훨씬 (큰)	严重
122. 바짝 (마른)	干瘦	8.17 텅 (빈)	空旷
133. 꽉 (찬)	饱满		
174. 톡 (쏘는)	强烈		
213. 파르르 (떨며)	剧烈		
『빛의 제국』 대륙본		『빛의 제국』 타이완본	
24. 쭈욱 (늘여)	迅速	323. 바싹 (말라)	乾澀

'줄줄 흘리며'를 '줄줄 흐르다, 흠뻑 젖어 흥건하다'란 뜻의 '淋漓'로, '떡 벌어진'은 '널찍하다'란 뜻의 '舒展'으로, '뚝뚝 흘리며'를 '눈물을 많이 흘리다'란 뜻의 '滂沱'로, '꽉 차'는 '丰富'로, '펄펄 끓어오른다'는 '음

식이 매우 뜨겁다'란 '滚烫'으로 번역하였다. '바짝 마른 폴리 코를'에서 '바짝 마른'은 '빼빼 마르다'란 '干瘦'로 번역하였는데, 원천텍스트 속의 '바짝 마른'은 '물기가 말랐다'란 뜻인데 번역에서는 '야위었다'란 의미로 잘못 번역하고 있다. '속이 꽉 찬 크고 무거운 양배추'에서 '꽉 찬'은 '풍만하다, 옹골지다'란 뜻의 '饱满'으로, '마늘 특유의 톡 쏘는'에서 '톡 쏘는'을 '强烈'로, '숭어가 살려고 팔딱팔딱 뛰다가 파르르 떨며'에서 '파르르 떨며'를 '통증이 심하다'란 뜻의 '剧烈'로 번역해 문맥의 의미를 살리고 있다.

'바싹 마른 바닥을 드러내고'에서 '바싹 마른'은 '(강이나 호수 따위의) 물이 마르다'란 '干涸'로, '바싹 말라 있던 그녀의 음부에'의 '바싹 말라'는 '바싹 마르다, 메마르다'란 뜻의 '乾涩'로 문맥의 뜻에 맞게 번역하고 있다. '텅 빈'은 '텅 비다'란 뜻의 '空荡(1회)'과 '광활하다'란 '空旷(3회)'으로, '시야가 탁 트이면서'의 '탁 트이면서'를 '(면적 혹은 공간 범위가) 넓다. 광활하다'란 '开阔'로, '훨씬 큰 위기'의 '훨씬 큰'은 '严重'으로 번역하였다. '스타킹을 쭈욱 늘여 신고'에서 '쭈욱 늘여'를 대륙본은 '迅速(穿上)'으로, 타이완본은 '拉长(后穿上)'으로 각각 번역하고 있는데, 두 번역문을 비교해 보면 타이완본이 원문의 의미를 제대로 살려 번역했음을 알 수 있다.

1.2.1.2. 중첩 형용사

의태어와 수식받는 동사를 함께 중첩 형용사로 번역한 예는 'AA'식, 'AABB'식, 'ABB'식 세 종류가 있다. 각각 소절로 나누어서 정리하였다.

1.2.1.2.1. 'AA' 형식

의태어와 수식받는 동사를 함께 'AA'식으로 번역한 예를 표로 정리하면 다음과 같다.

〈표18〉 'AA'식으로 번역

『혀』		『몽타주』	
18. 가득 철철(넘치게)	满满	7.40 텅 (비어)	空空

'한 잔 가득 철철 넘치게 따라선'에서 '가득 철철 넘치게'를 '满满'으로, '텅 비어'를 '空空'으로 번역하여 의미를 살리고 있다.

1.2.1.2.2. 'AABB' 형식

의태어와 수식받는 동사를 함께 'AABB'식으로 번역한 예를 표로 정리하면 다음과 같다.

〈표19〉 'AABB'식으로 번역

『고래』		『혀』	
186. 듬성듬성(빠진)	稀稀落落	217. 구불구불(흐르는)	弯弯曲曲
		『몽타주』	
		1.23 텅(빈)	空空荡荡
		4.12 구불구불(감겨있는)	弯弯曲曲

'듬성듬성 빠진 머리카락'에서 '듬성듬성 빠진'을 '듬성듬성하다'란 뜻의 '稀稀落落'로, '손가락으로 구불구불 흐르는 내 등뼈를 훑어나갔다'에서 '구불구불 흐르는'과 '구불구불 감겨있는 창자에'의 '구불구불 감겨있는'을 '弯弯曲曲'로 번역하였다. '텅 빈'은 앞에서 '空荡(1회)'과 '空旷(3회)' 그리고 '空空(1회)'으로 번역했었는데, 본 소절에서는 '空空荡荡(1회)'으로 번역하여 의미를 살리고 있다.

1.2.1.2.3. 'ABB' 형식

의태어와 수식받는 동사를 함께 'ABB'식으로 번역한 예를 표로 정리하면 다음과 같다.

〈표20〉 'ABB'식으로 번역

『고래』		『혀』	
12. 텅(빈)	空荡荡	89. 바싹(마른)	干巴巴
131. 흠뻑(젖은)	湿漉漉		
249. 텅(빈)	空荡荡		
『몽타주』		『몽타주』	
3.2 바싹(마른)	干巴巴	3.31 바싹(마른)	干巴巴
3.4 바싹(말라붙어)	干巴巴	7.16 텅(비어)	空荡荡
3.8 텅(빈)	空荡荡		
『빛의 제국』 대륙본		『빛의 제국』 타이완본	
17. 텅(빈)	空荡荡	211. 씩(웃으며)	笑嘻嘻
52. 바싹(야위어)	干巴巴		
123. 바싹(마른)	干巴巴		
243. 텅(빈)	空荡荡		

'텅 빈'은 '空荡(1회) · 空旷(3회) · 空空(1회) · 空空荡荡(1회)'으로 번역한 것을 앞에서 소개했었고, 본 소절에서는 '텅 비다'란 뜻의 '空荡荡(6회)'으로 번역하고 있다. '바싹 마른(4회)', '바싹 말라붙어(1회)', '바싹 야위어(1회)'를 모두 '말라서 딱딱하다, (말이나 글이) 무미건조하다'란 뜻의 '干巴巴'로 번역하고 있다. '흠뻑 젖은'을 흠뻑 젖은 모양을 묘사하는 '湿漉漉'로, '씩 웃으며'를 해죽이 웃는 모양을 묘사하는 '笑嘻嘻'로 번역하였다.

1.2.2. 동사로 번역

의태어와 수식받는 동사를 함께 번역할 때 가장 많이 사용하고 있는 방법이다. 의태어와 동사를 같이 번역하는 만큼 동사로 번역하는 것이 가장 자연스럽게 문맥의 의미를 살릴 수 있기 때문일 것이다. '비중첩 동사', '중첩 동사', '동사+결과보어', '동사+방향보어', '紧+동사/동사+紧', '大+동사', 'A来A去' 등으로 나누어 표로 정리하고 자세히 분석하도록 하겠다.

1.2.2.1. 비중첩 동사

의태어와 수식받는 동사를 함께 비중첩 동사로 번역한 예들을 표로 정리하면 다음과 같다.

〈표21〉 비중첩 동사로 번역

『고래』	
21. 옴폭(들어간)	深陷
34. 그렁그렁(맺혔다)	充满
66. 그렁그렁(맺힌)	盈满
80. 부르르(떠는)	颤抖
85. 꿈틀(움직였다)	蠕动
90. 우뚝(서 있었다)	矗立
98. 퉁퉁(붓도록)	红肿
101. 빙그레(웃으며)	微笑
118. 깜짝(놀라고)	惊呆
120. 우뚝(서 있었다)	耸立
170. 뚝뚝 (떨어져)	滴落
174. 빙그레(웃기만)	微笑

『허』	
14. 뚝뚝(떨어졌다)	滚落
60. 푹(젖은)	浸湿
69. 꽁꽁(언)	冰封
83. 둥둥(떠)	飘浮
138. 깜짝(놀라)	吃惊
141. 꽉(찰)	爆满
155. 흠뻑(젖은)	浸湿
183. 반짝(빛난다)	闪光
186. 꾹(참곤)	强忍
192. 뚝뚝(떨어지는)	滴落
『연어』	
44. 빙빙(돌며)	徘徊

186. 홀쭉(들어간)	消瘦	46. 바들바들(떨리는)	战栗
187. 홀쭉(들어간)	消瘦		
194. 퉁퉁(부은)	红肿		
207. 빙그레(웃으며)	微笑		
262. 번쩍(치켜올리며)	高举		
265. 깜짝(놀라)	吃惊		
268. 빙긋(웃었다)	微笑		
270. 빙그레(웃었다)	微笑		
290. 텅(빈)	无尽		
290. 가득(채우고)	充满		
『몽타주』		『몽타주』	
1.24 둥둥(떠다니고)	漂浮	6.43 깜짝(놀라게)	吓唬
2.6 부글부글(끓고)	翻滚	6.50 축(늘어진)	瘫软
3.13 텅(비워)	掏空	6.62 활짝(펴고서)	挺起
3.21 부르르(떨었다)	颤抖	7.11 바싹(붙여야)	贴近
3.36 퉁퉁(불은)	肿胀	7.13 깜짝(놀라게)	吃惊
4.19 군데군데(있었는데)	有些	7.31 깜짝(놀라는)	惊吓
5.18 빙글빙글(돌아가는)	转圈	7.34 뚝뚝(떨어지는)	滴落
5.32 둥둥(떠다니고)	漂浮	7.38 둥둥(떠다니는)	飘浮
6.1 빙글빙글(돌아가는)	旋转	8.16 벌벌(떨렸다)	发抖
6.13 우뚝우뚝(솟아)	高耸		
『빛의 제국』 대륙본		『빛의 제국』 타이완본	
18. 꽉(채우기)	充满	18. 꽉(채우기)	充滿
151. 둥둥(떠다니는)	飘浮	22. 싹(가신)	毫無
154. 얼핏(보면)	乍看	50. 스윽(살폈다)	環顧
172. 번쩍(들고)	高举	88. 착(붙어)	貼身
200. 이리저리(뛰거든)	乱动	97. 이리저리(굴러다니는)	四散
222. 얼핏(보면)	乍看	151. 둥둥(떠다니는)	漂浮
309. 가득(채웠고)	充满	154. 얼핏(보면)	乍看
323. 바싹(말라)	消瘦	172. 번쩍(들고)	高舉

		222. 얼핏(보면) 225. 푹(꺾었다) 253. 훌랑(털어가는) 287. 빙빙(돌았다) 349. 바들바들(떨리고)	乍看 低垂 洗劫 繞圈 哆嗦

우선 두 번 이상 출현하는 예들부터 살펴보도록 한다. '그렁그렁 맺혔다'를 '充满'으로, '그렁그렁 맺힌'은 '충만하다'란 뜻의 '盈满'으로 번역하여 눈에 눈물이 넘칠 듯이 그득 괴었음을 표현하고 있다. '부르르 떠는'을 '부들부들 떨다'의 '颤抖(2회)'로 번역했고, '우뚝 서 있었다'를 '우뚝 서다'의 '矗立(1회)'와 '耸立(1회)'로, '우뚝우뚝 솟아'를 '높이 솟다'의 '高耸(1회)'으로 번역하였다. '퉁퉁 붓도록'과 '퉁퉁 부은'은 '(종기 따위로) 피부가 빨갛게 붓다'란 뜻의 '红肿(2회)'으로, '퉁퉁 불은 그의 몸 위로'에서 '퉁퉁 불은'은 '부어오르다'의 '肿胀'으로 번역해 의미를 살리고 있다. '빙그레 웃으며'는 4회 출현하는데 모두 '微笑(4회)'로 번역하였고, '빙긋 웃었다'도 '微笑(1회)'로 번역하여 입을 약간 벌리고 소리 없이 부드럽게 웃는 모양을 살리며 번역하고 있다. '깜짝 놀라'는 네 가지 종류로 번역을 하고 있는데, '놀라 얼이 빠지다'란 뜻의 '惊呆(1회)', '깜짝 놀라다'의 '吃惊(3회)', '깜짝 놀라게 하다'의 '吓唬(1회)', '깜짝 놀라다'란 뜻의 '惊吓(1회)' 등이다.

'검은 기름마저 뚝뚝 떨어져'에서 '뚝뚝 떨어져'를 '(액체 등이) 뚝뚝 떨어지다'란 뜻의 '滴落(3회)'로, '땀이 뚝뚝 떨어졌다'에서 '뚝뚝 떨어졌다'를 '굴러 떨어지다'의 '滚落(1회)'로 번역하였다. '홀쭉 들어간 뺨(2회)'에서 '홀쭉 들어간'과 '바싹 말라 있던 그녀의 음부에(1회)'의 '바싹 말라'를 '몸이 여위다'란 '消瘦'로 번역하였는데, 후자의 번역은 원문의 '음부가

건조하여 바싹 말랐다'를 '여위다'란 의미로 잘못 이해하여 오역을 한 듯하다. '둥둥 떠다니고'를 '공중에서 바람을 따라 이동하다'란 뜻의 '飘浮'와 '둥둥 뜨다'란 '漂浮'로 각각 3회씩 번역하고 있다. '한 달 내내 예약이 꽉 찰 만큼'에서 '꽉 찰'은 '꽉 차다, 만원이 되다'란 '爆满'으로, '흥겨운 리듬이 차 안을 꽉 채우기 시작했다'에서 '꽉 채우기'는 대륙본과 타이완본 모두 '充满'으로 번역하여 의미를 살리고 있다. 그리고 '가득 채웠고(2회)'도 '充满'으로 번역하였다.

'바들바들 떨리는'과 '바들바들 떨리고'는 '부들부들 떨다'란 '战栗'와 '哆嗦'로 각각 1회씩 번역하였고, '텅 빈'과 '텅 비워'를 '끝이 없다, 무한하다'란 '无尽'과 '바닥나다, 텅 비다'란 '掏空'으로 각각 번역하였다. '빙글빙글 돌아가는'은 '맴돌다'란 뜻의 '转圈'과 '빙빙 돌아가다'란 '旋转'으로 1회씩 번역하였고, '빙빙 돌며'와 '빙빙 돌았다'를 '徘徊'와 '길을 빙빙 돌아가다'란 '绕圈'으로 번역하였다. '얼핏 보면'은 '乍看(4회)'으로, '번쩍 들고(2회)'와 '번쩍 치켜올리며(1회)'는 '高举(2회)'로, '이리저리 뛰거든'은 '乱动(1회)'으로, '이리저리 굴러다니는'은 '四散(1회)'으로 각각 번역하여 원문의 느낌을 살리고 있다.

나머지 한 번씩 출현하는 예들은 다음과 같다. '옴폭 들어간'은 '깊이 빠지다'의 '深陷'로, '꿈틀 움직였다'는 '꿈틀거리다'란 뜻의 '蠕动'으로, '푹 젖은'과 '흠뻑 젖은'은 '축축해지다'의 '浸湿'로 번역하여 땀에 푹 젖은 모습을 표현하고 있다. '꽁꽁 언'은 '얼음으로 뒤덮이다'란 '冰封'으로, '반짝 빛난다'는 '번쩍이다'란 뜻의 '闪光'으로, '꾹 참곤'은 '감정 등을 억지로 참다'의 '强忍'으로 번역했고, '부글부글 끓고'를 '펄펄 끓다'의 '翻滚'으로, '축 늘어진'은 '맥이 풀리다'의 '瘫软'으로, '활짝 펴고서'를 '허리나 가슴을 똑바로 펴다'의 '挺起'로 번역하고 있다. '바싹 붙여야'는 '贴近'으로, '벌벌 떨렸다'는 '发抖'로, '싹 가신'은 '조금도~이 없다'란 뜻의 '毫无'로, '스윽 살폈다'는 '사방을 둘러보다'란 뜻의 '环顾'로, '착 붙어'를 '옷이 몸에 꼭 붙다'의 '贴身'으로, '푹 꺽었다'는 '아래로 늘어뜨리다'의 '低垂'로, '훌랑 털어가는'은 '한 지역 혹은 한 집안의 재물을 몽땅 약탈하다'란 뜻의 '洗劫'로 각각 번역하여 의미를 살리고 있다.

1.2.2.2. 중첩 동사

의태어와 수식받는 동사를 함께 중첩 동사 'AA'와 'A了A' 형식으로 번역한 예를 표로 정리하면 다음과 같다.

〈표22〉 중첩 동사로 번역

『고래』		『혀』	
42. 픽(웃더니)	笑了笑	57. 꾹 (눌렀다)	顶了顶
55. 힐끗(건너다보았다)	看了看	58. 부르르(털며)	甩了甩
199. 피식(웃으며)	笑了笑	61. 부르르(흔들어댔다)	晃了晃
217. 피식(웃으며)	笑了笑		
223. 비시시(웃어)	笑了笑		
『몽타주』		『몽타주』	
5.17 휘휘(저었다)	晃了晃	6.32 쿡쿡(찔러보는)	戳了戳
5.30 힐끗(돌아보았으나)	看了看	7.27 휘휘(저으며)	摇了摇
『빛의 제국』 대륙본		『빛의 제국』 타이완본	
6. 쿡(찌르고는)	戳了戳	163. 낼름(내밀었다)	吐了吐
39. 쓰윽(일별하고)	看看	199. 절레절레(흔들었다)	搖搖
71. 씩(웃으며)	笑了笑	213. 쿡(찔렀다)	戳了戳
72. 슬쩍(보았다)	看了看	280. 절레절레(저었다)	搖搖
90. 힐끗(쳐다보며)	看了看	320. 절레절레(저으며)	搖了搖
116. 힐끗(살폈다)	看了看		
130. 슬쩍(살폈다)	看了看		
160. 힐끔(쳐다보았다)	看了看		

213. 쿡(찔렀다)	戳了戳		
217. 힐끔(보더니)	看了看		
244. 힐끗(쳐다보았다)	看了看		
249. 씩(웃었다)	笑了笑		
256. 씩(웃었다)	笑了笑		
258. 쿡(찔렀다)	戳了戳		
261. 씩(웃어주었다)	笑了笑		
287. 빙빙(돌았다)	转了转		
320. 절레절레(저으며)	摇了摇		
362. 씩(웃으며)	笑了笑		

우선 같은 형태로 여러 의미의 번역에 사용된 예들을 살펴보겠다. '픽 웃더니(1회)', '피식 웃으며(2회)', '비시시 웃어(1회)', '씩 웃으며/웃었다/웃어주었다(5회)'를 모두 '笑了笑'로 번역하였다. '힐끗 건너다보았다/돌아보았으나/살폈다/쳐다보며(5회)', '슬쩍 보았다/살폈다(2회)', '힐끔 쳐다보았다/보더니(2회)'는 '看了看'으로, '쓰윽 일별하고(1회)'는 '看看'으로 번역하고 있다. '부르르 털며(1회)'는 '甩了甩'로, '부르르 흔들어댔다(1회)'와 '(고개를)휘휘 저었다(1회)'를 '晃了晃'으로, '절레절레 저으며(2회)'와 '휘휘 저으며(1회)'는 '摇了摇'로, '절레절레 저었다/흔들었다(2회)'는 '摇摇'로 번역하고 있다.

이외에 '쿡 찌르고는/찔렀다/찔러보는'은 '戳了戳(5회)'로, '꾹 눌렀다'를 '顶了顶(1회)'으로, '빙빙 돌았다'를 '转了转(1회)'으로, '낼름 내밀었다'를 '吐了吐(1회)'로 각각 번역하여 원문의 느낌을 살리고 있다.

1.2.2.3. 동사+결과보어

의태어와 수식받는 동사를 함께 '동사+결과보어'로 이루어진 단어로 번역한 예를 표로 정리하면 다음과 같다.

〈표23〉 '동사+결과보어'로 번역

『고래』		『혀』	
129. 흠뻑(젖어)	湿透	21. 바싹(말린)	晒透
140. 칭칭(감겨 있다)	缠满	24. 활짝(열린)	瞪圆
143. 주렁주렁(매달고 있는)	挂满	36. 꽉(눌린)	压抑住
158. 흠씬(젖었다)	湿透	63. 꾹(누른)	压住
193. 딱(벌린)	张大	81. 꾹(누르고)	按住
288. 가득(들어찼기)	摆满	120. 덥석(문 것처럼)	咬住
		154. 흠뻑(젖으면)	浸透
『몽타주』		『몽타주』	
4.18 가득(채워야)	填满	6.48 활짝(열리는)	敞开
4.28 활짝(열려)	敞开	7.28 가득(채워버렸다)	填满
6.17 갈가리(잘라져서)	切碎	7.41 가득(찼는데)	塞满
6.18 조각조각(나누어)	粉碎	8.9 깜짝(놀라지)	吓到
『빛의 제국』 대륙본		『빛의 제국』 타이완본	
60. 가득(낀)	布满	24. 쭈욱(늘여)	拉長
100. 탈탈(털어)	甩干	60. 가득(낀)	布滿
109. 꾸역꾸역(내려오고)	落满	100. 탈탈(털어)	甩乾
152. 가득(채우고)	写满	143. 쭉(펴고)	伸直
247. 활짝(열리는)	敞开	309. 가득(채웠고)	塡滿
361. 바싹(마른)	干透	374. 쑥(빼고)	伸長

동작의 진행 결과가 어떠한지를 보충 설명하는 성분인 결과보어를 동사와 같이 사용해 의태어를 번역하면 원문의 느낌을 살리는데 상당히 효과적임을 예를 통해 알 수 있다. 예컨대 '햇볕에 말리다'란 뜻의 '晒'에 '정도나 상황이 충분한 정도에 도달했다'란 의미를 주는 '透'를 결합한

‘晒透’로 ‘바싹 말리다’란 표현을 번역하면 원문의 느낌을 충분히 살릴 수 있다. 그래서 의태어와 수식받는 동사를 함께 번역할 때 자주 사용하고 있다.

우선 같은 결과보어를 활용하고 있는 예들를 중심으로 살펴보도록 한다. ‘透’를 결과보어로 사용한 예를 보면, ‘흠뻑 젖어’와 ‘흠씬 젖었다’를 ‘湿透’로, ‘흠뻑 젖으면’은 ‘浸透’로, ‘바싹 말린’은 ‘晒透’로, ‘바싹 마른’은 ‘干透’로 번역하여 원문의 의미를 살리고 있다. ‘가득하다, 꽉 채우다’란 의미의 ‘满’을 결과보어로 사용한 예들을 보면, ‘칭칭 감겨있다’를 ‘缠满’으로, ‘주렁주렁 매달고 있는’은 ‘挂满’으로, ‘가득 들어찼기’는 ‘摆满’으로, ‘가득 채워야/채워버렸다/채웠고’는 ‘填满’으로, ‘가득 찼는데’는 ‘塞满’으로, ‘가득 낀(2회)’은 ‘布满’으로, ‘꾸역꾸역 내려오고’는 ‘落满’으로, ‘가득 채우고’는 ‘写满’ 등으로 번역하고 있다. 대부분 가득 차거나, 가득 끼고, 풍성하게 열매가 매달려 있는 의미를 생생하게 표현하고 있다.

동작을 통하여 동작 또는 동작의 대상을 일정한 장소에 고정시켜 확실히 머물게 하는 것을 나타내는 ‘住’를 결과보어로 사용한 예를 보면, ‘꽉 눌린’은 ‘压抑住’로, ‘꾹 누른’은 ‘压住’로, ‘꾹 누르고’는 ‘按住’로, ‘덥석 문 것처럼’은 ‘咬住’로 번역하였다. 합쳐져 있거나 연결되어있는 물건을 동작을 통해 분리시키는 의미의 ‘开’를 사용해 ‘활짝 열려’와 ‘활짝 열리는(2회)’은 ‘敞开’로 번역하고 있다. ‘부서지다, 박살내다’의 ‘碎’를 보어로 사용하여 ‘갈가리 잘라져서’를 ‘切碎’로, ‘조각조각 나누어’는 ‘粉碎’로 번역하고 있다. ‘말라 버린, 깡그리 사라진’의 ‘干’을 보어로 사용해 ‘탈탈 털어’를 ‘甩干(2회)’으로 번역했고, ‘길다’의 ‘长’을 활용해 ‘쭈욱 늘여’는 ‘拉长’으로, ‘쑥 빼고’는 ‘伸长’으로 번역하였다. ‘활짝 열린 까만 동공이’에서 ‘활짝 열린’은 ‘눈을 크게 뜨다’란 ‘瞪’에 ‘圆’을 결과보어로 사용하여 ‘눈을 둥그렇게 크게 뜨다’란 의미의 ‘瞪圆’으로 원문의 느낌을 살리고 있다. 그리고 '입을 딱 벌린 채'에서 '딱 벌린'은 '张大'로, '쭉 펴고'를 '伸直'로, '깜짝 놀라다'를 '吓到'로 번역하여 원문에서 전달하고자 하는 의미를 살리고 있다.

1.2.2.4. 동사+방향보어

의태어와 수식받는 동사를 함께 '동사+방향보어'로 번역한 예를 표로 정리하면 다음과 같다.

〈표24〉 '동사+방향보어'로 번역

『몽타주』		『빛의 제국』 대륙본	
4.21 겅중겅중(뛰고)	蹦跳起来	143. 쭉(펴고)	伸起
6.15 펄쩍(뛰며)	跳起来	163. 낼름(내밀었다)	吐出

의태어와 수식받는 동사를 함께 복합방향보어를 활용해 번역한 예들을 보면, 긴 다리를 모으고 계속 힘 있게 솟구쳐 뛰는 모양을 묘사하는 '겅중겅중 뛰고'를 '蹦跳起来'로, 갑자기 크고 힘 있게 뛰어오르거나 날아오르는 모양을 묘사하는 '펄쩍 뛰며'를 '跳起来'로 번역하여 원문의 느낌을 살리고 있다. 단순방향보어를 활용하여 '허리를 쭉 펴고'의 '쭉 펴고'를 '伸起'로, '혀를 낼름 내밀었다'에서 '낼름 내밀었다'를 '吐出'로 번역하여 의미를 살리고 있다.

1.2.2.5. 紧+동사/동사+紧

의태어와 수식받는 동사를 함께 '紧+동사/동사+紧' 형식으로 번역한 예를 표로 정리하면 다음과 같다.

〈표25〉 '紧+동사/동사+紧' 형식으로 번역

『고래』		『혀』	
70. 질끈(감고)	紧闭	54. 꽉(잡은)	紧握
162. 찰싹(달라붙은)	紧贴	66. 딱(갖다 붙이고)	紧贴
190. 질끈(감고)	紧闭	86. 꽉(쥐면)	捏紧
192. 바짝(다가간)	紧贴	113. 척척(들러붙는)	紧贴
203. 바싹(밀어붙여)	贴紧	130. 짝짝(달라붙는)	紧致
228. 불끈(쥐고)	紧握	176. 꼭(갖다 붙이고는)	紧贴
		203. 꽉(움켜쥔)	紧握
『빛의 제국』 대륙본		『빛의 제국』 타이완본	
73. 꾹(다물고)	咬紧	73. 꾹(다물고)	緊閉
78. 꾹(다물고)	紧闭	78. 꾹(다물고)	緊閉
88. 착(붙어)	紧贴	94. 꾹(다문)	緊閉
165. 꾹(다물었다)	咬紧	219. 지그시(감고)	緊閉
292. 꾹(다물었다)	紧闭	327. 확(찌푸리고는)	皺緊
327. 확(찌푸리고는)	紧皱	367. 꾹(다물고)	緊閉
367. 꾹(다물고)	咬紧		

의태어와 수식받는 동사를 함께 동사와 '紧'을 결합한 형식을 사용하여 번역하고 있는데, 주로 결합하는 동사는 '감다, 잡다, 쥐다, 붙이다, 다물다' 등이다. '紧'은 '질끈, 찰싹, 바짝, 바싹, 꽉, 딱, 불끈, 짝짝, 꼭, 꾹, 확' 등의 의미를 부여하여, 물건을 잡아도 더 세게, 붙일 때는 더 바짝, 눈을 감을 때는 더 질끈, 맛이 더 입에 짝짝 붙고, 입술을 더 꽉 다물고, 인상을 더 확 찌푸리는 의미를 나타낸다. 예를 들면 '질끈 감고(2회)', '꾹 다물고/다물었다/다문(6회)', '지그시 감고(1회)'는 모두 '紧闭'로 번역하였다. 그러나 이 중 '지그시'는 눈을 약간 찡그리듯이 슬그머니 감는 모양을 묘사할 때 주로 활용하므로 '紧'으로 번역하는 것은 원문에서 표현하

고자 하는 것보다 더 세게 감는 느낌이 든다. 그리고 '꾹 다물고(2회)'와 '꾹 다물었다(1회)'는 '咬紧'으로도 번역하고 있다.

'찰싹 달라붙은(1회)', '바짝 다가간(1회)', '딱 갖다 붙이고(1회)', '척척 들러붙는(1회)', '꼭 갖다 붙이고는(1회)', '착 붙어(1회)'는 모두 '紧贴'로, '바싹 밀어붙여(1회)'를 '贴紧'으로 번역하고 있다. '불끈 쥐고(1회)'와 '꽉 잡은/움켜쥔(2회)'은 '紧握'로, '꽉 쥐면'은 '捏紧'으로 번역하였고, '짝짝 달라붙는 맛이'의 '짝짝 달라붙는'은 '紧致'로, '확 찌푸리고는'을 대륙본에서는 '紧皱'로, 타이완본에서는 '皱紧'으로 번역하였다.

1.2.2.6. 大+동사

의태어와 수식받는 동사를 함께 '大+동사' 형식으로 번역한 예를 표로 정리하면 다음과 같다.

〈표26〉 '大+동사' 형식으로 번역

『고래』		『빛의 제국』 대륙본		『빛의 제국』 타이완본	
74. 화들짝(놀라)	大惊	335. 깜짝(놀라)	大惊	247. 활짝(열리는)	大開

'大+동사'도 '大+명사'처럼 동작을 크게 취하는 모양을 묘사하는 것을 번역할 때 종종 사용하고 있는데, '화들짝 놀라'와 '깜짝 놀라'는 '大惊'으로, '활짝 열리는'은 '大开'로 번역하여 의미를 살리고 있다.

1.2.2.7. 'A來A去' 형식

하나의 동작이 여러 차례 반복됨을 표현하는 'A来A去'식도 의태어 번역에 종종 쓰이고 있는데, 그 예를 표로 정리하면 다음과 같다.

〈표27〉 'A来A去'식으로 번역

『혀』		『몽타주』	
110. 빙빙(돌기)	转来转去	5.33 이리저리(움직이다가)	吹来吹去
『빛의 제국』 대륙본		『빛의 제국』 타이완본	
35. 둥둥(떠다닌다면) 202. 이리저리(움직이며)	飞来飞去 动来动去	202. 이리저리(움직이며)	跑來跑去

의태어와 수식받는 동사를 함께 'A来A去' 형식으로 번역한 예를 들면 다음과 같다. '가슴 속에서 빙빙 돌기 때문에'에서 '빙빙 돌기'를 '转来转去'로, '바람에 밀려 이리저리 움직이다가'에서 '이리저리 움직이다가'를 '吹来吹去'로, '둥둥 떠다닌다면'은 '飞来飞去'로 번역하였다. 그리고 '이리저리 움직이며'를 대륙본은 '动来动去'로, 타이완본은 '跑來跑去'로 번역하여 동작이 반복됨을 표현하고 있다.

1.2.3. 명사로 번역

의태어와 수식받는 동사를 함께 명사로 번역한 예를 표로 정리하면 다음과 같다.

〈표28〉 명사로 번역

『연어』		『빛의 제국』 대륙본		『빛의 제국』 타이완본	
30. 빼빼(마른)	瘦子	181. 잘근잘근(찢은)	碎片	181. 잘근잘근(찢은)	碎片

'빼빼 마른'을 몹시 여윈 사람을 의미하는 명사 '瘦子'로 10회 번역하였고, '잘근잘근 찢은'은 두 번역본 모두 '조각, 파편'이란 뜻의 '碎片'으

로 번역하였다.

1.2.4. 의성어로 번역

앞 절에서 의성어로 의태어만 단독 번역한 예들은 제법 있었으나, 의태어와 수식받는 동사를 함께 의성어로 번역한 경우는 1회 출현하고 있다. 표로 정리하면 다음과 같다.

〈표29〉 의성어로 번역

『혀』	
202. 뚝뚝(떨어지는)	滴答

'피가 뚝뚝 떨어지는'에서 '뚝뚝 떨어지는'을 '물방울이 떨어지는 소리'를 표현할 때 사용하는 의성어 '滴答'로 번역하였다.

1.2.5. 사자성어로 번역

의태어와 수식받는 동사를 함께 사자성어로 번역한 예들을 표로 정리하면 다음과 같다.

〈표30〉 사자성어로 번역

『고래』		『혀』	
76. 깜짝(놀라)	大吃一惊	6. 텅(비워두는)	空空如也
148. 발칵(뒤집어 놓을)	天翻地覆	71. 깜짝(놀라)	大吃一惊
218. 펄쩍(뛰며)	暴跳如雷	221. 펄쩍펄쩍(뛰어다니는)	活蹦乱跳

219. 깜짝깜짝(놀랐고)	大惊失色	『연어』	
242. 꽁꽁(묶어)	五花大绑	24. 쏙(빼닮은)	一模一样
		30. 빼빼(마른)	瘦骨如柴
『몽타주』		『몽타주』	
1.5 툭툭(내뱉는)	脱口而出	6.58 길길이(날뛰기)	活蹦乱跳
1.18 꼼짝(못하고)	束手无策	7.1 이리저리(두리번거릴)	左顾右盼
3.22 언뜻언뜻(드러났다)	忽隐忽现	7.4 깜짝(놀라고)	大吃一惊
3.28 넙죽넙죽(받아마셨다)	一饮而尽	7.18 깜짝(놀라듯)	心惊胆战
6.4 조각조각(나누어질지도)	大卸八块	7.32 이리저리(쏠리는)	东倒西歪
6.38 텅(비어)	空空如也	8.7 비쩍(마른)	瘦骨嶙峋
『빛의 제국』 대륙본		『빛의 제국』 타이완본	
14. 펄쩍(뛰었다)	怒气冲冲	14. 펄쩍(뛰었다)	大吃一驚
55. 화들짝(놀라)	大惊失色	112. 활짝(웃으며)	笑容滿面
92. 활짝(웃으며)	满面笑容	114. 깜짝깜짝(놀란다)	大吃一驚
112. 활짝(웃으며)	满面笑容	140. 텅(빈)	空空如也
140. 텅(빈)	空空如也	193. 울컥(솟았다)	奪眶而出
157. 깜짝(놀라)	大吃一惊	204. 활짝(웃으며)	滿面笑容
193. 울컥(솟았다)	夺眶而出	234. 깜짝(놀랐다)	大吃一驚
234. 깜짝(놀랐다)	大吃一惊	256. 씩(웃었다)	嘻皮笑臉
290. 화들짝(놀라)	大吃一惊	290. 화들짝(놀라)	大吃一驚
342. 깜짝(놀라)	大吃一惊	328. 벌떡(일어나)	一躍而起
352. 바싹바싹(말랐다)	口干舌燥	342. 깜짝(놀라)	大吃一驚
		352. 바싹바싹(말랐다)	口乾舌燥

의태어와 수식받는 동사를 사자성어로 번역한 예는 적지 않은데 예를 들면 다음과 같다. '깜짝 놀라(8회)/깜짝깜짝 놀란다(1회)'와 '화들짝 놀라(2회)'는 '몹시 놀라다'란 뜻의 '大吃一惊'으로, '깜짝깜짝 놀라고(1회)'와 '화들짝 놀라(1회)'는 '대경실색하다'의 '大惊失色'로, '깜짝 놀라듯'은 '무서워서 벌벌 떨다'의 '心惊胆战'으로 각각 번역하였다. 그리고 '아영이 펄

쩍 뛰었다'에서 '펄쩍 뛰었다'를 대륙본은 '화가 머리끝까지 치밀다'란 '怒气冲冲'으로, 타이완본은 '大吃一惊'으로 번역했다. 원문에서 아영이가 펄쩍 뛴 이유는 친구인 현미가 자신의 엄마가 계모라고 해서 한편으론 놀라면서 한편으론 농담하지 말라고 흔히 친한 친구끼리 주고받는 '미친년' 하면서 보인 반응을 표현한 것인데, 대륙본의 번역은 원문의 의미를 제대로 살리지 못하고 있음을 볼 수 있다.

'펄쩍펄쩍 뛰어다니는'과 '길길이 날뛰기'는 활발하고 기운찬 모양을 표현하는 '活蹦乱跳'로, '자리에서 펄쩍 뛰며 뭘 보고 그런 얼토당토않은 소리를 하는지 모르지만'에서 '펄쩍 뛰며'를 '화가 나서 천둥같이 펄쩍 뛰다'란 뜻의 '暴跳如雷'로 번역하여 의미를 살리고 있다. '활짝 웃으며'는 '온 얼굴에 웃음이 가득하다'란 '满面笑容(3회)'과 '笑容满面(1회)'으로 번역하였으며, '텅 비워두는/비어/빈'은 '텅 비어 아무것도 없다'란 '空空如也(4회)'로 번역해 원문의 의미를 살리고 있다. '울컥 솟았다'는 '눈물이 왈칵 쏟아지다'란 뜻의 '夺眶而出(2회)'로, '입이 바싹바싹 말랐다'에서 '바싹바싹 말랐다'를 '입이 바싹 타다'란 '口干舌燥(2회)'로 번역하였다. '빼빼 마른'은 아주 여윈 모양을 묘사하는 '瘦骨如柴'로, '비쩍 마른'은 '뼈가 드러날 정도로 쇠약하고 여위다'란 '瘦骨嶙峋'으로, '이리저리 두리번거릴'은 '이리저리 두리번거리다'란 뜻의 '左顾右盼'으로, '이리저리 쏠리는'은 '비틀거리다'란 '东倒西歪'로 각각 번역하여 느낌을 살리고 있다.

이외에 한 번씩 출현하는 성어를 중심으로 살펴보면 다음과 같다. '발칵 뒤집어 놓을'은 '천지가 뒤집히는 듯하다'의 '天翻地覆'로, '꽁꽁 묶어'를 '꽁꽁 얽어매다'의 '五花大绑'으로, '쏙 빼닮은'은 '모양이 완전히 같다'란 '一模一样'으로, '툭툭 내뱉는'은 '입에서 나오는 대로 말하다'의 '脱口而出'로, '꼼짝 못하고'는 '어쩔 도리가 없다'의 '束手无策'로 번역하였다. 그리고 '언뜻언뜻 드러났다'는 '사라졌다 나타났다 하다'의 '忽隐忽

现’으로, ‘넙죽넙죽 받아마셨다’는 ‘단숨에 다 마셔버리다’의 ‘一饮而尽’으로, ‘조각조각 나누어질지도’는 ‘큰 덩어리를 작은 조각으로 나누다’란 ‘大卸八块’로, ‘씩 웃었다’는 ‘히죽거리다’의 ‘嘻皮笑脸’으로, ‘벌떡 일어나’는 ‘기세 좋게 휙 일어나다’의 ‘一跃而起’로 각각 번역하여 원문의 의미를 잘 표현하고 있다.

1.2.6. 설명적 형식의 표현으로 번역

앞 절에서 의태어만 단독 번역할 때도 이미 언급했지만, 의태어와 수식받는 동사를 함께 번역할 때도 적절한 표현이 없거나 혹 있어도 문맥상 어색한 느낌이 들면 설명하듯이 관용구, 사자구, 전치사구, 기타 등을 활용하고 있다. 그 예를 표로 정리하면 다음과 같다.

〈표31〉 설명적 형식의 표현으로 번역

『고래』		『혀』	
81. 빙그레(웃으며)	面带微笑	20. 훅(끼친다)	扑面而来
87. 빙그레(웃으며)	面带微笑	39. 훅훅(뜨거워지는)	变得滚烫
88. 빙그레(웃으며)	面带微笑	59. 화르르(휘날렸다)	四处纷飞
99. 빙그레(웃으며)	面带微笑	153. 퉁퉁(불어 있는)	有些浮肿
197. 뚝딱(해치웠다)	吃了个精光	162. 꽉(차)	太多
230. 움푹(패었다)	露出了大坑	213. 팔딱팔딱(뛰다가)	奋力挣扎
261. 텅(비어 있었다)	渺无人迹	『연어』	
291. 빙그레(웃었다)	脸上露出了微笑	30. 빼빼(마른)	最消瘦
		34. 흠칫(하더니)	顿了一下
『몽타주』		『몽타주』	
1.4 힐끔(쳐다보고는)	瞥了一眼	4.13 고래고래(지르는)	疾声大呼
3.6 둘둘(말린)	卷成一团	4.17 깜짝깜짝(놀라기도)	吃惊不小

3.14 이리저리(떠다니고)	漂泊不定	4.33 이리저리(휩쓸리고)	滚滚而来
3.15 푹(꺼지면서)	陷了下去	5.2 주르르(흘러내리는)	冒出一身
4.7 흘깃(보았다)	瞥了一眼	6.5 바싹(붙어)	围着他转
4.9 텅(비어지면서)	一片空白	6.29 풀쩍풀쩍(뛰어오르기)	跳个不停
4.11 성큼성큼(움직이고)	跳起了舞步	7.25 부들부들(떨렸다)	抖个不停
『빛의 제국』 대륙본		『빛의 제국』 타이완본	
26. 꼼짝(못하고)	动弹不得	17. 텅(빈)	空無一人
27. 빙긋(웃으며)	面露微笑	21. 힐끗(살펴보았다)	瞟了眼
49. 이리저리(돌려보기도)	四处张望	26. 꼼짝(못하고)	動彈不得
96. 힐끔(보았다)	扫了一眼	49. 이리저리(돌려보기도)	四處張望
124. 확(끼쳐왔다가)	扑面而来	77. 씩(웃었는데)	嗤笑了一聲
176. 씩(웃었다)	面带微笑	90. 힐끗(쳐다보며)	瞥了一眼
216. 질질(늘어졌다)	拖着长腔	92. 활짝(웃으며)	開懷大笑
		109. 꾸역꾸역(내려오고)	蜂擁而至
		124. 확(끼쳐왔다가)	撲鼻而來
		160. 힐끔(쳐다보았다)	瞄了眼
		161. 흘깃(쳐다보았다)	瞥了一眼
		216. 질질(늘어졌다)	拖得很長
		217. 힐끔(보더니)	瞄了一眼
		243. 텅(빈)	空無一人
		244. 힐끗(쳐다보았다)	瞟了一眼
		277. 화들짝(놀라)	嚇了一大跳
		318. 힐끗(돌아다보았지만)	瞥了一眼
		335. 깜짝(놀라)	嚇了一大跳

웃음을 몇 가지 표현으로 번역하고 있는데 예를 들면 다음과 같다. '빙그레 웃으며(4회)'와 '씩 웃었다(1회)'를 '얼굴에 미소를 띠다'란 '面带微笑'로, '빙긋 웃으며(1회)'는 '얼굴에 미소를 떠올리다'의 '面露微笑'로, '빙그레 웃었다(1회)'를 '脸上露出了微笑'로, '씩 웃었는데(1회)'는 '嗤笑了一声'으

로, '활짝 웃으며(1회)'는 '开怀大笑'로 각각 번역하였다. '텅 비어있었다'를 '사람의 흔적을 찾기 힘들다'란 '渺无人迹(1회)'로, '텅 비어지면서'를 '텅 비다'란 뜻의 '一片空白(1회)'로, '텅 빈'은 '아무도 없다'란 '空无一人(2회)'으로 각각 번역하여 '텅 비어있음'을 표현하고 있다. '냉기가 훅 끼친다'에서 '훅 끼친다(1회)'와 '확 끼쳐왔다가(1회)'를 '얼굴에 끼쳐온다'란 뜻의 '扑面而来'로, '확 끼쳐왔다가(1회)'를 '코를 찌르다'의 '扑鼻而来'로 각각 번역하였다.

가볍게 슬쩍 쳐다보는 것도 '얼핏 보다'의 '瞥', '곁눈질로 힐끗 보다'의 '瞟', '주시하다'의 '瞄', '매우 빨리 좌우로 움직이다'의 '扫'를 사용하여 표현하고 있는데, 예를 들면 다음과 같다. '힐끔 쳐다보고는(1회), 흘낏 보았다(2회), 힐끗 쳐다보며/돌아다보았지만(2회)'은 모두 '瞥了一眼'으로 번역하였다. 그리고 '힐끗 살펴보았다/쳐다보았다(2회)'를 '瞟了眼/瞟了一眼'으로, '힐끔 쳐다보았다/보더니(2회)'는 '瞄了眼/瞄了一眼'으로, '힐끔 보았다(1회)'는 '扫了一眼'으로 각각 번역하였다. '이리저리 떠다니고'를 '일정한 거주지 없이 떠돌아다니다'란 '漂泊不定'으로, '이리저리 휩쓸리고'는 '몰려오다'의 '滚滚而来'로, '이리저리 돌려보기도(2회)'는 '사방을 두리번거리다'의 '四处张望'으로 문맥에 따라 달리 번역하고 있다. 깜짝 놀라는 모양을 묘사하는 것도 두 가지로 번역하고 있는데 예를 살펴보면, '깜짝깜짝 놀라기도(1회)'는 '吃惊不小'로, '깜짝 놀라(1회)'와 '화들짝 놀라(1회)'는 '吓了一大跳'로 번역한 것이다. '꼼짝 못하고'는 '꼼짝 못하다'란 '动弹不得(2회)'로, '질질 늘어졌다'를 대륙본은 '拖着长腔'으로, 타이완본은 '拖得很长'으로 번역하였다.

이외에 한 번씩 출현하는 예들을 살펴보면 다음과 같다. '국에 밥을 말아 순식간에 뚝딱 해치웠다'에서 '뚝딱 해치웠다'를 '吃了个精光'으로, '움푹 패었다'를 '露出了大坑'으로, '입 안이 다 훅훅 뜨거워지는'에서 '훅훅 뜨거워지는'은 '变得滚烫'으로, '털들이 일제히 화르르 휘날렸다'에서 '화르르 휘날렸다'를 '四处纷飞'로, '퉁퉁 불어있는'은 '有些浮肿'으로, '꽉 차'는 '太多'로, '팔딱팔딱 뛰다가'는 '온 힘을 다해 발버둥치다'의 '奋力挣扎'로, '빼빼 마른'은 '最消瘦'로, '흠칫, 하더니'는 '顿了一下'로 번역하고 있다. 또 '둘둘 말린'은 '돌돌 말다'의 '卷成一团'으로, '푹 꺼지면서'는 '陷了下去'로, '주르르 흘러내리는'은 '冒出一身'으로, '바싹 붙어'를 '围着他转'으로, '풀쩍풀쩍 뛰어오르기'는 '跳个不停'으로, '성큼성큼 움직이고'는 '跳起了舞步'로, '고래고래 지르는'은 '疾声大呼'로, '부들부들 떨렸다'는 '抖个不停'으로, '꾸역꾸역 내려오고'는 '벌떼처럼 쇄도하다'란 '蜂拥而至'로 각각 번역하였다.

1.3. 기타

앞 절에서 의태어 단독, 의태어와 수식받는 동사를 함께 번역한 예들을 살펴보았는데, 본 절에서는 의태어가 포함된 구나 문장 등을 함께 번역한 경우이다. 본 절에서 정리한 예들을 분석해 보면, 원천텍스트 속의 의미전달을 하는 측면에서는 큰 문제가 없어 보인다. 하지만 의태어를 통하여 느끼게 되는 생생한 시각적인 효과는 다소 부족할 수 있을 것 같다. 이 점은 의태어 번역을 할 때 좀 더 고민해 보아야 할 문제일 것으로 여겨진다. 이 방법으로 번역한 예들을 표로 정리하면 다음과 같다.

〈표32〉 기타로 번역

『고래』		『혀』	
15. 땀을 뻘뻘 흘리면서도	汗流满面	17. 성큼 한 걸음	一大步
18. 구멍이 숭숭 뚫려	千疮百孔	44. 일렬로 죽 늘어서서	排列成行

26. 입을 딱 벌렸다	目瞪口呆	87. 허겁지겁 덤비듯 먹지	狼吞虎咽
29. 입을 헤 벌리며	笑呵呵	98. 서로 싱긋 웃는	相视一笑
125. 게눈 감추듯 허겁지겁	狼吞虎咽	102. 구멍이 숭숭 뚫린	打了无数小洞
163. 입을 딱 벌렸다	瞠目结舌	114. 훅훅 뜨거운 열이	热乎乎
177. 버럭 화를 내며	恼羞成怒	147. 눈이 번쩍 뜨일	眼前一亮
205. 물을 흠뻑 맞고	浑身湿漉漉	152. 꼬리를 질질 끄는	拖着长尾巴
240. 말을 빙빙 돌리는	拐弯抹角	179. 너무 꽉 막힌	钻牛角尖
240. 입이 죽 찢어져	乐得合不拢嘴	206. 침을 질질 흘리고	垂涎欲滴
		207. 그렇게 벌벌 떨어요	抖得那么厉害
『연어』		『몽타주』	
4. 이러쿵저러쿵 입에 올리기를	嚼舌头	5.10 부르르 몸을 떨었다	抖个不停
10. 반짝반짝 빛을 내고	闪亮夺目	5.14 활짝 웃는 얼굴로	笑容满面
15. 번쩍, 하고 스쳐지나가는	一闪而过	6.39 힐끗힐끗 주위를 살피며	左顾右盼
19. 깜짝 놀란 표정으로	一脸惊讶	6.56 엉거주춤 몸을 일으켰다	半抬起身来
35. 지그시 눈을 감는다	闭目养神	8.8 화끈화끈 열이 나서	热辣辣
49. 입을 딱 벌린	张着大口	8.19 굵은 땀방울이 줄줄 흘러내리고	挥汗如雨
		8.23 휙휙 몸을 돌리기도	翻跟头
『빛의 제국』 대륙본		『빛의 제국』 타이완본	
18. 선뜻 손이 가질 않았다	忽然停下手来	18. 선뜻 손이 가질 않았다	無法很快進入
28. 펄쩍펄쩍 뛰며 돌아다니는	活力四射	28. 펄쩍펄쩍 뛰며 돌아다니는	來回奔躍
62. 살짝 비가 뿌리는	小雨	62. 살짝 비가 뿌리는	小雨
65. 머리가 비쭉 솟은	留着寸头	98. 선뜻 납득할 수가 없었다	百思不解
94. 입을 꾹 다문 채	默默	146. 입을 딱 벌린	目瞪口呆
98. 선뜻 납득할 수가 없었다	百思不得其解	195. 머리끝이 쭈뼛쭈뼛 서는	怒髮衝冠
135. 이리저리 쿵쿵	横冲直撞		

부딪히며 내려왔었지 146. 입을 딱 벌린 164. 샐쭉 삐친 표정으로 195. 머리끝이 쭈뼛쭈뼛 서는 310. 정신이 번쩍 든 358. 도란도란 이야기를 나누고 있을	 瞠目结舌 气呼呼 怒发冲冠 如梦方醒 有说有笑	310. 정신이 번쩍 든 358. 도란도란 이야기를 나누고 있을	如夢初醒 有說有笑

'땀을 뻘뻘 흘리면서도'를 '얼굴이 온통 땀투성이다'란 뜻의 성어 '汗流满面'으로, '구멍이 숭숭 뚫려'를 '상처투성이, 구멍투성이'란 의미의 성어 '千疮百孔'으로 번역하여 의미를 살렸다. '입을 딱 벌렸다/벌린'은 4회 출현하는데 2회는 '눈을 크게 뜨고 입을 벌린다'란 의미의 성어 '目瞪口呆'로, 2회는 '난처하거나 놀라서 눈만 크게 뜬 채 말을 못하다'란 뜻의 성어 '瞠目结舌'로 번역하여 원문의 느낌을 살리고 있다. '입을 헤 벌리며'는 허허 웃는 모양을 묘사하는 '笑呵呵'로, '게눈 감추듯 허겁지겁'과 '허겁지겁 덤비듯 먹지'란 두 표현은 '게걸스럽게 먹다'란 뜻의 성어 '狼吞虎咽'으로 번역하였다. '버럭 화를 내며'는 '부끄럽고 분한 나머지 성을 내다'란 성어 '恼羞成怒'로, '물을 흠뻑 맞고'를 '온몸이 축축하다'란 뜻의 '浑身湿漉漉'로, '말을 빙빙 돌리는'은 '말이나 문장을 빙빙 돌려 하다'란 성어 '拐弯抹角'로, '뜻밖의 횡재를 하게 된 엿장수는 입이 죽 찢어져'에서 '입이 죽 찢어져'를 '기뻐서 입을 다물지 못하다'란 뜻의 '乐得合不拢嘴'로 번역해 의미를 살리고 있다.

'성큼 한 걸음'은 '一大步'로, '일렬로 죽 늘어서서'는 '늘어서 있다'란 '排列成行'으로, '서로 싱긋 웃는'은 '마주 보고 웃다'의 '相视一笑'로, '구멍이 숭숭 뚫린'은 '무수한 작은 구멍을 뚫었다'란 '打了无数小洞'으로,

'훅훅 뜨거운 열이'는 '뜨끈뜨끈하다'의 '热乎乎'로, '눈이 번쩍 뜨일'은 '눈이 번쩍 뜨이다'의 '眼前一亮'으로 번역하였다. '꼬리를 질질 끄는'은 '긴 꼬리를 늘어뜨려 끌다'란 의미의 '拖着长尾巴'로, '너무 꽉 막힌'은 '고집불통이다'란 비유의미로 사용되는 성어 '鉆牛角尖'으로, '침을 질질 흘리고'를 '먹고 싶어 군침이 돌다'란 성어 '垂涎欲滴'로, '그렇게 벌벌 떨어요'는 '抖得那么厉害'로 각각 번역하여 의미를 살리고 있다. '이러쿵저러쿵 입에 올리기를'은 '이러쿵저러쿵 시비를 걸다'란 뜻의 '嚼舌头'로, '반짝반짝 빛을 내고'는 '반짝반짝 눈부시다'란 '闪亮夺目'로, '번쩍, 하고 스쳐지나가는'은 '휙 지나가다'의 '一闪而过'로, '깜짝 놀란 표정으로'는 '온 얼굴에 놀란 표정으로'의 '一脸惊讶'로, '지그시 눈을 감았다'는 '눈을 감고 정신을 가다듬다'란 '闭目养神'으로, '입을 딱 벌린'은 '입을 쫙 벌리다'의 '张着大口'로 각각 번역하여 원문의 의미를 살리고 있다.

'부르르 몸을 떨었다'를 '抖个不停'으로, '활짝 웃는 얼굴로'는 성어 '笑容满面'으로, '힐끗힐끗 주위를 살피며'는 '이리저리 두리번거리다'란 성어 '左顾右盼'으로, '엉거주춤 몸을 일으켰다'는 '몸을 반쯤 일으키다'란 '半抬起身来'로, '화끈화끈 열이 나서'는 '화끈하다, 뜨거워 얼얼하다'란 '热辣辣'로, '굵은 땀방울이 줄줄 흘러내리고'는 '땀이 비 오듯 하다'의 '挥汗如雨'로, '휙휙 몸을 돌리기도'는 '공중회전하다'란 뜻의 '翻跟头'로 각각 번역하였다.

『빛의 제국』 대륙본과 타이완본을 비교해서 살펴보면 다음과 같다. '선뜻 손이 가질 않았다'를 대륙본은 '忽然停下手来'로, 타이완본은 '无法很快进入'로 설명하듯이 각각 번역하고 있다. '펄쩍펄쩍 뛰며 돌아다니는'을 대륙본은 '활력이 사방으로 발산하다'의 '活力四射'로, 타이완본은 '이리저리 뛰어다니다'란 뜻의 '来回奔跃'로 번역하고 있고, '살짝 비가 뿌리는'은 두 번역본 모두 '小雨'로 번역하였다. '선뜻 납득할 수가 없었다'를 대륙본은 '백번 생각해도 이해가 되지 않는다'란 뜻의 성어 '百思不得其解'로, 타이완본은 '아무리 생각해도 이해가 되지 않는다'란 성어 '百思不解'로, '머리끝이 쭈뼛쭈뼛 서는'은 두 번역본 모두 '화가 머리끝까지 치밀어 오르다'란 뜻의 성어 '怒发冲冠'으로 번역하였다. 그리고 '도란도란 이야기를 나누고 있을' 역시 두 번역본 모두 '웃음꽃을 피우며 즐겁게 이야기하다'란 성어 '有说有笑'로 번역하였고, '정신이 번쩍 든'은 대륙본은 '꿈에서 막 깬 듯하다'란 성어 '如梦方醒'으로, 타이완본은 '如梦初醒'으로 번역하여 원문의 의미를 살렸다. 이외에 '머리가 비쭉 솟은'은 '留着寸头'로, '입을 꾹 다문 채'는 '默默'로, '이리저리 쿵쿵 부딪히며 내려왔었지'를 '좌충우돌하다'란 뜻의 성어 '横冲直撞'으로 번역하였다. '샐쭉 삐친 표정으로'는 씩씩거리며 성을 내는 모양을 묘사하는 '气呼呼'로 번역하였는데, '샐쭉'은 마음에 차지 아니하여서 약간 고까워하는 태도를 드러내는 모양을 묘사할 때 주로 사용하는데 '气呼呼'로 번역한 것은 원문보다 의미가 좀 더 과장되게 번역된 듯하다.

1.4. 번역하지 않고 생략

의태어를 번역하지 않고 생략한 경우를 작품별로 살펴보면, 『고래』 115회(36.4%), 『혀』 91회(38.2%), 『연어』 11회(18.3%), 『몽타주』 100회(35%), 『빛의 제국』 대륙본 90회(22.7%), 타이완본 79회(19.9%)이다.[26] 생략한 의태어를 작품별로 표로 정리하면 다음과 같다.

26 작품별로 생략한 의태어를 결정하는 과정에서 필자의 능력의 한계로 인하여 오류가 있으리라 본다. 후속 연구자들의 연구를 통해 진일보한 발전이 있기를 바란다.

〈표33〉 번역하지 않고 생략

『고래』
1. 얼기설기, 4. 삐죽, 5. 스르르, 8. 송골송골, 9. 바싹, 10. 벌떡, 14. 바짝, 16. 찌르르, 19. 꽁꽁, 20. 빙빙, 22. 툭툭, 24. 빙, 30. 살살, 31. 퉁퉁, 32. 모락모락, 33. 깜짝, 35. 모락모락, 36. 푹, 38. 숭숭, 41. 자근자근, 43. 둘둘, 44. 흐물흐물, 46. 이글이글, 47. 댕강, 57. 와락, 58. 폴짝, 59. 우뚝, 61. 번쩍, 63. 풀썩, 64. 설핏, 67. 빙그레, 71. 가득, 72. 뚝뚝, 94. 처덕처덕, 95. 불끈, 97. 질질, 100. 빙그레, 102. 피식, 107. 주섬주섬, 111. 뚝뚝, 113. 흠뻑, 114. 활짝, 117. 털썩, 119. 질질, 121. 번쩍, 122. 질질, 123. 비질비질, 125. 뚝딱, 126. 모락모락, 127. 슬슬, 130. 훌쩍, 131. 뚝뚝, 132. 슬슬, 134. 쑥쑥, 135. 빙빙, 139. 아장아장, 141. 펄쩍, 142. 바짝바짝, 149. 이러쿵저러쿵, 150. 차곡차곡, 151. 펄펄, 153. 갈가리, 157. 퍼뜩, 165. 주섬주섬, 169. 숭숭, 176. 픽, 178. 꽁꽁, 179. 불쑥, 181. 줄줄, 182. 활짝, 183. 빙그레, 184. 꼬박꼬박, 187. 비시시, 189. 차곡차곡, 195. 우수수, 196. 비시시, 201. 차곡차곡, 202. 깜짝, 202. 와락, 204. 왈칵, 206. 히죽, 208. 질겅질겅, 209. 비죽, 210. 빙그레, 211. 뚝, 212. 치렁치렁, 213. 배시시, 214. 와락, 215. 깜빡, 216. 번쩍, 221. 휘영청, 225. 삐죽, 226. 기우뚱, 227. 불끈, 229. 히죽, 232. 불쑥, 233. 뭉텅, 234. 얼기설기, 235. 질끈, 236. 쿡쿡, 237. 꾸역꾸역, 234. 넙죽넙죽, 243. 살살, 245. 울컥, 248. 싹, 250. 차곡차곡, 254. 얼핏, 255. 와락, 263. 씩, 274. 가득, 279. 축, 280. 질겅질겅, 282. 들들, 285. 폭삭, 289. 둥실
『혀』
1. 노릇노릇, 3. 톡, 4. 자르르, 11. 슬쩍, 12. 꽉, 15. 쑥, 21. 씩, 22. 쿡쿡, 25. 쿡, 26. 쿡쿡, 28. 까딱까딱, 31. 쩍, 32. 딱, 33. 활짝, 35. 툭툭, 40. 조물조물, 41. 툭툭, 43. 우르르, 45. 쭉, 46. 슬슬, 48. 죽, 49. 주렁주렁, 52. 번쩍, 55. 벌떡, 56. 딱, 66. 스르르, 67. 훌쩍, 70. 쑥쑥, 73. 톡, 74. 듬뿍, 76. 힐끔, 77. 털레털레, 79. 푹, 85. 꽉, 88. 펄펄, 90. 휙, 92. 슥, 94. 스르릊, 95. 훌훌, 96. 흐물흐물, 97. 무럭무럭, 100. 부글부글, 101. 때글때글, 103. 줄줄, 104. 쑥쑥, 107. 비죽, 109. 돌돌, 111. 빙글빙글, 112. 솔솔, 115. 우렁우렁, 119. 꾹꾹, 121. 터벅터벅, 124. 꾹꾹, 126. 뱅그르르, 128. 꾸벅꾸벅, 131. 팔팔, 132. 멀뚱멀뚱, 135. 벌러덩, 137. 바짝, 139. 쏙, 142. 움푹, 143. 듬뿍, 144. 찰랑찰랑, 145. 둥둥, 149. 톡톡, 150. 빙, 151. 슥, 157. 딱, 159. 쩍, 161. 푹, 165. 쑥, 166. 툭, 169. 툭툭, 170. 훨훨, 172. 쑥, 175. 질질, 177. 대롱대

롱, 178. 빙, 178. 꾹, 181. 빙글빙글, 197. 벌벌, 199. 펄펄, 200. 동동, 204. 듬뿍, 208. 푹, 210. 쑥, 211. 불쑥, 214. 꾹, 215. 푹, 216. 쭉, 218. 쑥쑥
『연어』
1. 바짝, 5. 뚝, 6. 툭툭, 9. 문득, 16. 바짝, 18. 동동, 22. 콱콱, 31. 빙, 32. 꾸벅꾸벅, 37. 선뜻, 38. 가득
『몽타주』[27]
1.1 문득문득, 1.3 불쑥, 1.6 바싹, 1.9 활짝, 1.14 문득, 1.15 불쑥불쑥, 1.19 훨씬, 1.21 스멀스멀, 1.22 빙글빙글/ 2.2 쩍쩍, 2.3 부글부글, 2.8 바싹/ 3.9 불쑥, 3.10 푹, 3.15 주르르, 3.17 화들짝, 3.18 풀썩풀썩, 3.20 휘휘, 3.25 불쑥불쑥, 3.26 깜짝, 3.30 흐물흐물, 3.32 바싹, 3.33 바싹, 3.34 조각조각/ 4.1 고래고래, 4.2 활짝, 4.3 문득, 4.4 문득, 4.10 활짝, 4.14 이리저리, 4.16 썩, 4.23 싱긋, 4.24 훨씬, 4.26 씩, 4.31 훨씬, 4.32 번쩍/ 5.1 언뜻, 5.3 바싹, 5.5 푹, 5.6 훨씬, 5.7 훨씬, 5.12 털썩, 5.13 꾸역꾸역, 5.15 선뜻, 5.20 주르르, 5.23 스르르, 5.24 비쩍, 5.25 바짝, 5.31 툭, 5.34 뚝뚝/ 6.2 뱅뱅, 6.3 빙글빙글, 6.7 깜짝, 6.10 텅, 6.10 벌렁벌렁, 6.11 이리저리, 6.12 훨씬, 6.14 부르르, 6.16 쭉, 6.19 활짝, 6.25 흠칫, 6.26 불쑥, 6.27 스르르, 6.28 벌렁, 6.30 이리저리, 6.30 길길이, 6.31 축, 6.33 슬그머니, 6.34 흠칫, 6.35 바싹, 6.36 훌훌, 6.37 꽉, 6.41 질끈, 6.44 깜짝, 6.45 깜짝, 6.46 활짝, 6.51 흠칫, 6.52 바싹, 6.55 축, 6.57 좍, 6.60 부르르 부르르, 6.61 부글부글/ 7.5 깜박, 7.8 훨씬, 7.14 훨씬, 7.15 쭉, 7.21 쑥, 7.23 슬쩍, 7.35 으슬으슬, 7.39 훨씬, 7.40 얼핏, 7.42 우뚝/ 8.2 썩썩, 8.3 휘휘, 8.4 찌르르, 8.20 툭툭, 8.22 훨씬, 8.24 털썩, 8.25 문득, 8.26 훨씬
『빛의 제국』 대륙본
36. 컥, 45. 철철, 57. 더덕더덕, 63. 슬쩍, 64. 딱, 65. 성큼성큼, 74. 이리저리, 75. 꽝꽝, 77. 씩, 79. 오들오들, 84. 슬쩍, 86. 씩, 89. 이리저리, 92. 휙, 93. 가득, 113. 씩, 114. 깜짝깜짝, 117. 불룩, 119. 달싹달싹, 121. 비쭉비쭉, 121. 살짝, 125. 텅텅, 133. 스르륵, 136. 펄펄, 137. 착착착, 139. 훅, 142. 쭉쭉, 145. 훨씬, 149. 울컥, 159. 착착착, 160. 슬쩍, 162. 흘깃, 168. 우물우물, 170. 푹, 173. 살짝, 175. 쑤욱, 178. 씩, 181. 북, 183. 확, 194. 슬쩍, 203. 데구르르, 204. 활짝, 210. 군데군데, 211. 씩, 212. 둘둘, 214. 부르르, 215. 꾹, 218. 슬쩍, 220. 펑펑, 221. 질질, 224. 꾸벅꾸벅, 225. 푹, 227. 딱, 233. 피식, 248. 실쭉, 252. 훨씬, 253. 홀랑, 254. 벌떡, 255. 씩,

257. 빼꼼, 259. 살짝, 274. 홱, 282. 쭉, 286. 꾸역꾸역, 289. 빙, 295. 깜짝, 299. 휙, 301. 우물우물, 302. 우물우물, 304. 절레절레, 305. 훨씬, 316. 군데군데, 317. 쑥, 324. 쑥, 325. 씩, 326. 쭉, 330. 이리저리, 331. 퍼뜩, 333. 확, 336. 축, 340. 빠끔, 341. 쑥, 344. 피식, 347. 깜짝, 355. 툭, 357. 가닥가닥, 366. 딱, 368. 물끄러미, 373. 딱, 374. 쑥
『빛의 제국』 타이완본
4. 쑤욱, 6. 쿡, 36. 컥, 45. 철철, 57. 더덕더덕, 58. 줄줄, 59. 비질비질, 64. 딱, 65. 비쭉, 65. 성큼성큼, 71. 살짝, 74. 이리저리, 75. 꽝꽝, 80. 슬슬, 81. 간질간질, 89. 이리저리, 92. 휙, 93. 가득, 99. 보글보글, 102. 문득, 110. 불끈불끈, 116. 힐끗, 117. 불룩, 119. 달싹달싹, 125. 텅텅, 130. 슬쩍, 132. 성큼, 133. 스르륵, 136. 펄펄, 138. 문득, 139. 훅, 142. 쭉쭉, 149. 울컥, 152. 가득, 159. 착착착, 165. 꾹, 168. 우물우물, 169. 파르르, 170. 푹, 175. 쑤욱, 181. 북, 182. 씩, 183. 확, 186. 퉁퉁, 188. 휘청, 194. 슬쩍, 200. 이리저리, 203. 데구르르, 209. 꾸벅, 212. 둘둘, 215. 꾹, 221. 질질, 227. 딱, 238. 살짝, 251. 깜빡, 254. 벌떡, 257. 빼꼼, 266. 우두커니, 274. 홱, 282. 쭉, 289. 빙, 292. 꾹, 299. 휙, 301. 우물우물, 302. 우물우물, 316. 군데군데, 317. 쑥, 324. 쑥, 326. 쭉, 330. 이리저리, 331. 퍼뜩, 333. 확, 336. 축, 355. 툭, 357. 가닥가닥, 361. 바싹, 364. 휙, 366. 딱, 373. 딱

번역이란 이미 주어진 내용을 새로운 언어형식을 이용해 전환하는 것이다. 하지만 언어형식의 전환이 단순히 기계적으로 단어 대 단어, 문법 대 문법, 문장 대 문장으로 전환되는 것이 아니라 원문이 담고 있는 내용을 자연스럽게 전달할 수 있어야 한다.[28] 따라서 출발어의 의성 · 의태어가 사전적 의미에 따른 해당 의성 · 의태어가 도착어에 존재하더라도 사용할 경우 부자연스럽거나 의미전달에 부정적 역할을 할 경우 생략하는 것이 바람직하다. 의미전달의 등가성과 번역문의 가독성을 무시하고 단

27 『몽타주』는 8편의 단편으로 구성되어 있어 ' / ' 표시로 작품별 구분을 하였다.

28 정영지, 앞의 논문(2016).

지 기호를 옮기는 방식은 번역의 기능과 의미를 훼손시키는 것이나 다름 없다.[29] 하지만 필자가 원문과 번역문의 의태어를 비교 분석하는 과정에서 생략함으로 문맥의 흐름이 더 자연스러운 경우도 볼 수 있었지만, 일부는 생략함으로 원문에서 전달하고자 하는 느낌을 제대로 살리지 못한 부분도 있었다. 몇 가지 예를 들어 살펴보도록 하겠다.

① 집에서도 어머니는 일곱 시 기상 사이렌이 울리기 전에 일어나 착착착 가족들의 식사준비를 하고 함께 밥을 먹었으며 아버지와 함께 직장으로 출근을 했다. 『빛의 제국』

在家里, 母亲在早晨7点的铃声响起之前早早起床, 为家人做好早饭, 吃完之后, 再和父亲一起上班。(대륙본)

在家裡, 母親會在七點鈴聲響起之前起身, 有條不紊地準備好家人的早餐, 一起吃飯, 然後和父親一起出門上班。(타이완본)

② 마침 퇴근 시간을 맞아 빌딩들이 사람들을 꾸역꾸역 거리로 토해내고 있었다. 『빛의 제국』

正赶上下班时间, 高楼大厦把人们吐到了街头。(대륙본)

正逢下班時間, 大樓不停地將人們吐到街頭。(타이완본)

③ 그는 인터폰을 끊고 고개를 절레절레 저으며 아래층을 오른손 검지로 가리켰다. 『빛의 제국』

他放下门禁, 摇着头, 右手食指朝楼下指了指, (대륙본)

他掛斷對講機, 不住搖頭, 用右手食指指著樓下, (타이완본)

④ 누군가 메이드룸의 문을 빠끔 열고 그들의 동정을 살피고 있었다. 『빛의 제국』

---

29 김명순, 「의성 · 의태어의 한중 번역에 관한 연구: 정호승의 항아리에 등장한 표현을 중심으로」(2016).

有人打开员工室的门，观察他们的动静。(대륙본)

房務員房間的門開啓，<u>露出一條細縫</u>，有人從裡面觀察他們的動靜。(타이완본)

⑤ 지금도 이따금 나는 기름으로 번들거리는 깡마른 숙모의 몸이 밧줄에 <u>대롱대롱</u> 매달려 있는 꿈을 꿀 때가 있다.『혀』

直到现在，有时我还会梦见婶婶油光闪烁的干瘦身体悬挂在绳子上。

⑥ 물에 젖어 더욱 검어진 머리카락은 사슴처럼 긴 허리까지 <u>치렁치렁</u> 흘러내렸고『고래』

头发湿了，显得更黑，落在长颈鹿似的腰间。

⑦ 세 명의 인부들 중에 유독 드릴을 잡고 있는 사내가 동료들에게 <u>고래고래</u> 소리를 지르고 있었다.『몽타주』

施工的三名工人当中，手握鉆孔机的那个人在向同事喊着什么。

①번 문장은 어머니가 날마다 정해진 시간에 일어나 가족들의 식사준비를 질서정연하게 순서대로 진행해나감을 표현하기 위해 '착착착'이라는 의태어를 사용하고 있는데, 대륙본은 생략하여 그 느낌을 살리지 못하고 있으나, 타이완본은 '질서정연하다'란 뜻의 '有条不紊'를 사용하여 원문의 느낌을 잘 살리고 있다. 두 번역본을 비교해 보면 '착착착'을 살린 번역문이 순서대로 일이 진행되는 느낌을 더 강하게 느낄 수 있다. ②번 문장은 퇴근시간에 직장인들이 끝없이 일터인 사무실에서 나오는 모습을 한군데로 잇따라 많은 사람이나 사물이 몰려가거나 들어오는 모양을 묘사하는 '꾸역꾸역'을 사용하여 표현하고 있다. 대륙본에서는 생략한데 비해 타이완본은 '不停'으로 번역해 끊임없이 사람들이 빌딩에서 나오는 모습을 살려 번역하였다. ③번 문장은 진국이 아래층에 살고 있는 아주머니가 너무 예민해 거의 매일 층간소음으로 인터폰을 하는데, 오늘도 놀러 온 현미가 의자에서 일어나다 '끽기기긱' 소리가 나서 바로

아래층에서 온 인터폰을 끊고는 못 말린다는 표정으로 고개를 '절레절레' 저었는데, 대륙본은 생략하였고, 타이완본은 '不住'로 번역하여 그 느낌을 살리고 있다.

④번 문장은 살며시 문 따위를 조금 여는 모양을 묘사하기 위해 '빠끔'이라는 의태어를 사용하였는데, 대륙본은 '打开'로만 번역하여 문을 어느 정도 열었는지 파악할 수 없으나, 타이완본은 설명하는 형식의 표현 '露出一条细缝'을 사용하여 번역해서 문을 많이 연 것이 아니라 조금 열었다는 '빠금'의 의미를 잘 살리고 있다. ⑤번 문장은 주인공이 밧줄에 목을 묶어 '대롱대롱' 매달려 죽은 숙모를 본 후, 그 충격으로 지금까지도 꿈을 꾼다는 부분이다. '매달려'와 '대롱대롱 매달려'는 전해지는 느낌의 차이가 큼을 한국인들은 모두 잘 알고 있다. 한국인이 이 부분을 번역했다면 반드시 이 의태어를 살렸을 것이다. ⑥번 문장은 금복의 아리따운 여자친구 수련의 젖은 검은 머리카락이 긴 허리까지 흘러 내려져 있는 모습을 묘사하면서, 길게 드리운 물건이 자꾸 이리저리 부드럽게 흔들리는 모양을 나타내는 '치렁치렁'을 사용하고 있는데, 번역을 하면서 이 의태어를 생략하여 그 느낌을 제대로 전하지 못하고 있다.[30] ⑦번 문장은 소리를 지르는데 몹시 화가 나서 목소리를 높여 외치거나 지르는 모양을 나타내는 '고래고래'를 활용하였는데 '喊'으로 번역하여 어느 정도 의미를 살리고 있지만 조금은 부족한 듯하다.

이외에 의태어를 포함한 한 단락 전체를 번역하지 않은 예들도 있었다. 예컨대, 『고래』의 '배시시(2회), 꼬박꼬박, 화들짝'과 『연어』의 '꼬박꼬박'이 포함된 문장들이다.[31]

---

30 ⑤, ⑥번 설명은 필자의 앞의 논문에서 인용하였다.

31 23. 그녀는 잠시 뜸을 들인 후, 배시시 웃으며 말했다, 86. 금복은 사내를 향해 배시시 웃어 보였다, 253. 그녀가 시아버지를 모시는 이유는 순전히 그 앞으로 꼬박꼬박 나오

2. 의태어의 통사적 특징

앞 절에서는 한국어 의태어가 중국어 번역판 소설작품 속에서 어떤 양상으로 번역하여 원문의 느낌을 살리고 있는가에 관해 살펴보았다. 본 절에서는 통사적 측면에서 중국어로 번역된 의태어가 문법적으로 어떤 기능을 담당하고 있는지 살펴보고자 한다. 한국어 의태어는 문장 속에서 일반부사와 통사적 속성을 같이하여 문장에서 필수적인 성분이 아닌 부가적인 성분으로 다른 성분을 수식하는 기능을 갖는다. 따라서 생략하여도 문장의 뜻을 전달하는 데는 큰 문제가 없으나 작가가 전달하고자 하는 생동감 있는 느낌은 전달할 수 없게 된다. 그래서 역자들이 가능한 의태어를 생략하지 않고 번역하여 느낌을 살리고자 노력한 흔적들을 번역본에서 느낄 수 있었다. 번역된 의태어는 부사어, 관형어, 서술어, 보어로 주로 쓰이고 있는데, 몇 개씩 예를 들어 살펴보면 아래와 같다.

2.1. 부사어 기능을 담당

작품 속에서 한국어 의태어가 중국어로 번역될 때 가장 많이 볼 수 있는 문법적 기능이다. 한국어 의태어는 '의태어+동사' 형식으로 동사를 수식하지만, 중국어는 '의태어+동사' 형식뿐만 아니라, '의태어+地+동사' 형식을 더 많이 활용하고 있다. 의태어만 단독으로 번역한 경우와 의태어와 수식받는 동사를 함께 번역한 경우로 나누어 정리하였다.

는 연금을 타내기 위해서였다, 277. 칼을 물건에 대는 순간, 사내는 화들짝 놀라 일어나 그녀의 손에서 칼을 빼앗아 멀리 던져버렸다. (이상은 『고래』) 33. 누구나 그에게 꼬박꼬박 높임말을 쓴다. (『연어』) 위 문장들이 포함된 한 단락씩을 번역하지 않았다.

2.1.1. 의태어만 단독으로 번역

2.1.1.1. '의태어+동사'

중국어로 번역된 의태어가 구조조사 '地'를 동반하지 않고 동사를 바로 수식하며 부사어 기능을 담당하고 있는 예를 들면 아래와 같다.

배꼽을 긁어대던 손으로 시리얼을 먹고 있는 딸의 머리를 살짝 헝클어뜨렸다.『빛의 제국』

伸出刚才挠过肚脐的手, 轻轻弄乱了正在吃麦片的女儿的头发。『빛의 제국』대륙본

슬쩍 반을 살폈지만 오지 않은 학생은 없어 보였다.『빛의 제국』

悄悄打量班里的情况, 好像没有缺席的学生。『빛의 제국』대륙본

느릿느릿 움직이는 폴리의 걸음 소리.『혀』

还有慢吞吞走来走去的弗尔利的声音,

나비는 어느새 하늘로 날아올라 가물가물 멀어지고 있었다.『고래』

蝴蝶转眼飞上天空, 渐渐远去。

그는 누군가가 휘적휘적 물을 가르며 걸어오는 것을 보았다.『몽타주』

他看到一个男人摇摇晃晃涉水而来。

2.1.1.2. '의태어+地+동사'

번역된 의태어가 구조조사 '地'를 동반하여 뒤의 동사를 수식하며 부사어 기능을 담당하고 있는 예를 들면 아래와 같다.

인상을 살짝 찌푸리는데 뒤에서 누군가 그녀의 어깨에 손을 얹었다.『빛의 제국』

贤美轻轻地皱了皱眉，后面有人把手搭在她的肩膀上。『빛의 제국』 대륙본

어느샌가 그가 방향을 슬쩍 바꾸어놓았다. 『빛의 제국』

不知什么时候他悄悄地调换了方向。『빛의 제국』 대륙본

체념의 상태로, 느릿느릿 소파에서 내려왔다. 『혀』

这是绝望的状态，我慢吞吞地下了沙发。

색시처럼 얌전떨지 말고 윗도리를 벗고 활활 씻으세요. 『고래』

别像新媳妇那么腼腆，脱掉上衣痛痛快快地洗吧。

그는 슬며시 그녀에게 말을 건넸다. 『몽타주』

他小心翼翼地问道。

2.1.2. 의태어와 수식받는 동사를 함께 번역

2.1.2.1. '의태어+동사+地+동사'

의태어와 수식받는 동사를 함께 번역한 후, 구조조사 '地'를 동반하여 뒤의 동사를 수식하며 부사어 기능을 담당하게 된다. 예를 들면 아래와 같다.

갑자기 휙 돌아서서 활짝 웃으며 개다리춤을 추셨어요. 『빛의 제국』

突然转身，满面笑容地跳狗腿舞。『빛의 제국』 대륙본

비로소 소방차 옆에 물을 흠뻑 맞고 서 있는 춘희를 발견했다. 『고래』

他们才发现浑身湿漉漉地站在消防车旁边的春姬。

그로 하여금 내가 놓은 덫 속으로 꼼짝 못하고 빠져들게 할 수도 있었다. 『몽타주』

让他束手无策地落入我设置好的陷阱。

위의 예문들에서 보듯이 구조조사 '地'와 함께 뒤의 동사를 수식하는 경우가 훨씬 많으며, 특히 4음절로 이루어진 경우는 대부분이 '地'와 함께 쓰이고 있다.

2.2. 관형어 기능을 담당

한국어 의태어는 관형어로 쓰이는 경우 자립성을 지닌 의태어는 쓸 수 없고, '-하다, -거리다, -대다, -이다' 등을 붙여 사용할 수 있다. 중국어로 번역된 의태어는 구조조사 '的'를 붙여 관형어 기능을 담당하고 있다. 의태어만 단독으로 번역하여 관형어로 쓰이는 경우보다는 의태어와 수식을 받는 동사를 함께 번역하여 관형어로 쓰이는 경우가 더 많았다. 예를 들면 다음과 같다.

2.2.1. 의태어만 단독으로 번역

습기를 머금은 축축한 바람 때문에 살짝 한기가 느껴졌다. 『빛의 제국』

夹杂着湿气的风让他感觉到轻微的寒意。『빛의 제국』 대륙본

그녀는 공장으로 돌아오는 내내 가슴이 먹먹해질 만큼 그리웠던 풍경들을 허겁지겁 눈으로 좇으며 사람의 흔적을 찾으려 애를 썼지만 『고래』

回来后，春姬慌乱的目光始终追随着曾经魂牵梦萦的风景，努力寻找人的痕迹，

금복은 삼륜차 옆자리에 새색시처럼 얌전하게 앉아 구불구불 산길을 돌아가며 하염없이 이어지는 자동차의 불빛을 바라보고 있었다. 『고래』

金福像新媳妇似的，安安静静地坐在三轮车的旁边位置，转头看着蜿蜒的上路，望着连绵不绝的车灯。

구불구불 고개를 넘어가며 그는 춘희와 헤어지는 것이 가슴 아픈 일이지만 방랑벽이 자신의 운명인 바에야 어쩔 수 없는 일이라고 생각했다.『고래』

经过崎岖的山谷, 他暗自思忖, 尽管和春姬分开令人心痛, 然而流浪就是他的命运, 无可奈何。

2.2.2. 의태어와 수식받는 동사를 함께 번역

그는 바싹 마른 재생지가 되어『빛의 제국』

他变成了干巴巴的再生纸,『빛의 제국』대륙본

그의 얼굴은 여전히 창백했으며 흠뻑 젖은 옷에선 물이 뚝뚝 떨어졌다.『고래』

他仍然 脸色苍白, 湿漉漉的衣服往下滴水。

텅 빈 마당은 한없이 넓어 보였고 주변은 괴이하리만치 적막했다.『고래』

空荡荡的庭院显得无比空旷, 周围出奇寂静。

햇빛에 바싹 말린 흰 테이블보를 티테이블에 펼쳐 깔고,『혀』

我在茶桌上铺好被阳光晒透的白桌布,

우뚝우뚝 솟아 있는 골조들,『몽타주』

高耸的构架,

평소처럼 그는 산책을 하다말고 간간이 구석진 곳에 가만히 서서 텅 빈 거리를 바라보곤 했다.『몽타주』

平时他走着走着会停在一个角落里静静地看着空旷的马路。

2.3. 서술어 기능을 담당

한국어 의태어는 자립형 단독으로도 서술어가 될 수 있고, 접미사 '-하-', '-거리-', '-이-'와 결합하여 서술어 기능을 담당할 수도 있다. 중국어로 번역된 의태어는 수식받는 동사와 함께 서술어를 담당하는 것이 대다수이며, 주로 '的'를 뒤에 수반하여 서술어 기능을 담당하고 있다. 예를 들면 다음과 같다.

이상혁은 영화계의 스타처럼 씩 웃었다.『빛의 제국』

李尚赫像电影明星那样面带微笑。『빛의 제국』대륙본

기영에게 도달한 저 중세 탁발승의 하이쿠는 거대한 사막을 걸어서 통과한 낙타처럼 바싹 야위어 있었다.『빛의 제국』

基荣读到的这首中世纪托钵僧的俳句干巴巴的，就像走过广袤沙漠的骆驼。『빛의 제국』대륙본

감자가 씩 웃었다.『빛의 제국』

馬鈴薯嘻皮笑臉的。『빛의 제국』타이완본

냉기가 훅 끼친다.『혀』

冷气扑面而来。

조그만 소리에도 깜짝깜짝 놀랐고『고래』

哪怕是很小的声音，他也会大惊失色。

며칠 전 그가 사십대 불혹의 나이에 이르러 하나같이 물에 띵띵 불은 듯한 친구들의 얼굴과 마주하고 있을 때였다.『몽타주』

几天前，他见了几个年届不惑的朋友，他们的脸都像水肿似的胖乎乎的。

휴가철이 지난 터라 골목길들은 텅 비어 있었다.『몽타주』

假期已经结束了，小港里空荡荡的。

아까처럼 열쇠가 침대 위에 놓여 있을 뿐 방은 텅 비어 있었다.『몽타주』

可只有鑰匙放在床上，屋里空荡荡的。

2.4. 보어 기능을 담당

한국어 의태어는 문장에서 보어로 쓰이는 경우가 없다. 하지만 중국어로 번역된 의태어는 종종 보어로 쓰이고 있다. 예를 들면 다음과 같다.

이상혁이 내려보낸 거의 모든 선들은 가닥가닥 잘려나간 채, 『빛의 제국』

李相革布下的全部线索都被切得支离破碎, 『빛의 제국』 대륙본

문의 허리를 더욱 바싹 끌어안으며 기차를 향해 손을 흔들었다. 『고래』

金福毫不在意, 反而把文的腰抱得更紧, 甚至朝火车挥起了手。

춘희는 허겁지겁 손으로 꿀을 퍼먹었다. 『고래』

春姬用手舀着蜜蜂吃了起来, 吃得狼吞虎咽。

한여름에도 창문까지 꼭꼭 닫아두었던 주방에 『혀』

即使在盛夏时节, 厨房的窗户也关得严严实实。

입 안을 꽉 채운 바게트 때문에 대답할 수가 없다. 『혀』

我的嘴巴被长法棍塞得满满当当, 无法回答。

에도네스는 그를 잡아 고문한 후 온몸을 갈가리 찢어버린다. 『혀』

艾度尼斯逮捕了他, 经过审讯, 将他全身撕得粉碎。

즙이 풍부한 굴처럼 싱싱해 보이는 흰 막에 싸인 붉은색 소 혓바닥은 얼음 속에서 꽝꽝 얼어 있었다. 『혀』

看起来很新鲜, 像多汁的牡蛎, 包在白膜里面的红色牛舌在冰块里冻得结结实实。

위의 예문들에서 볼 수 있듯이 한국어 의태어를 구조조사 '得'를 동반하여 정태보어로 번역하고 있다. 정태보어는 '동사+得' 뒤에서 그 동작

이나 행위를 하는 모습이 어떠한지를 묘사하거나, '형용사+得' 뒤에서 그 성질이나 상태의 모습이 어떠한지를 구체적으로 묘사하는 기능을 담당함으로 의태어를 번역할 때 자주 활용되고 있다.

제 2 장

교육용 의태어 선정과 번역전략

앞 장에서 한국어 의태어의 중국어 번역 양상과 통사적 특징을 살펴보았다. 본 장에서는 먼저 몇 가지 자료를 활용하여 중국어 작문수업이나 번역수업에 활용할 수 있는 교육용 의태어 목록을 선정한다. 그리고 선정된 의태어 하나하나를 중국어로 어떻게 번역하면 좀 더 원문의 느낌을 살릴 수 있을지 살펴보도록 하겠다.

1. 교육용 의태어 목록 선정

교육용 의태어는 다음과 같은 과정을 거쳐 선정한다. 첫째, 본 책의 분석 자료인 5편의 작품 속에 출현하는 의태어를 출현 빈도수에 따라 분류하여 정리한다. 둘째, 기존에 연구하여 발표한 교육용 의태어 목록을 소개한다. 셋째, 앞의 두 자료를 활용하여 새로운 교육용 의태어 목록을 선정한다.

1.1. 5편 작품 속에 출현하는 의태어의 빈도수에 따른 분류

이 책에서 분석한 5편 작품 속의 의태어를 출현하는 빈도수에 근거하여 정리하면 다음과 같다.

〈표34〉 5편 작품 속 출현 의태어 빈도수에 따른 분류[1]

5편에 출현하는 의태어
가득(13), 깜짝(37), 문득(37), 바짝(9), 번쩍(18), 불쑥(19)
4편에 출현하는 의태어
구불구불(6), 깜짝깜짝(4), 꼭(7), 꾸역꾸역(9), 딱(16), 뚝뚝(11), 바싹(26), 벌떡(23), 부르르(12), 빙(6), 빙빙(6), 살짝(36), 성큼성큼(12), 슬슬(6), 씩(20), 엉거주춤(7), 절레절레(8), 줄줄(7), 질끈(7), 텅(20), 툭툭(10), 퉁퉁(6), 퍼뜩(10), 펄쩍(6), 푹(13), 활짝(21), 휙(7)
3편에 출현하는 의태어
갈가리(3), 겅중겅중(3), 꼬박꼬박(4), 꽉(22), 꾸벅꾸벅(4), 느릿느릿(12), 덜컥(6), 동동(3), 둘둘(3), 둥둥(7), 물끄러미(14), 바들바들(5), 반짝반짝(4), 부글부글(5), 부들부들(5), 불끈(5), 선뜻(7), 스르르(7), 슬그머니(10), 슬쩍(37), 쑥(12), 쑥쑥(5), 얼핏(5), 와락(8), 울컥(6), 이리저리(22), 지그시(7), 질질(8), 쭉(9), 찌르르(3), 축(5), 쿡쿡(5), 툭(4), 파르르(3), 펄펄(5), 허겁지겁(11), 화들짝(10), 확(6), 훨씬(39), 흐물흐물(3), 흠뻑(7), 힐끔(6), 힐끗(13)
2편에 출현하는 의태어
고래고래(3), 군데군데(3), 기우뚱(2), 깜빡(4), 꼼짝(2), 꽁꽁(5), 꽝꽝(3), 꾹(15), 꾹꾹(5), 넙죽넙죽(2), 덥석(4), 듬성듬성(2), 뚝(2), 문득문득(5), 반짝(3), 버럭(3), 번쩍번쩍(2), 비죽(2), 비질비질(2), 빙글빙글(6), 빙긋(2), 살랑살랑(2), 살살(4), 성큼(4), 숭숭(4), 스르륵(3), 스멀스멀(3), 슬금슬금(2), 슬며시(2), 싱긋(2), 싹(2), 쏙(2), 왈칵(3), 우뚝(7), 우수수(2), 움푹(2), 으슬으슬(2), 이러쿵저러쿵(2), 조각조각(4), 주렁주렁(4), 주르르(3), 주춤주춤(2), 죽(3), 찔끔(2), 철철(2), 쿡(5), 털썩(3), 톡(4), 펄쩍펄쩍

1 아래 도표 속의 의태어 뒤 괄호 안의 숫자는 작품 속에 출현하는 총 횟수를 가리킨다. 예컨대 '가득'은 5편 소설 속에서 13회 출현함을 의미한다.

(3), 푹푹(2), 풀썩(3), 피식(6), 픽(3), 허둥지둥(3), 홱(2), 후다닥(2), 훅(3), 훌쩍(2), 훌훌(3), 휘적휘적(4), 휘휘(5), 흘깃(2), 흠칫(4), 히죽(3)
1편에 출현하는 의태어
가닥가닥(2), 가만가만(1), 가물가물(1), 간질간질(1), 곰곰(1), 굽이굽이(1), 그렁그렁(2), 기신기신(1), 길길이(2), 까딱까딱(1), 깜박(1), 꼬깃꼬깃(1), 꼬박(1), 꼬치꼬치(1), 꼭꼭(1), 꾸벅(1), 꾸불꾸불(1), 꿈틀(2), 낼름(1), 노릇노릇(1), 뉘엿뉘엿(1), 달싹달싹(1), 대롱대롱(1), 댕강(1), 더덕더덕(1), 데구르르(1), 덜덜(1), 뎅강뎅강(1), 도란도란(1), 돌돌(1), 두근두근(1), 둥실(1), 드문드문(1), 들들(1), 듬뿍(3), 때글때글(1), 떡(1), 또박또박(1), 뚝딱(2), 띄엄띄엄(1), 멀뚱멀뚱(1), 무럭무럭(1), 모락모락(3), 뭉텅(1), 바삭바삭(1), 바싹바싹(1), 바짝바짝(1), 뱅그르르(1), 뱅뱅(1), 발칵(1), 배시시(3), 번뜩(1), 벌러덩(1), 벌렁(2), 벌렁벌렁(1), 벌벌(2), 벌컥(1), 보글보글(1), 부르르부르르(1), 북(1), 북북(1), 불끈불끈(1), 불룩(1), 불쑥불쑥(3), 비시시(3), 비쩍(2), 비쭉(1), 비쭉비쭉(1), 비틀비틀(1), 빙그레(14), 빙긋이(1), 빠끔(1), 빼꼼(1), 빼빼(12), 뻘뻘(1), 뻥(1), 삐죽(2), 삐죽삐죽(1), 사뿐사뿐(1), 살금살금(2), 살며시(1), 샐쭉(1), 생긋(1), 설핏(1), 솔솔(1), 송골송골(1), 스윽(1), 슥(2), 슬쩍슬쩍(1), 실쭉(1), 썩(1), 썩썩(1), 쑤욱(2), 쓰윽(1), 아장아장(1), 애면글면(1), 안절부절(1), 어슬렁(1), 어슴푸레(1), 언뜻(1), 언뜻언뜻(2), 얼기설기(1), 오들오들(1), 오물오물(1), 오소소(1), 오슬오슬(1), 옴폭(1), 우두커니(1), 우뚝우뚝(1), 우렁우렁(1), 우르르(1), 우물우물(3), 움찔(1), 이글이글(2), 자근자근(1), 자르르(1), 잘근잘근(1), 조물조물(1), 좍(1), 주르륵(3), 주섬주섬(2), 주절주절(1), 줄줄줄(1), 지글지글(1), 질겅질겅(2), 짝짝(1), 쩍(2), 쩍쩍(1), 쪼르르(1), 쫙(1), 쭈뼛쭈뼛(1), 쭈욱(1), 쭉쭉(1), 차곡차곡(4), 차츰(1), 착(1), 착착(1), 착착착(2), 찰랑찰랑(1), 찰싹(1), 처덕처덕(2), 척척(1), 치렁치렁(1), 칭칭(1), 컥(1), 콕콕(1), 콱콱(1), 타박타박(1), 탁(1), 탈탈(1), 터덜터덜(1), 터벅터벅(1), 털레털레(1), 텅텅(1), 톡톡(1), 팔딱팔딱(1), 팔팔(1), 펑펑(1), 폭삭(1), 폴짝(1), 풀썩풀썩(1), 풀쩍풀쩍(1), 풀풀(1), 핑(1), 한들한들(1), 허청허청(1), 헤(1), 헤벌레(1), 홀랑(1), 홀쭉(2), 화르르(1), 화끈화끈(1), 확확(1), 활활(2), 후끈(1), 훅훅(2), 훌쭉(2), 훨훨(1), 휘영청(2), 휘청(1), 휘청휘청(1), 휙휙(3), 휭(1), 흔들흔들(1), 흘낏(1), 흠씬(1), 힐끗힐끗(1), 힘껏(1)

위에서 정리한 자료에 근거하여 분석해 보면 5편의 작품 속에 출현하는 의태어의 종류는 329개이며,[2] 이 중 5편에 모두 출현하는 것은 6종류, 4편에 출현하는 것은 27종류, 3편에 출현하는 것은 43종류, 2편에 출현하는 것은 64종류, 1편에 출현하는 것은 189종류이다.

1.2. 기존의 교육용 의태어 목록 소개[3]

본 소절에서는 두 종류의 교육용 의태어 목록을 소개하도록 하겠다. 첫 번째 목록은 4단계 과정을 거쳐 선정된 것으로 1단계에서는 한국어 교재, 초등국어교과서, 한국어 교육 어휘 목록, KAIST Concordance 등의 다양한 기초 자료를 활용하여 해당 자료에 1회 이상 출현한 1,746개의 한국의 의성어 · 의태어를 추출하였다. 2단계에서는 이렇게 추출한 목록

2 5편에 출현하는 의태어 중 중첩하지 않은 의태어와 중첩한 의태어가 모두 출현하는 경우 각각 다른 의태어로 처리하였다. 예컨대 '깜짝'과 '깜짝깜짝'은 다른 의태어로 처리했다. 이와 같은 의태어는 '깜짝(깜짝깜짝), 꼬박(꼬박꼬박), 꼭(꼭꼭), 꾸벅(꾸벅꾸벅), 꾹(꾹꾹), 문득(문득문득), 바싹(바싹바싹), 바짝(바짝바짝), 반짝(반짝반짝), 번쩍(번쩍번쩍), 벌렁(벌렁벌렁), 북(북북), 불끈(불끈불끈), 불쑥(불쑥불쑥), 비쭉(비쭉비쭉), 빙(빙빙), 삐죽(삐죽삐죽), 성큼(성큼성큼), 슬쩍(슬쩍슬쩍), 썩(썩썩), 쑥(쑥쑥), 언뜻(언뜻언뜻), 우뚝(우뚝우뚝), 쩍(쩍쩍), 쭉(쭉쭉), 착(착착, 착착착), 쿡(쿡쿡), 텅(텅텅), 톡(톡톡), 툭(툭툭), 펄쩍(펄쩍펄쩍), 푹(푹푹), 풀썩(풀썩풀썩), 확(확확), 훅(훅훅), 휘청(휘청휘청), 휙(휙휙), 힐끗(힐끗힐끗)' 등이 있다.

3 기존에 이미 연구 발표된 교육용 의태어 목록 자료가 어떤 것들이 있는지 찾아보았지만, 단독으로 발표된 것은 없었고, 의성어와 의태어의 교육이나 교재작성 관련 논문에 부분적으로 소개하고 있었다. 본 논문에서 소개하는 교육용 의태어 목록은 배도용의 「한국어 의성어 · 의태어 교재 개발을 위한 기초 연구」(2012)와 박혜원 · 배성봉의 『한국어의 의성 · 의태어(다문화가정 아동 한국어 문식성지도서』 속에 소개하고 있는 것이다. 배도용 목록을 선택한 이유는 기존 자료를 폭넓게 활용하였고, 한국어 교육 전문가의 어휘 평정을 거쳐 작성되어 상당히 객관적이고 타당성이 높다고 판단했기 때문이다. 박혜원 · 배성봉 단행본은 연구재단의 지원을 받아 과학적인 방법으로 연구를 진행하여 완성된 결과물로 활용할 가치가 충분하다고 판단했기 때문이다.

을 『국립국어원 표준국어대사전』을 활용하여 의미를 확인하고 이들 중에서 북한어로 분류된 80개, 파생부사의 형태로만 기능하는 106개, 앞선 연구에서 연구자들이 의성어·의태어로 분류하였으나 『국립국어원 표준국어대사전』에 등재되어 있지 않은 457개를 제외한 의성어·의태어 1,103개를 추출하였다. 3단계에서는 1,103개의 의성어·의태어 목록 중에서 출현 빈도가 50회 이상이고, 1단계 6개의 자료 가운데 3개 이상의 자료에 걸쳐 나타난 어휘 154개를 추출하였다. 4단계는 그 어휘를 대상으로 한국어 교육 전문가 3인의 어휘 평정을 거쳐 137개의 어휘를 최종목록으로 선정하였다.[4] 기초자료를 추출하여 빈도와 분포를 통계적으로 처리해서 어휘를 결정하는 객관적 방법과 전문가의 경험적 방법을 병행하여 선정했다는 점에서 타당성을 지닌다고 볼 수 있다. 이렇게 최종 선정된 137개 목록 중 의성어를 제외하면 총 117개의 의태어가 남는다.[5] 표로 정리하면 아래와 같다.

---

4 이상의 내용은 배도용, 앞의 논문 169-179쪽 내용을 인용한 것이다.
1단계에서 사용한 한국어 교재는 경희대학교 『한국어』 1-6, 서강대학교 『서강 한국어』 1AB-5AB, 서울대학교 『한국어』 1-4, 성균관대학교 『배우기 쉬운 한국어』 1-6, 선문대학교 『한국어』 1-6, 신라대학교 『유학생을 위한 톡톡 튀는 한국어』 1-6, 연세대학교 『한국어』 1-6, 이화여자대학교 『말이 트이는 한국어』 1-5로 총 8종 48권이다. 초등국어교과서에 나타난 의성어·의태어는 이병선의 「초등국어교과서 상징어 분석 연구」(2005)를 활용하였다. 한국어 교육용 어휘 목록은 조남호의 「현대 국어 사용 빈도 조사: 한국어 학습용 어휘 선정을 위한 기초 조사」(2002)와 「한국어 학습용 어휘 선정 결과 보고서」(2003), 조창규의 「의성어 의태어 무엇을 어떻게 교육할 것인가」(2005)이다. KAIST Concordance Program(KCP)은 KAIST에서 제공하는 말뭉치 자료이다.

5 117개 중 의성의태어도(의성어와 의태어로 모두 사용되는 경우 의성의태어로 부르기로 한다) 포함되었다. 예컨대 '털썩'은 의성어와 의태어로 모두 사용된다.

〈표35〉 배도용의 한국어 교육용 의태어 목록

의태어 목록
가득, 갈기갈기, 고래고래, 고분고분, 곰곰, 깜빡, 깜짝, 꼬박꼬박, 꼬치꼬치, 꼭, 꼼짝, 꽁꽁, 꽉, 꾸역꾸역, 꿈쩍, 끄덕, 넙죽, 느릿느릿, 달랑, 덜덜, 덥석, 동동, 둥둥, 드문드문, 듬뿍, 듬성듬성, 딱, 또박또박, 멈칫, 무럭무럭, 문득, 물씬, 바들바들, 바르르, 바싹, 반짝, 발딱, 발칵, 배시시, 버럭, 번쩍, 벌떡, 벌벌, 부글부글, 부들부들, 부랴부랴, 부르르, 부쩍, 불끈, 불쑥, 비쩍, 비틀비틀, 빙글빙글, 빙긋, 빙빙, 뻘뻘, 살금살금, 생글생글, 설레설레, 성큼성큼, 술술, 스르르, 슬슬, 싱긋, 안절부절, 엉금엉금, 오싹, 와락, 우뚝, 우물쭈물, 우수수, 움찔, 움푹 절레절레, 종종, 주렁주렁, 주르르, 주섬주섬, 주춤, 줄줄, 질끈, 질질, 쭉, 차근차근, 척척, 철렁, 쿡쿡, 털썩, 통통, 텅, 툭툭, 파르르, 펴뜩, 펄쩍, 펄펄, 펑펑, 푹, 푹푹, 풀썩, 허겁지겁, 허둥지둥, 호락호락, 홀딱, 화끈, 확, 활짝, 활활, 후들후들, 후딱, 훌쩍, 훌훌, 훨훨, 흘끗, 흠뻑, 흠칫, 희끗희끗, 히죽

두 번째 목록은 외국인 어머니를 둔 다문화가정 아동들의 언어발달에 도움을 주고자 하는 목적으로 연구재단의 지원으로 완성된 자료이다. 단행본 자료로 의성어를 제외한 의태어의 수는 151개이며, 각 단어의 사전적 정의와 예문 그리고 해당 단어가 파생어의 어근일 경우 자주 사용되는 파생어를 제시하여 이해하기 쉽도록 정리하고 있다. 표로 정리하면 다음과 같다.

〈표36〉 다문화가정 아동 대상의 교육용 한국어 의태어 목록

의태어 목록
가물가물, 가우뚱, 갸웃, 겅중겅중, 곰곰, 구질구질, 굽실, 글썽, 기웃, 깜깜, 깜박, 깜짝, 깡충깡충, 껌벅, 꼬박꼬박, 꼭, 꼼꼼, 꼼짝, 꽁꽁, 꽉, 꾹, 꿈틀, 끄덕, 나풀나풀, 납작납작, 넙죽, 느릿느릿, 다닥다닥, 달달, 더듬더듬, 덜덜, 덥석, 돌돌, 동동, 둥둥, 뒤적뒤적, 듬뿍, 듬성듬성, 따끔, 딱, 뚝, 뚱뚱, 멀뚱멀뚱, 무럭무럭, 문득, 바

삭, 바짝, 박박, 반들반들, 반짝, 방글방글, 버럭, 번쩍, 벌떡, 벌렁, 벌렁벌렁, 벌벌, 벌컥, 부글부글, 부들부들, 부르르, 부스스, 부슬부슬, 부쩍, 불끈, 불쑥, 비죽비죽, 빙, 빙그레, 빙긋, 뾰족뾰족, 살살, 생글, 성큼, 솔솔, 송골송골, 송송, 쉬쉬, 스르르, 슬금슬금, 슬슬, 싱글벙글, 싹, 쏙, 쑥, 쓱, 씩, 야금야금, 어둑어둑, 엉거주춤, 엉금엉금, 옥신각신, 와르르, 요리조리, 우뚝, 우르르, 우물우물, 우물쭈물, 움푹, 으스스, 으쓱, 이글이글, 이리저리, 잘록, 절레절레, 조마조마, 조심조심, 졸졸, 주렁주렁, 주룩주룩, 주섬주섬, 줄줄, 쨍쨍, 쩍, 찔끔, 척척, 철렁, 축, 쿡, 타박타박, 탁, 터덜터덜, 텅, 톡, 툭, 통통, 팍, 팔랑, 펄쩍, 펄펄, 펑펑, 폴짝폴짝, 푹, 허겁지겁, 허둥지둥, 헐레벌떡, 홀랑홀랑, 화끈, 화들짝, 확, 활짝, 활활, 후끈, 훨훨, 휙, 흘깃흘깃, 흠뻑, 흠칫, 희끗희끗, 힐끔, 힐끗

1.3. 최종 선정된 교육용 의태어 목록

이 책에서 최종적으로 선택한 교육용 의태어는 다음과 같은 원칙에 따라 선정하였다. 첫째, 5편의 원천텍스트 중 3편 이상에서 출현하는 의태어는 모두 선정한다. 둘째, 기존의 교육용으로 선정된 의태어 중 5편 원천테스트 속에 출현하는 의태어와 동일한 것은 모두 선정한다. 셋째, 기존의 두 종류 교육용 의태어 중 위의 두 단계 과정에서 선정되지 못했으나, 두 종류 목록에 공통으로 존재하는 것은 선정한다. 최종 선정된 교육용 의태어 161개를 표로 정리하면 아래와 같다.

〈표37〉 최종 선택된 의태어 목록

교육용 의태어 목록
가득, 가물가물, 갈가리, 겅중겅중, 고래고래, 곰곰, 구불구불, 깜박, 깜빡, 깜짝(깜짝깜짝), 꼬박(꼬박꼬박), 꼬치꼬치, 꼭(꼭꼭), 꼼짝, 꽁꽁, 꽉, 꾸벅꾸벅, 꾸역꾸역, 꾹(꾹꾹), 꿈틀, 끄덕, 넙죽넙죽, 느릿느릿, 덜덜, 덜컥, 덥석, 동동, 둘둘, 둥둥, 드

문드문, 듬뿍, 듬성듬성, 딱, 또박또박, 뚝뚝, 멀뚱멀뚱, 무럭무럭, 문득(문득문득), 물끄러미, 바들바들, 바싹(바싹바싹), 바짝(바짝바짝), 반짝(반짝반짝), 발칵, 배시시, 버럭, 번쩍(번쩍번쩍), 벌렁, 벌떡, 벌벌, 벌컥, 부쩍, 부글부글, 부들부들, 부르르, 불끈(불끈불끈), 불쑥(불쑥불쑥), 비틀비틀, 빙빙, 빙그레, 빙글빙글, 빙긋, 뻘뻘, 살금살금, 살살, 살짝, 선뜻, 성큼(성큼성큼), 송골송골, 스르르, 슬그머니, 슬금슬금, 슬슬, 슬쩍, 싱긋, 쏙, 쑥, 씩, 안절부절, 얼핏, 엉거주춤, 엉금엉금, 와락, 우뚝(우뚝우뚝), 우르르, 우물우물, 우물쭈물, 우수수, 울컥, 움찔, 움푹, 이글이글, 이리저리, 절레절레, 주렁주렁, 주르르, 주섬주섬, 주춤주춤, 줄줄, 지그시, 질끈, 질질, 쭉, 찌르르, 찔끔, 척척, 축, 쿡(쿡쿡), 타박타박, 탁, 터덜터덜, 텅, 톡, 툭(툭툭), 퉁퉁, 파르르, 퍼뜩, 펄쩍(펄쩍펄쩍), 펄펄, 펑펑, 폴짝, 푹(푹푹), 풀썩, 허겁지겁, 허둥지둥, 홀랑, 화끈화끈, 화들짝, 확, 활짝, 활활, 후끈, 훌쩍, 훌훌, 훨씬, 휙, 흐물흐물, 흘깃, 흠칫, 흠뻑, 히죽, 힐끔, 힐끗(힐끗힐끗)

2. 교육용 의태어 번역전략

앞 절에서 선정된 교육용 의태어 161종을 중국어로 어떻게 번역하여야 원천텍스트 속에서 표현하고자 하는 느낌을 잘 살릴 수 있을지, 제1장의 분석에 활용한 번역본 6편 속의 번역 양상과 사전을 활용하여 정리하였다.[6] 한국어 의태어의 음절수에 따라 '1음절과 그 중첩형 의태어', '2음절과 그 중첩형 의태어', '3음절 의태어', '4음절 의태어'로 구분하였으며, 쉽게 볼 수 있도록 표로 정리하였다.

6 번역전략에 참고한 자료는 6권의 번역서, 네이버 사전의 『에드월드 표준한한중사전』 『고려대 한한중사전』, 『现代汉语词典』, 『中韩辞典』(黑龙江朝鲜民族出版), 『汉语大词典』, 『표준국어대사전』, 『고려대 한국어대사전』, 『한국어 시늉말 사전』 등이다.

2.1. 1음절과 그 중첩형 의태어

1음절과 그 중첩형 의태어의 중국어 번역전략을 소개하면 다음과 같다.[7]

〈표38〉 1음절과 그 중첩형 의태어 번역전략

의태어	번역전략
꼭/꼭꼭	① 단단히 힘을 주거나 세게 누르거나 죄거나 하는 모양 의태어 단독: 紧/紧紧/使劲儿/用力 * 중첩형 ① 잇따라 또는 매우 야무지게 힘을 주어 누르거나 죄는 모양 의태어 단독: 紧紧/紧/使劲儿/用力 ② 드러나지 않게 아주 단단히 숨거나 틀어박히는 모양 의태어 단독: (关得)严严实实
꽉	① 힘을 주어 누르거나 잡거나 묶는 모양 의태어 단독: 紧/紧紧/使劲 동사+住(压抑住) ② 가득 차거나 막힌 모양 의태어 단독: 동사+满(饱满, 爆满) 동사와 함께: 꽉 차 充满/丰富
꾹/꾹꾹	① 힘을 주어 단단히 누르거나 죄는 모양 의태어 단독: 紧/紧紧/使劲 * 중첩형

7 교육용으로 선정된 의태어가 뜻이 여러 개일 경우 모두 소개하지 않고, 가장 자주 사용되는 뜻과 번역본에서 쓰이고 있는 뜻 위주로 선정하여 설명하였다. 의태어 단독으로 번역되는 상황과 수식받는 동사와 함께 번역한 경우를 구분하여 정리하였다.

	① 잇따라 단단히 누르거나 죄는 모양 의태어 단독: 使劲/用力/紧紧
딱	① 활짝 바라지거나 벌어진 모양 동사와 함께: 입을 딱 벌렸다 目瞪口呆/瞠目结舌 ② 빈틈없이 맞닿거나 들어맞는 모양 의태어 단독: 正好/刚好 ③ 단단히 달라붙은 모양 의태어 단독: 紧+동사(紧贴)
쏙	① 생김새나 차림새 따위가 꼭 닮은 모양 동사와 함께: 쏙 빼닮은 一模一样
쑥	① 안으로 깊이 들어가거나 밖으로 불룩하게 내미는 모양 의태어 단독: 高高/深深/鼓鼓 동사와 함께: 쑥 빼고 伸长 ② 깊이 밀어 넣거나 길게 뽑아내는 모양 의태어 단독: 猛地/一下子 ③ 앞으로 나아가거나 앞에 불쑥 나타나는 모양 의태어 단독: 突然/嗖地
씩	① 소리 없이 싱겁게 얼핏 한 번 웃는 모양 의태어 단독: 莞尔/咧嘴/嗤嗤, 동사와 함께: 씩 웃으며 面带微笑/笑了笑/笑嘻嘻/嘻皮笑脸
쭉	① 줄이나 금 따위를 곧게 내긋는 모양 동사와 함께: 쭉 내리긋는듯한 干脆利落 ② 곧게 펴거나 벌리는 모양 동사와 함께: 쭉 펴고 伸起/伸直
축	① 물건이 길게 아래로 처진 모양

	동사와 함께: 축 늘어진 瘫软/低垂
쿡/쿡쿡	① 크게 또는 깊이 찌르거나 박거나 찍는 모양 의태어 단독: 使劲/用力/重重 동사와 함께: 쿡 찔렀다 戳了戳/ 戳了一下
탁	① 막힌 것이 없이 시원스러운 모양 의태어 단독: 豁然 동사와 함께: 탁 트이면서 开阔 ② 갑자기 막히는 모양(숨이 탁 막히다) 의태어 단독: 一下子
텅	① 큰 것이 속이 비어 아무것도 없는 모양 동사와 함께: 텅 비다 空荡荡/空空如也/空无一人/一片空白/空空荡荡/渺无人迹/掏空
톡	① 말을 야멸치게 쏘아붙이는 모양 의태어 단독: 闷闷不乐 동사와 함께: 톡 쏘아붙이고 冷淡 ② 갑자기 혀끝이나 코 따위에 자극을 받는 느낌 의태어 단독: 强烈
툭/툭툭	① 가볍게 슬쩍 치거나 건드리는 모양 의태어 단독: 轻轻 * 중첩형 ① 자꾸 튀거나 터지는 모양 의태어 단독: 纷纷 ② 자꾸 가볍게 슬쩍슬쩍 치거나 건드리는 모양 의태어 단독: 轻轻 ③ 말을 퉁명스럽게 자꾸 쏘아붙이는 모양

	의태어 단독: 随随便便/乱 동사와 함께: 툭툭 내뱉는 脱口而出
푹/푹푹	① 힘 있게 깊이 찌르거나 쑤시는 모양 의태어 단독: 深深/用力/使劲/猛 ② 아주 심하게 썩거나 삭거나 젖은 모양 의태어 단독: 동사+透(烂透) 동사와 함께: 푹 젖은 浸湿 ③ 고개를 아주 깊이 숙이는 모양 의태어 단독: 猛地 동사와 함께: 푹 꺾었다 低垂 * 중첩형 ① 자꾸 깊이 빠지거나 들어가는 모양 의태어 단독: 深深 (푹푹 빠지다) ② 날이 찌는 듯이 무더운 모양 의태어 단독: 无比(闷热) (푹푹 찌다)
확	① 바람, 냄새 또는 어떤 기운 따위가 갑자기 세게 잇따라 끼치는 모양 의태어 단독: 猛地/一下子 동사와 함께: 확 끼쳐왔다가 扑面而来, (인상을) 확 찌푸리고는 紧皱 ② 일이 빠르고 힘차게 진행되는 모양 의태어 단독: 猛地/用力 (확 낚아채가다) ③ 갑자기 달아오르는 모양 의태어 단독: 哗地 (열기가 확 번져나갔다)
휙	① 갑자기 재빨리 움직이거나 스치는 모양

	의태어 단독: 猛地/倏地/飞快 ② 갑자기 아주 세게 던지거나 뿌리치는 모양 의태어 단독: 使劲/直接 (휙 던졌다)

2.2. 2음절과 그 중첩형 의태어

2음절과 그 중첩형 의태어의 중국어 번역전략을 소개하면 다음과 같다.

〈표39〉 2음절과 그 중첩형 의태어 번역전략

의태어	번역전략
가득	① 분량이나 수효 따위가 어떤 범위나 한도에 꽉 찬 모양 ② 빈 데가 없을 만큼 사람이나 물건 따위가 많은 모양 의태어 단독: 동사+满(摆满, 填满, 布满, 写满, 塞满, 充满)
곰곰	① 여러모로 깊이 생각하는 모양 의태어 단독: 反复/仔细/细细 (곰곰 되씹어보다)
깜박	① 기억이나 의식 등이 잠깐 흐릿해지는 모양 의태어 단독: 迷糊/迷迷糊糊
깜빡	① 눈이 잠깐 감겼다 뜨이는 모양 의태어 단독: 突然/不知不觉 (깜빡 졸고) ② 기억이나 의식 따위가 잠깐 흐려지는 모양 의태어 단독: 突然/一下子/一时 (깜빡 잊고)
깜짝/깜짝깜짝	① 갑자기 놀라는 모양 의태어 단독으로: 大为(惊讶)/(吓)一跳/突然 동사와 함께: 大吃一惊/惊呆/吃惊/心惊胆战 (깜짝 놀라다)

	* 중첩형 ① 자꾸 놀라는 모양 동사와 함께: 大吃一惊/大惊失色
꼬박/꼬박꼬박	① 일정한 상태를 고스란히 그대로 지속하는 모양 의태어 단독: 整整/足足/一直 동사와 함께: 꼬박 새우다 通宵 * 중첩형 ① 조금도 어김없이 그대로 계속하는 모양 의태어 단독: 一丝不苟, 동사와 함께: (경조사를) 꼬박꼬박 챙기다 从不缺席
꼼짝	① 몸을 작은 동작으로 조금 움직이는 모양 동사와 함께: 꼼짝 못하고 动弹不得 (덫 속으로) 꼼짝 못하고 束手无策
꽁꽁	① 물체가 매우 단단히 언 모양 의태어 단독: (冻得)结结实实/硬梆梆 동사와 함께: 꽁꽁 얼다 冰封 ② 힘주어 단단하게 죄어 묶거나 꾸리는 모양 의태어 단독: 紧紧/结结实实 동사와 함께: 꽁꽁 묶어 五花大绑
꿈틀	① 몸의 한 부분을 구부리거나 비틀며 움직이는 모양 의태어 단독: 蠕蠕 동사와 함께: 꿈틀 움직였다 蠕动
끄덕	① 고개 따위를 아래위로 가볍게 한 번 움직이는 모양 의태어 단독: 轻轻点/点头
덜덜	① 춥거나 무서워서 몸을 몹시 떠는 모양

	동사와 함께: 덜덜 떨렸다 发抖/哆嗦
덜컥	① 어떤 일이 매우 갑작스럽게 진행되는 모양 의태어 단독: 猛然/陡地/居然/猛地/竟然/忽然/贸然
덥석	① 갑자기 달려들어 무엇을 빠르게 잡거나 무는 모양 의태어 단독: 猛然/猛地
동동	① 매우 안타깝거나 추워서 발을 가볍게 자꾸 구르는 모양 의태어 단독: 连连
둘둘	① 큰 물건이 여러 겹으로 둥글게 말리는 모양 동사와 함께: 둘둘 말린 卷成一团
둥둥	① 물체가 떠서 움직이는 모양 의태어 단독: 悠悠/轻轻 동사와 함께: 둥둥 떠다니다 飘浮/漂浮/飞来飞去
듬뿍	① 넘칠 정도로 매우 가득한 모양 ② 매우 수북한 모양 의태어 단독: 满满
뚝뚝	① 큰 물체나 물방울 따위가 잇따라 아래로 떨어지는 모양 동사와 함께: 뚝뚝 떨어져 滴落, (눈물을) 뚝뚝 흘리며 滂沱, (땀이) 뚝뚝 떨어졌다 滚落
문득/문득문득	① 생각이나 느낌 따위가 갑자기 떠오르는 모양 ② 어떤 행위가 갑자기 이루어지는 모양 의태어 단독: 突然/突然间/忽然/猛地/方才 * 중첩형 ① 생각이나 느낌 따위가 갑자기 자꾸 떠오르는 모양 ② 어떤 행위가 갑자기 자꾸 이루어지는 모양 의태어 단독: 突然/不时地/偶尔
바싹/바싹바싹	① 물기가 다 말라 버리거나 타들어 가는 모양

	의태어 단독: 동사+透(결과보어, 晒透, 干透)/极其 동사와 함께: 바싹 마른 干巴巴/干瘪/干涩/干涸/ ② 아주 가까이 달라붙거나 죄는 모양 의태어 단독: 紧/紧紧 동사와 함께: 바싹 다가가다 贴近 ③ 몸이 매우 마른 모양 의태어 단독: 格外 동사와 함께: 바싹 야위어 干巴巴 * 중첩형 ① 물기가 다 없어지도록 자꾸 마르거나 타들어 가는 모양 동사와 함께: 입이 바싹바싹 마르다 口干舌燥/干巴巴
바짝/바짝바짝	① 물기가 매우 마르거나 졸아붙거나 타 버리는 모양 의태어 단독: 동사+透(干透) 동사와 함께: 바짝 마르다 干巴巴 ② 매우 가까이 달라붙거나 세게 죄는 모양 의태어 단독: 紧+동사(紧贴)/紧紧 ③ 몸이 매우 마른 모양 동사와 함께: 바짝 마르다 干瘦/干瘪/瘪瘦 * 중첩형 ① 몸이 자꾸 매우 마르는 모양 동사와 함께: 바짝바짝 야위다 干瘦/瘪瘦/干瘪
반짝/반짝반짝	① 작은 빛이 잠깐 나타났다가 사라지는 모양 의태어 단독: 闪闪 동사와 함께: 闪光/闪烁/闪耀/明亮 * 중첩형

<table>
<tr><td></td><td>① 작은 빛이 잇따라 반복해서 나타났다가 사라지는 모양
의태어 단독: 闪闪
동사와 함께: 闪亮/明亮/光闪闪/闪耀/闪烁</td></tr>
<tr><td>발칵</td><td>① ('뒤집다', '뒤집히다' 따위와 함께 쓰여) 갑작스럽게 온통 소란해지거나 야단스러워지는 모양
의태어 단독: 彻底/全部
동사와 함께: 발칵 뒤집어놓을 天翻地覆</td></tr>
<tr><td>버럭</td><td>① 성이 나서 갑자기 기를 쓰거나 소리를 냅다 지르는 모양
의태어 단독: 勃然/突然/大(喊)/大声
동사와 함께: 버럭 화를 내며 恼羞成怒</td></tr>
<tr><td>번쩍/번쩍번쩍</td><td>① 큰 빛이 잠깐 나타났다가 사라지는 모양
의태어 단독: 闪闪/闪耀/耀眼
② 갑자기 정신이 확 들거나 아주 맑아지는 모양
의태어 단독: 骤然
동사와 함께: 정신이 번쩍 든 如梦方醒(如梦初醒)
③ 마음이 끌려 눈이나 귀가 갑자기 크게 뜨이는 모양
동사와 함께: (눈이) 번쩍 뜨일 (眼前)一亮
④ 눈을 갑자기 아주 크게 뜨는 모양
의태어 단독: 一下子/突然
⑤ 꽤 무거운 물건을 가볍게 빨리 들어 올리는 모양
의태어 단독: 猛地/猛然/一把
동사와 함께: 번쩍 치켜올리며 高举
* 중첩형
① 큰 빛이 잇따라 잠깐 나타났다가 사라지는 모양
의태어 단독: 闪闪</td></tr>
</table>

벌렁	① 발이나 팔을 활짝 벌린 상태로 맥없이 굼뜨게 뒤로 자빠지거나 눕는 모양('벌러덩'의 준말) 의태어 단독: 一下子/猛地 동사와 함께: 벌렁 누웠다 躺倒
벌떡	① 눕거나 앉아 있다가 조금 큰 동작으로 갑자기 일어나는 모양 의태어 단독: 猛地/猛然/迅速/突然/霍地/呼地/一下子 동사와 함께: 벌떡 일어나 一跃而起
벌벌	① 추위나 두려움, 흥분 따위로 몸이나 몸의 일부분을 크게 자꾸 떠는 모양 의태어 단독: 瑟瑟 동사와 함께: 덜덜 떨다 哆嗦/战战兢兢
벌컥	① 급작스럽게 화를 내거나 기운을 쓰는 모양 의태어 단독: 勃然/猛地/猛然/突然/忽然/一下子/霍地/陡地/陡然 ② 닫혀 있던 것을 갑자기 세게 여는 모양 의태어 단독: 突然/猛地/猛然/一下子
부쩍	① 어떤 사물이나 현상의 상태 · 빈도 · 양 따위가 매우 거침없이 갑자기 늘거나 주는 모양 의태어 단독: 猛然/骤然/猛地/一下子 ② 매우 가까이 달라붙는 모양 의태어 단독: 紧紧 ③ 몹시 힘을 주거나 긴장하는 모양 의태어 단독: 非常
불끈/불끈불끈	① 어떤 기운이나 물체가 갑자기 치밀거나 솟아오르는

	모양 의태어 단독: 立刻/突然 ② 흥분하여 성을 벌컥 내는 모양 의태어 단독: 一下子/猛地/猛然 ③ 주먹에 힘을 주어 꽉 쥐는 모양 의태어 단독: 紧紧/紧(紧+동사 紧握) * 중첩형 ① 흥분하여 잇따라 성을 벌컥 내는 모양 의태어 단독: 一下子/猛地/猛然/突然
불쑥/불쑥불쑥	① 갑자기 불룩하게 쑥 나오거나 내미는 모양 의태어 단독: 突然/忽然/一下子/赫然 ② 갑자기 쑥 나타나거나 생기거나 하는 모양 의태어 단독: 突然/忽然/一下子/竟然 ③ 갑자기 마음이 생기거나 생각이 떠오르는 모양 의태어 단독: 突然/忽然/一下子 ④ 앞뒤 생각 없이 대뜸 말을 함부로 하는 모양 의태어 단독: 突然/忽然/没头没脑 * 중첩형 ① 갑자기 잇따라 쑥 나타나거나 생기거나 하는 모양 ② 갑자기 여기저기 불룩하게 잇따라 쑥 나오거나 내미는 모양 ③ 갑자기 마음이 자꾸 생기거나 생각이 잇따라 떠오르는 모양 ④ 자꾸 앞뒤 생각 없이 잇따라 말을 함부로 하는 모양

	의태어 단독: 突然/忽然
빙빙	① 약간 넓은 일정한 범위를 자꾸 도는 모양 의태어 단독: 一圈圈/一圈一圈 동사와 함께: (둘레를) 빙빙 돌며 徘徊 ② 이리저리 자꾸 돌아다니는 모양 동사와 함께: 말을 빙빙 돌리는 拐弯抹角(비유: 말이나 글을 빙빙 돌려서 하다)/빙빙 돌다 转来转去
빙긋	① 소리 없이 입만 살짝 벌릴 듯하면서 자연스럽게 웃는 모양 의태어 단독: 微微 동사와 함께: 빙긋 웃었다 微笑/面露微笑
뻘뻘	① 땀을 매우 많이 흘리는 모양 동사와 함께: (땀을) 뻘뻘 흘리면서도 汗流满面/淋漓
살살	① 남이 모르게 살그머니 행동하는 모양 의태어 단독: 悄悄 ② 심하지 않게 가만가만 가볍게 만지거나 문지르는 모양 의태어 단독: 轻轻 ③ 남을 살그머니 달래거나 꾀는 모양 의태어 단독: 巧妙
살짝	① 남이 모르는 사이에 재빠르게 행동하는 모양 의태어 단독: 偷偷/悄悄 ② 힘 안 들이고 가볍고 능숙하게 행동하는 모양 의태어 단독: 轻轻/稍微/微微/略微
선뜻	① 동작이 빠르고 시원스러운 모양 의태어 단독: 欣然/忽然/很快/痛快/爽快

	동사와 함께: 선뜻 납득할 수가 없다 百思不得其解/ 百思不解
성큼/성큼성큼	① 다리를 높이 들어 크게 떼어 놓는 모양 의태어 단독: 大步/迅速/大踏步 성큼 한 걸음 一大步 ② 동작이 망설임 없이 매우 시원스럽고 빠른 모양 의태어 단독: 飞快/很快 * 중첩형 ① 다리를 계속 가볍게 높이 들어 걷는 모양 의태어 단독: 大步流星/大步
슬슬	① 남이 모르게 슬그머니 행동하는 모양 의태어 단독: 悄悄/偷偷 ② 심하지 않게 가만가만 가볍게 만지거나 문지르는 모양 의태어 단독: 轻轻
슬쩍/슬쩍슬쩍	① 남이 모르는 사이에 재빠르게 하는 모양 의태어 단독: 悄悄/偷/偷偷 ② 표나지 않게 넌지시 하는 모양 의태어 단독: 悄悄/偷偷/不动声色/稍微 동사와 함께: 슬쩍 보았다 看了看 ③ 그다지 힘들이지 않고 가볍게 대하는 모양 의태어 단독: 轻轻/微微/稍微/略微 * 중첩형 ① 자꾸 슬쩍 행동하는 모양 의태어 단독: 用余光/用眼睛余光 (슬쩍슬쩍 곁눈질해보다) 悄悄/不动声色/轻轻/稍微

싱긋	① 눈과 입을 슬며시 움직이며 소리 없이 가볍게 웃는 모양 의태어 단독: 微微/咧嘴 동사와 함께: 싱긋 웃었다 笑了笑, 서로 싱긋 웃는 相视一笑
얼핏	① 지나는 결에 잠깐 나타나는 모양 의태어 단독: 突然/猛然/忽然/乍
와락	① 갑자기 행동하는 모양 ② 어떤 감정이나 생각 따위가 갑자기 솟구치거나 떠오르는 모양 의태어 단독: 一下子/猛地/猛然/使劲/突然/勃然/一把
우뚝/우뚝우뚝	① 두드러지게 높이 솟아 있는 모양 의태어 단독: 高高/突兀/巍然 ② 남보다 뛰어난 모양 의태어 단독: 卓然地/高高地/突出地 * 중첩형 ① 여럿이 우뚝한 모양 의태어 단독: 巍巍/高高 동사와 함께: 우뚝우뚝 솟아 高耸
울컥	① 격한 감정이 갑자기 일어나는 모양 의태어 단독: 突然/一下子/忍不住 ② 눈물이나 피 따위의 액체가 갑자기 나오는 모양 동사와 함께: (눈물이) 울컥 솟았다 夺眶而出
움찔	① 깜짝 놀라 갑자기 몸을 움츠리는 모양 의태어 단독: (吓了)一跳 (움찔 놀라며)
움푹	① 가운데가 우묵하게 푹 들어간 모양

	의태어 단독: (露出了)大坑 동사와 함께: 움푹 들어가다 凹陷/深陷
줄줄	① 굵은 물줄기 따위가 잇따라 부드럽게 흐르는 모양 의태어 단독: 簌簌/涔涔/潸潸 동사와 함께: 줄줄 흘리며 淋漓
질끈	① 단단히 졸라매거나 동이는 모양 의태어 단독: 紧紧 ② 바짝 힘을 주어 사이를 눌러 붙이는 모양 의태어 단독: 紧紧/紧(紧+동사, 紧闭 질끈 감고) /连忙
질질	① 이끄는 대로 힘없이 끌려가는 모양 의태어 단독: 服服帖帖 ② 이야기 따위를 지루하게 자꾸 늘이는 모양 동사와 함께: (말끝이) 질질 늘어졌다 拖着长腔/拖得很长
찔끔	① 액체 따위가 조금 새어 흐르거나 나왔다 그치는 모양 의태어 단독: 轻轻/黯然/几滴
척척	① 물체가 자꾸 바싹 다가붙거나 끈기 있게 들러붙는 모양 의태어 단독: 紧紧/紧(紧+동사, 紧贴)
퉁퉁	① 붓거나 살찌거나 불어서 몸피가 굵은 모양 의태어 단독: (肿得)很高/胖乎乎 동사와 함께: 퉁퉁 부은 红肿
퍼뜩	① 어떤 생각이 갑자기 아주 순간적으로 떠오르는 모양 의태어 단독: 忽然/突然/一下子/猛然/猛地 ② 어떤 물체나 빛 따위가 갑자기 아주 순간적으로 나타나는 모양 의태어 단독: 忽然/突然/一下子/猛然/猛地

	③ 갑자기 정신이 드는 모양 의태어 단독: 一下子/翻然/突然
펄쩍/펄쩍펄쩍	① 가볍고도 힘 있게 뛰거나 솟아오르는 모양 의태어 단독: 猛地/腾地 ② 갑자기 정신이 들거나 놀라는 모양 의태어 단독: 极力/忽然/突然/一下子 동사와 함께: 펄쩍 뛰며 暴跳如雷/大吃一惊/跳起来 * 중첩형 ① 갑자기 가볍고 힘 있게 자꾸 날아오르거나 뛰어오르는 모양 의태어 단독: 猛地 동사와 함께: 펄쩍펄쩍 뛰어다니는 活蹦乱跳 펄쩍펄쩍 뛰며 돌아다니는 活力四射/来回奔跃
펄펄	① 많은 양의 물이나 기름 따위가 계속해서 몹시 끓는 모양 의태어 단독: 咕嘟咕嘟 동사와 함께: 펄펄 끓는 滚滚沸腾 ② 몸이나 온돌방이 높은 열로 몹시 뜨거운 모양 의태어 단독: 热乎乎 동사와 함께: (열이) 펄펄 끓어오른다 滚烫
펑펑	① 액체 따위가 약간 넓은 구멍으로 세차게 쏟아져 나오는 모양 의태어 단독: 哗哗 (눈물을 펑펑 쏟다) ② 눈이나 물 따위가 세차게 많이 쏟아져 내리거나 솟는 모양

	의태어 단독: 纷纷/哗哗 (눈이 펑펑 내리다)
폴짝	① 작은 것이 세차고 가볍게 한 번 뛰어오르는 모양 의태어 단독: 一蹦一跳/一蹦
풀썩	① 맥없이 마구 주저앉거나 내려앉는 모양 의태어 단독: 有气无力/无力地
홀랑	① 조금 가지고 있던 돈이나 재산 따위가 완전히 다 없어지는 모양 의태어 단독: 全部/整个儿地 동사와 함께: 홀랑 털어가는 洗劫
활짝	① 닫혀 있던 것이 한껏 열리는 모양 의태어 단독: 大大/重重 동사와 함께: 활짝 열린 (까만 동공이) 瞪圆 활짝 열리는 敞开/大开 ② 얼굴이 밝거나 가득히 웃음을 띤 모양 의태어 단독: 灿烂 동사와 함께: 활짝 웃으며 满面笑容(笑容满面)/开怀大笑 ③ 접히거나 말려 있던 것을 한껏 벌리거나 펴는 모양 동사와 함께: 활짝 펴고서 挺起
활활	① 옷 따위를 시원스럽게 벗어 버리거나 벗기는 모양 의태어 단독: 痛痛快快/爽利地 ② 불길이 세고 시원스럽게 타오르는 모양 의태어 단독: 呼呼/熊熊/烘烘
후끈	① 뜨거운 기운을 받아서 갑자기 달아오르는 모양 의태어 단독: 骤然/热乎乎
훌쩍	① 단숨에 가볍게 뛰거나 날아오르는 모양

	의태어 단독: 一下子 ② 거침없이 가볍게 길을 떠나는 모양 의태어 단독: 马上
훌훌	① 가벼운 물건을 자꾸 멀리 던지거나 뿌리는 모양 ② 먼지나 부스러기 따위를 잇따라 가볍게 떠는 모양 의태어 단독: 轻轻
훨씬	① 정도 이상으로 넓게 벌어지거나 열린 모양 의태어 단독: 多了/得多/更/还/更加/远远/许多/还要
흘깃	① 가볍게 한 번 흘겨보는 모양 의태어 단독: 悄悄地/(瞥了)一眼
흠뻑	① 물이 푹 내배도록 몹시 젖은 모양 의태어 단독: 동사+透(湿透, 浸透) 동사와 함께: 흠뻑 젖어 湿漉漉/浸湿
히죽	① 만족스러운 듯이 슬쩍 한 번 웃는 모양 의태어 단독: 嘻嘻/咧开嘴
힐끔	① 곁눈으로 슬쩍 흘겨보는 모양 의태어 단독: 偷偷/(扫了)一眼/(瞥了)一眼/(瞄了)一眼 동사와 함께: 看了一下/看了看
힐끗/힐끗힐끗	① 눈동자를 빨리 굴려서 슬쩍 한 번 보는 모양 의태어 단독: 偷偷/悄悄/斜着眼睛/(看了)一眼/(瞟了)一眼/(瞥了)一眼 동사와 함께: 看了看 * 중첩형 ① 가볍게 슬쩍슬쩍 자꾸 흘겨보는 모양 동사와 함께: 힐끗힐끗 주위를 살피며 左顾右盼

2.3. 3음절 의태어

3음절 의태어의 중국어 번역전략을 소개하면 다음과 같다.

〈표40〉 3음절 의태어 번역전략

의태어	번역전략
갈가리	① '가리가리'의 준말. 여러 가닥으로 찢어진 모양 의태어 단독: (撕得)粉碎/(撕成)片片 동사와 함께: 갈가리 잘려져서(찢어져서) 切碎/撕碎
배시시	① 입을 조금 벌리고 소리 없이 가볍게 웃는 모양 의태어 단독: 抿嘴/嘻嘻地
부르르	① 무섭거나 추워서 몸을 움츠리면서 갑자기 몸을 벌벌 떠는 모양 의태어 단독: 猛地/瑟瑟/剧烈 동사와 함께: 부르르 떠는 颤抖
빙그레	① 입을 약간 벌리고 소리 없이 부드럽게 웃는 모양 의태어 단독: 微微 동사와 함께: 빙그레 웃으며 面带微笑/微笑
스르르	① 눈이나 얼음 따위가 저절로 슬슬 녹는 모양 의태어 단독: 渐渐 ② 졸음이 슬며시 오는 모양 의태어 단독: 不知不觉 ③ 눈을 슬며시 감거나 뜨는 모양 의태어 단독: 静静/轻轻 ④ 미끄러지듯 슬며시 움직이는 모양

	의태어 단독: 轻轻地/自动
우르르	① 사람이나 동물 따위가 한꺼번에 움직이거나 한곳에 몰리는 모양 의태어 단독: 呼啦 동사와 함께: 우르르 몰려와 蜂拥/一拥而上
우수수	① 물건이 수북하게 쏟아지는 모양 의태어 단독: 统统/全部
주르르	① 굵은 물줄기 따위가 빠르게 흘러내리는 모양 의태어 단독: 潸然 ② 물건 따위가 비탈진 곳에서 빠르게 미끄러져 내리는 모양 의태어 단독: 哗啦啦
지그시	① 슬며시 힘을 주는 모양 의태어 단독: 轻轻/悄悄/微/缓缓
찌르르	① 움직임이나 열, 전기 따위가 한 지점에서 주위로 빠르게 퍼져 나가는 모양 의태어 단독: 麻酥酥
파르르	① 가볍게 조금 떠는 모양 의태어 단독: 瑟瑟/微微/轻轻
화들짝	① 별안간 호들갑스럽게 펄쩍 뛸 듯이 놀라는 모양 의태어 단독: 赫然/(吓)一跳 동사와 함께: 大吃一惊/大惊失色/大惊

2.4. 4음절 의태어

4음절 의태어의 중국어 번역전략을 소개하면 다음과 같다.

〈표41〉 4음절 의태어 번역전략

의태어	번역전략
가물가물	① 물체가 보일 듯 말 듯 자꾸 희미하게 움직이는 모양 의태어 단독: 渐渐/隐约/隐隐约约
겅중겅중	① 긴 다리를 모으고 계속 힘 있게 솟구쳐 뛰는 모양 의태어 단독: 蹦蹦跳跳/有力地 동사와 함께: 겅중겅중 뛰고 蹦蹦跳跳/蹦跳起来/一蹦一跳
고래고래	① 몹시 화가 나서 남을 꾸짖거나 욕을 할 때 목소리를 한껏 높여 시끄럽게 외치거나 지르는 모양 의태어 단독: 高声/大声/放声 동사와 함께: 고래고래 (소리를) 지르는 疾声大呼/哇哇大叫
구불구불	① 이리로 저리로 구부러지는 모양 의태어 단독: 蜿蜒/崎岖/弯弯曲曲/蜿蜒曲折 동사와 함께: 구불구불 흐르는(굽은) 弯弯曲曲/曲曲折折/蜿蜒曲折
꼬치꼬치	① 낱낱이 따지고 캐어묻는 모양 동사와 함께: 刨根问底/问长问短/追根究底
꾸벅꾸벅	① 머리나 몸을 자꾸 앞으로 많이 숙였다가 드는 모양 의태어 단독: 点头/连连/一点一点
꾸역꾸역	① 음식 따위를 한꺼번에 많이 넣고 잇따라 씹는 모양 의태어 단독: 一口一口地/大口(吞下) (꾸역꾸역 삼키며)

	② 한군데로 많은 것이 잇달아 들어오거나 몰려나오는 모양 의태어 단독: 一批批/一群群/接连/不停/备不顾身 동사와 함께: 꾸역꾸역 내려오고 落满/蜂拥而至
넙죽넙죽	① 연이어 넙죽거리는 모양 의태어 단독: 不停地/干脆利落 동사와 함께: 넙죽넙죽 받아마셨다 一饮而尽
느릿느릿	① 동작이 재지 못하고 매우 느린 모양 의태어 단독: 慢吞吞/缓慢地/慢慢地/慢腾腾
드문드문	① 공간적으로 촘촘하지 않고 떨어져 있는 모양 의태어 단독: 零星/零落/疏散/星星点点/稀稀拉拉
듬성듬성	① 촘촘하지 아니하고 드물고 성긴 모양 의태어 단독: 零星/稀疏/稀稀落落/星星点点
또박또박	① 한 마디 한 마디 똑똑하게 말을 하거나 글을 읽는 모양 의태어 단독: 一字一顿/清楚地
멀뚱멀뚱	① 눈빛이나 정신 따위가 멍청하고 생기가 없는 모양 의태어 단독: 出神地/呆呆地
무럭무럭	① 순조롭고 힘차게 잘 자라는 모양 의태어 단독: 茁壮地/茂盛地 ② 연기나 냄새, 김 따위가 계속 많이 피어오르는 모양 의태어 단독: 一股股地/一团团地
물끄러미	① 우두커니 한 곳만 바라보는 모양 의태어 단독: 呆呆地/愣愣地/出神地/怔怔地/茫然地
바들바들	① 몸을 자꾸 작게 바르르 떠는 모양 의태어 단독: 瑟瑟/哆哆嗦嗦 동사와 함께: 바들바들 떨리고 哆嗦/哆哆嗦嗦/抖个不停

	/战栗
부글부글	① 많은 양의 액체가 잇따라 야단스럽게 끓는 모양 의태어 단독: 咕嘟咕嘟/噗噜噗噜 동사와 함께: 부글부글 끓고 翻滚
부들부들	① 몸을 자꾸 크게 부르르 떠는 모양 의태어 단독: 瑟瑟 동사와 연계: 抖个不停/哆哆嗦嗦
비틀비틀	① 힘이 없거나 어지러워서 몸을 바로 가누지 못하고 계속 이리저리 쓰러질 듯이 걷는 모양 의태어 단독: 蹒跚/摇摇晃晃/踉踉跄跄/歪歪倒倒
빙글빙글	① 큰 것이 잇따라 미끄럽게 도는 모양 의태어 단독: 滴溜溜 동사와 함께: 빙글빙글 돌아가는 转圈
살금살금	① 남이 알아차리지 못하도록 눈치를 살펴 가면서 살며시 행동하는 모양 의태어 단독: 悄悄/轻轻/不知不觉地
송골송골	① 땀이나 소름 따위가 자잘하게 많이 솟아나는 모양 의태어 단독: 颗颗/涔涔
슬그머니	① 남이 알아차리지 못하게 슬며시 행동하는 모양 의태어 단독: 偷偷/悄悄/轻轻/慢慢/微微
슬금슬금	① 남이 알아차리지 못하도록 눈치를 살펴 가면서 슬며시 행동하는 모양 의태어 단독: 悄悄/偷偷/不动声色
안절부절	① 마음이 초조하고 불안하여 어찌할 바를 모르는 모양 의태어 단독: 坐立不安/不安
엉거주춤	① 선 것도 아니고 앉은 것도 아닌 자세로 주춤거리는 모양

	의태어 단독: 弓着腰/猫着腰 ② 이러지도 저러지도 못하고 망설이는 모양 의태어 단독: 踌躇/不知所措/犹豫不决/犹犹豫豫
엉금엉금	① 큰 동작으로 느리게 걷거나 기는 모양 의태어 단독: 慢腾腾/慢吞吞/慢悠悠/慢慢腾腾/慢慢吞吞
우물우물	① 음식물을 입안에 넣고 시원스럽지 아니하게 자꾸 씹는 모양 의태어 단독: 咕容咕容/不停地
우물쭈물	① 말이나 행동 따위를 분명하게 하지 못하고 자꾸 망설이며 몹시 흐리멍덩하게 하는 모양 의태어 단독: 支支吾吾/吞吞吐吐/半吞半吐/犹豫不定/犹犹豫豫
이글이글	① 불이 발갛게 피어 잇따라 불꽃이 어른어른 피어오르는 모양 의태어 단독: 炎炎/熊熊/炽盛/热乎乎
이리저리	① 말이나 행동을 뚜렷하게 정함이 없이 이러하고 저러하게 되는 대로 하는 모양 의태어 단독: 稀里糊涂/四处/千方百计/到处 滴溜溜(이리저리 굴렀다) 동사와 함께: 이리저리 돌려보다 四处张望 이리저리 뛰거든 乱动 이리저리 굴러다니는 四散 이리저리 생각하다 左思右想 이리저리 움직이며 动来动去/跑来跑去/吹来吹去

	이리저리 떠다니고 있다 漂泊不定 이리저리 휩쓸리고 있다 滚滚而来 이리저리 두리번거릴 左顾右盼 이리저리 쏠리는 东倒西歪
절레절레	① 머리를 좌우로 자꾸 흔드는 모양 의태어 단독: 连连/不停地/不住地/不断 동사와 함께: 절레절레 저으며 摇了摇/一摇一摇/晃来晃去
주렁주렁	① 열매 따위가 많이 매달려 있는 모양 의태어 단독: 胖嘟嘟/丰硕 동사와 함께: 주렁주렁 매달고 挂满 주렁주렁 달리다 累累
주섬주섬	① 여기저기 널려 있는 물건을 하나하나 주워 거두는 모양 의태어 단독: 一一收拾起来/一个一个地/一把一把地
주춤주춤	① 어떤 행동이나 걸음 따위를 망설이며 자꾸 머뭇거리는 모양 의태어 단독: 踌躇/犹犹豫豫/迟迟疑疑
타박타박	① 힘없는 걸음으로 조금 느릿느릿 걸어가는 모양 의태어 단독: 有气无力/一拖一拖/轻轻地
터덜터덜	① 지치거나 느른하여 무거운 발걸음으로 힘없이 계속 걷는 모양 의태어 단독: 慢腾腾/慢慢腾腾
허겁지겁	① 조급한 마음으로 몹시 허둥거리는 모양 의태어 단독: 慌乱/慌忙/慌慌张张/慌里慌张/急匆匆 狼吞虎咽(게눈 감추듯 허겁지겁 먹다)/ 手忙脚乱
허둥지둥	① 정신을 차릴 수 없을 만큼 갈팡질팡하며 다급하게

	서두르는 모양 의태어 단독: 匆匆/慌里慌张/慌慌张张/急急忙忙/手忙脚乱
화끈화끈	① 몸이나 쇠 따위가 뜨거운 기운을 받아 잇따라 갑자기 달아오르는 모양 의태어 단독: 热辣辣/热烘烘/火辣辣
흐물흐물	① 푹 익어서 매우 무른 모양 의태어 단독: 烂糊糊/软软糊糊

부록

1. 작품별 의태어 번역과 생략 상황

〈부록 표1〉 『고래』와 『혀』: 의태어 번역과 생략 상황[1]

『고래』	『혀』
(1) 가득4: 71. ×, 274. ×, 288. 가득 (들어찼기) 摆满(동사+결과보어), 290. 가득 (채우고) 充满 (2) 가물가물: 6.渐渐 (3) 갈가리: 153. × (4) 겅중겅중: 136. 有力(형) (5) 구불구불3: 51. 蜿蜒(형: 꿈틀꿈틀 기어가는 모양. 구불구불하다), 185. 崎岖 ((산길이) 험난하다. 울퉁불퉁하다), 278. 崎岖 (6) 그렁그렁2: 34. ×, 66. 그렁그렁 (맺힌) 盈满双眼(두 눈에 충만하다. 그득하다 盈满 동) (7) 기우뚱: 226. × (8) 깜빡2: 33. ×, 215. × (9) 깜짝5: 76. 깜짝 (놀라) 大吃一惊(성어: 깜짝 놀라다), 118. 깜짝 (놀라고) 惊呆, 172. 大为(吃惊) (부: 크게, 대단하게), 202. ×, 265. 吃惊	(1) 가득: 18. 가득 (철철 넘치게 따라선) (倒上)满满 (2) 갈가리: 136. 갈가리(찢어버린다) (撕得)粉碎(동: 분쇄하다, 가루로 만들다) (3) 구불구불: 217. 弯弯曲曲(AABB) (4) 기신기신: 23. 慢腾腾(ABB) (5) 기우뚱: 127. 기우뚱 (축이 흔들린다) 左右 (摇摆) (6) 까딱까딱: 28. × (7) 깜짝2: 71. 깜짝 (놀라) 大吃一惊, 138. 깜짝 (놀라) 吃惊 (8) 꼭2: 176. 꼭 (갖다붙이고는) 紧(贴), 195. 紧紧 (9) 꼭꼭: 9. 꼭꼭 (닫아두었던) (关得)严严实实 (AABB) (10) 꽁꽁2: 69. 꽁꽁 (언) 冰封(동: 얼음으로 뒤덮이다. 꽁꽁 얼어붙은), 78. 꽁꽁 (얼린) (冻得)结结实实

1 아래 도표를 (1)번을 예로 들어 설명하면, '가득 4'에서 숫자 4는 '가득'이 『고래』에 4회 출현한다는 뜻이고, '×' 표시는 의태어를 생략하고 번역하지 않았음을 나타낸다. '71, 274' 등은 『고래』에서 해당 의태어가 출현하는 순서이다. 그리고 수식받는 동사와 함께 번역한 경우는 '가득 (들어찼기)'에서 볼 수 있듯이 ( )안에 동사를 함께 표기하였다.

(10) 깜짝깜짝: 219. 깜짝깜짝 (놀랐고) 大惊失色(성어: 대경실색하다)

(11) 꼬깃꼬깃: 69. 整整齐齐(번역자가 꼬깃꼬깃의 뜻을 제대로 이해하지 못 한 듯하다)

(12) 꼬박꼬박2: 184. ×, 253. (이 부분이 포함된 한 단락을 번역자가 번역하지 않음)

(13) 꼭: 103. 紧紧(AA)

(14) 꽁꽁3: 19. ×, 178. ×, 242. 꽁꽁 (묶어) 五花大绑(성어: 꽁꽁 얽어매다)

(15) 꾸역꾸역3: 198. 奋不顾身(성어: 자신의 생명을 돌보지 않고 용감하게 앞으로 돌진해 가다), 237. ×, 244. 一口一口地 (수량사 중첩)

(16) 꾸불꾸불: 259. 崎岖(형: 산길이 울퉁불퉁하다)

(17) 꿈틀2: 78. 轻轻地(AA), 85. 꿈틀 (움직였다) 蠕动(꿈틀거리다. 연동 운동을 하다)

(18) 넙죽넙죽: 241. ×

(19) 느릿느릿5: 138. 慢吞吞(ABB 행동이 느린 모양, 느릿느릿하다), 147. 慢吞吞, 171. 慢吞吞, 175. 慢吞吞, 188. 慢吞吞

(20) 댕강: 47. ×

(21) 덜컥4: 73. 竟然(부: 뜻밖에, 결국, 마침내), 106. 猛地, 137. 忽然, 168. 贸然(부: 경솔하게, 성급하게, 무턱대고)

(11) 꽉19: 12. ×, 16. 紧紧(AA), 30. 紧紧, 34. 满满当当(AABB), 36. 꽉 (눌린) (压抑)住(동사+결과보어), 54. 꽉 (마주 잡은 채) 紧握 72. 꽉 (차) 丰富, 85. ×, 86. 꽉 (쥐면) 捏紧(동사+紧), 116. 使劲, 118. 一下子(단시간에, 갑자기), 133. 꽉 찬 饱满(형: 풍만하다, 충만하다), 134. 꽉 (잡았다) (攥得更)紧, 141. 꽉 (찰) 爆满(동: 꽉 차다, 만원이 되다), 162. ×, 171. 紧紧(AA). 179. ×, 203. 꽉 (움켜쥔) 紧(握), 212. 紧紧

(12) 꽝꽝2: 201. 结结实实(AABB), 209. 结结实实

(13) 꾸벅꾸벅: 128. ×

(14) 꾸역꾸역: 37. 꾸역꾸역 (목 안으로 삼키며) 大口(吞下)

(15) 꾹7: 57. 꾹 (눌렀다) 顶了顶(동사중첩), 63. ×, 81. ×, 146. 使劲, 178. ×, 186. 꾹 (참곤) 强忍(동: 억지로 참다), 214. ×

(16) 꾹꾹2: 119. ×, 124. ×

(17) 노릇노릇: 1. ×

(18) 느릿느릿5: 11. 慢吞吞(ABB), 90. 慢吞吞, 185. 慢吞吞, 194. 慢吞吞, 198. 缓慢(형: 느리다)

(19) 대롱대롱: 177. ×

(20) 덥석: 120. ×

(21) 돌돌: 109. ×

(22) 동동: 200. ×

(22) 덥석3: 239. 猛地, 251. 猛地, 281. 猛地
(23) 동동: 205. 连连(부: 줄곧, 계속해서)
(24) 두근두근: 156. 忐忑(형: 두근거리다)
(25) 둘둘: 43. ×
(26) 둥실: 289. ×
(27) 들들: 282. ×
(28) 듬성듬성: 186. 稀稀落落(AABB 드문드문하다, 듬성듬성하다)
(29) 딱3: 26. (입을) 딱 (벌렸다) 目瞪口呆(성어: 눈을 크게 뜨고 입을 벌리다. 아연실색하다, 놀란 모습 형용), 163. (입을) 딱 (벌렸다) 瞠目结舌(성어: 눈만 크게 뜬 채 말을 못하다. 난처하거나 놀라서 멍한 모양), 193. ×
(30) 뚝: 211. ×
(31) 뚝뚝4: 72. ×, 111. ×, 131. ×, 170. 뚝뚝 (떨어져) 滴落
(32) 뚝딱2: 125. ×, 197. ×
(33) 띄엄띄엄: 96. 断断续续(AABB)
(34) 모락모락3: 32. ×, 35. ×, 126. ×
(35) 문득2: 104. 突然, 118. 下意识 (무의식적으로, 엉겁결에)
(36) 문득문득4: 68. 突然, 260. 突然, 272. 不时地(부: 종종, 때때로), 273. 偶尔(부: 간혹, 이따금, 때때로)
(37) 뭉텅: 233. ×
(38) 바들바들3: 40. 瑟瑟, 48. 바들바들

(23) 등등3: 83. ×, 145. ×, 182. 轻轻
(24) 듬뿍3: 74. ×, 143. ×, 204. ×
(25) 딱4: 32. ×, 56. ×, 66. 딱 (갖다 붙이고) 紧贴(紧+동사), 157. ×
(26) 때글때글: 101. ×
(27) 떡: 7. 떡 (벌어진) 舒展
(28) 뚝뚝4: 13. 뚝뚝 (흘리며) 滂沱(형: 눈물을 많이 흘리는 모양. 줄줄 흐른다) 14. 뚝뚝 (떨어졌다) 滚落, 192. 뚝뚝 (떨어지는) 滴落(동: (액체가) 뚝뚝 떨어지다), 202. 뚝뚝 (떨어지는) 滴答
(29) 멀뚱멀뚱: 132. ×
(30) 무럭무럭: 97. ×
(31) 문득2: 180. 突然, 198. 突然
(32) 물끄러미3: 10. 呆呆(AA), 53, 呆呆, 125. 呆呆
(33) 바삭바삭: 2. 香脆
(34) 바싹3: 21. 바싹 (말린) 晒透(동사+결과보어), 89. 바싹 (마른) 干巴巴, 184. 很紧
(35) 바짝2: 122. 바짝 (마른) 干瘦(빼빼 마르다, 깡마르다: 원천텍스트의 바짝 마른은 건조되었다는 의미임으로 번역이 잘못 됨), 137. ×
(36) 반짝2: 47. 闪闪(형 번쩍거리다, 번쩍번쩍 하다), 183. 반짝 (빛난다) 闪光(반짝이다, 빛나다)
(37) 반짝반짝: 209. 闪闪
(38) 뱅그르르: 126. ×

(떨고 있었다) 浑身发抖(온몸이란 단어로 어느 정도 해석해 내고 있다.), 62. 瑟瑟
(39) 바싹5: 9. ×, 14. ×, 164. (抱得更)紧, 203. 바싹 (밀어붙여) 贴紧(동사+紧), 283. 格外(부)
(40) 바짝: 192. 바짝 (다가간) 紧贴 (紧+동사)
(41) 바짝바짝: 142. ×
(42) 반짝반짝: 173. 闪闪
(43) 발칵: 148. 발칵 (뒤집어놓을) 天翻地覆(성어: 천지가 뒤집히는 듯하다)
(44) 배시시3: 23. 해당 문장을 포함한 한 단락을 번역하지 않음, 86. 이 부분은 해석하지 않았다. 213. ×
(45) 버럭2: 177. 버럭 (화를 내며) 恼羞成怒(성어: 부끄럽고 분한 나머지 성을 내다), 212-2, 勃然(형: 갑작스런 모양, 갑자기 노하거나 흥분하는 모양)
(46) 번쩍7: 61. ×, 121. ×, 192. 猛地, 193. 猛然, 216. ×, 231. 번쩍, (번개가)一道(闪电)(수량사), 262. 번쩍 (치켜 올리며) 高举
(47) 번쩍번쩍: 152. 闪闪(AA)
(48) 벌떡5: 10. ×, 104. 猛地, 105. 猛地, 112. 猛地, 275. 猛地
(49) 벌컥: 93. 猛地
(50) 부들부들3: 25. 轻轻(AA), 54. 부들부들 (떨었다) 浑身发抖(온몸이란 단

(39) 번쩍2: 52. ×, 147. 一亮
(40) 번쩍번쩍: 105. 闪闪
(41) 벌떡: 55. ×
(42) 벌러덩: 135. ×
(43) 벌벌2: 197. ×, 207. 那么厉害
(44) 부글부글: 100. ×
(45) 부들부들: 160. 瑟瑟
(46) 부르르4: 29. 剧烈, 58. 부르르 (떨며) 甩了甩(동사중첩), 61. 부르르 (흔들어댔다) 晃了晃(동사중첩), 68. 瑟瑟
(47) 불쑥3: 173. 突然 , 191. 竟然(부: 뜻밖에도, 결국, 마침내), 211. ×
(48) 비죽: 107. ×
(49) 빙글빙글2: 111. ×, 181. ×
(50) 빙2: 150. ×, 178. ×
(51) 빙빙: 110. 빙빙 (돌기) 转来转去 (A来A去)
(52) 뻥: 193. 豁然(형: 마음이 확(활짝) 트인 모양(뚫린 모양))
(53) 살랑살랑: 220. 轻轻
(54) 살며시: 10. 轻轻
(55) 살짝2: 35.7 偷偷, 204. 轻轻
(56) 성큼: 17. 성큼 (한 걸음) 一大步
(57) 성큼성큼: 51. 大步流星(큰 걸음으로 빠르게 걷다, 성큼성큼 걷다)
(58) 솔솔: 112. ×
(59) 숭숭: 102. 无数(형: 매우 많다, 무수하다)
(60) 스르르2: 66. ×, 148. 渐渐(부)

어로 어느 정도 해석해 내고 있다), 117. 瑟瑟

(51) 부르르3: 39. 猛地, 80. 부르르 (떠는) 浑身(颤抖), 202. 부르르 (몸을 떨며) 瑟瑟(发抖)

(52) 불끈3: 95. ×, 227. × 228. 불끈 (쥐고) 紧握(紧+동사)

(53) 불쑥5: 53. 赫然(형), 179. ×, 232. ×, 267. 突然, 271. 突然

(54) 비시시3: 187. ×, 196. ×, 223. 비시시 (웃어 보였다) 笑了笑

(55) 비죽: 209. ×

(56) 비질비질: 123. ×

(57) 빙: 24. ×

(58) 빙빙3: 20. ×, 135. ×, 240. 拐弯抹角(성어: 구불구불한 길을 따라가다, 비유: (말 · 글을) 빙빙 돌려서 하다)

(59) 빙그레14: 67. ×, 81. 빙그레 (웃으며) 面带微笑, 87. 빙그레 (웃으며) 面带微笑, 88. 빙그레 (웃으며) 面带微笑, 99. 빙그레 (웃으며) 面带微笑, 100. ×, 101. 빙그레 (웃어) 微笑, 174. 빙그레 (웃기만) 微笑, 183. ×, 207. 빙그레 (웃으며) 微笑, 210. ×, 258. 轻轻, 270. 빙그레 (웃었다) 微笑, 291. 빙그레 (웃었다) 微笑

(60) 빙긋: 268. 빙긋 (웃었다) 微笑

(61) 뻘뻘: 15. (땀을) 뻘뻘 (흘리면서도) 汗流满面(성어: 얼굴이 온통 땀투성이다. 땀이 아주 많이 나는 모양을

(61) 스르륵: 94. ×

(62) 슥2: 92. ×, 151. ×

(63) 슬금슬금: 65. 悄悄

(64) 슬슬: 46. ×

(65) 슬쩍: 11. ×

(66) 싱긋: 98. (서로) 싱긋 (웃는) 相视一笑

(67) 쏙: 139. ×

(68) 쑥6: 15. ×, 38. 突然, 165. ×, 172. ×, 188. 猛地, 210. ×

(69) 쑥쑥3: 70. ×, 104. ×, 218. ×

(70) 씩: 21. ×

(71) 엉거주춤2: 62. 连连, 75. 不知所措(성어: 어찌할 바를 모르다, 갈팡질팡하다)

(72) 오소소: 205. 纷纷

(73) 오슬오슬: 163. 瑟瑟

(74) 와락: 123. 使劲

(75) 우렁우렁: 115. ×

(76) 우르르: 43. ×

(77) 울컥: 196. 忍不住(참을 수 없다)

(78) 움푹: 142. ×

(79) 자르르: 4. ×

(80) 절레절레: 140. 连连

(81) 조각조각: 82. ×

(82) 조물조물: 40. ×

(83) 주렁주렁2: 5. 丰硕(형: (과일) 크고 많다), 49. ×

(84) 죽2: 44. (일렬로) 죽 (늘어서서) 排列成行(늘어서 있다), 48. ×,

묘사)

(62) 삐죽2: 4.×, 225. ×

(63) 사뿐사뿐: 167. 迈着轻快的步子

(64) 살금살금2: 247. 轻轻(AA), 257. 悄悄(AA)

(65) 살살3: 28. 轻轻(AA), 30. ×, 243. ×

(66) 살짝: 59. 轻轻(AA)

(67) 설핏: 64. ×

(68) 성큼성큼5: 60. 大步流星(성어: 큰 걸음으로 빠르게 걷다), 61. 大步(大+명사), 72. 大步流星, 75. 大步(大+명사), 155. 大步(大+명사)

(69) 송골송골: 8, ×

(70) 숭숭3: 18. (구멍이) 숭숭 (뚫려) 千疮百孔(성어: 만신창이, 구멍투성이), 169. ×, 38. ×

(71) 스르르: 5. ×

(72) 슬그머니: 57. 悄悄(AA)

(73) 슬금슬금: 224. 不动声色(성어: 아무런 내색을 않다, 태도가 침착하다)

(74) 슬슬2: 127. ×, 132. ×

(75) 싹: 248. ×

(76) 쑥쑥: 134. ×

(77) 씩: 263. ×

(78) 아장아장: 139. ×

(79) 애면글면: 82. 无微不至(성어: 미세한 것 까지 이르지 않음이 없다. (관심이나 보살핌이) 매우 세밀하고 두루 미치다)

(80) 얼기설기2: 1. ×, 234. ×

(85) 줄줄: 103. ×

(86) 줄줄줄: 189. 慢慢

(87) 지그시2: 57. 轻轻, 187. 轻轻

(88) 질질3: 152. ×, 175. ×, 206. ×

(89) 짝짝: 130. 짝짝 (달라붙는) 紧致 (紧+동사)

(90) 쩍2: 31. ×, 159. ×

(91) 쭉3: 45. ×, 161-1. 无力, 216. ×

(92) 찌르르: 117. 清晰(형: 뚜렷하다, 생생하게)

(93) 찰랑찰랑: 144. ×

(94) 척척: 113. 척척 (들러붙는) 紧贴 (紧+동사)

(95) 철철: 18. (가득) 철철 (넘치게 따라선) (倒上)满满

(96) 쿡: 25. ×

(97) 쿡쿡3: 22. ×, 26. ×, 64. 汪汪 (의성어로 대체)

(98) 터벅터벅: 121. ×

(99) 텅: 6. 텅 (비워두는) 空空如也,(성어: 텅 비어 아무 것도 없다)

(100) 털레털레: 77. ×,

(101) 톡3: 3. ×, 73. ×, 174. 톡 (쏘는) 强烈

(102) 톡톡: 149. ×

(103) 툭: 166. ×

(104) 툭툭4: 35. ×, 41. ×, 169. ×, 219. 纷纷

(105) 퉁퉁: 153. ×

(106) 파르르: 213. 파르르 (떨며) 剧烈

(81) 얼핏: 254. ×

(82) 엉거주춤3: 191. 丑陋不堪(용모나 모양이 추하다: 번역자가 본 문장의 '엉거주춤'의 뜻을 제대로 이해하지 못한 듯하다.), 266. 呆呆(AA), 269. 不知所措(성어: 어찌할 바를 모르다.)

(83) 옴폭: 21. 옴폭(들어간) 深陷(깊이 빠지다)

(84) 와락6: 57. ×, 77. 伸手(동: 손을 내밀다), 202. ×, 214. ×, 255. ×, 276. 猛地

(85) 왈칵2: 105. 用力(동), 204. ×

(86) 우뚝6: 59. ×, 13. 高高, 90. 뚝 (서 있었다) 矗立(우뚝 솟다), 120. 우뚝 (서 있었다) 耸立(우뚝 솟다), 246. 傲然(형: 꼿꼿하여 굽히지 않는 모양, 굳센 모양), 116. 猛地

(87) 우수수: 195. ×

(88) 울컥2: 12. 突然, 245. ×

(89) 움푹: 230. 움푹 (패었다) (露出了) 大坑

(90) 이글이글2: 7. 熊熊(AA), 46. ×

(91) 이러쿵저러쿵: 149. ×

(92) 자근자근: 41. ×

(93) 절레절레: 27. 连连

(94) 주렁주렁2: 2. 胖嘟嘟(형: 뒤룩뒤룩 살진 모양. 포동포동하다 ABB), 143. 주렁주렁 (매달고) 挂满(동사+결과보어)

(95) 주르르2: 124. 哗啦啦(의성어: 건물

(107) 팔딱팔딱: 213. 팔딱팔딱 (뛰다가) 奋力挣扎(힘을 내다, 발버둥치다)

(108) 팔팔: 131. ×

(109) 퍼뜩: 158. 突然

(110) 펄쩍: 93. 猛地

(111) 펄쩍펄쩍2: 91. 猛地, 221. 펄쩍펄쩍 (뛰어다니는) 活蹦乱跳(성어: 펄펄 뛰다. 활기찬 모양)

(112) 펄펄3: 88. ×, 120. 펄펄 (끓어오른다) 滚烫, 199. ×

(113) 푹7: 60. 푹 (젖은) 浸湿(흠뻑 젖다), 79.×, 156.孟地, 161-2. ×, 203. 深深, 208. ×, 215. ×

(114) 푹푹: 8. 푹푹 (찌곤 했었다) 无比(闷热)

(115) 풀썩: 80. 无力

(116) 픽: 106. 突然

(117) 허겁지겁: 87. 허겁지겁 (덤비듯 먹지 않고) 狼吞虎咽(성어: 게걸스럽다, 게눈 감추듯 하다)

(118) 화르르: 59. 화르르 (휘날렸다) 四处 (纷飞)

(119) 확: 190. 猛地

(120) 확확: 84. 明显

(121) 활짝5: 19. 重重(AA), 24. 활짝 (열린) 瞪圆(눈이 휘둥그레진다), 33. ×, 99. 灿烂, 108. 大声(大+명사)

(122) 후다닥: 42. 使劲(동사: 힘을 쓰다)

(123) 훅2: 20. 훅 (끼친다) 扑面(而来) (확 스쳐오다, 얼굴에 확 스쳐오다), 27.

이 붕괴될 때 나는 소리), 286. 潸然(형: 눈물을 흘리는 모양)

(96) 주섬주섬2: 107. ×, 165. ×

(97) 주춤주춤: 200. 纷纷(AA)

(98) 죽: 240. (입이) 죽 (찢어져) 合不拢嘴(입을 다물지 못하다)

(99) 줄줄3: 37. 줄줄 (흘리며) 淋漓 (흠뻑 젖어 뚝뚝 떨어지다. 줄줄 흐르다) 181. ×, 220. 줄줄 (새고) 到处 (漏水)

(100) 질겅질겅2: 208. ×, 280. ×,

(101) 질끈3: 70. 질끈 (감고) 紧闭 (紧+동사), 190. 질끈 (감고) 紧闭, 235. ×

(102) 질질3: 97. ×, 119. ×, 122. ×

(103) 쪼르르: 160. 大步

(104) 쫙: 145. 忽然

(105) 찌르르: 16. ×

(106) 찔끔: 238. 轻轻

(107) 차곡차곡4: 150. ×, 189. ×, 201. ×, 250. ×

(108) 찰싹: 162. 찰싹 (달라붙은) 紧贴(紧+동사)

(109) 처덕처덕2: 11. 紧紧(AA), 94. ×

(110) 축: 279. ×

(111) 치렁치렁: 212-1. ×

(112) 칭칭: 140. 칭칭 (감겨) 缠满

(113) 쿡쿡: 236. ×

(114) 타박타박: 159. 迈着沉重的脚步

(115) 터덜터덜: 52. 慢腾腾(ABB 행동이 느린 모양, 느릿느릿하다)

(116) 털썩: 117. ×

油然(형 ①구름 따위가 뭉게뭉게 이는 모양, ②생각이나 감정이 저절로 일어나는 모양)

(124) 훅훅2: 39. 훅훅 (뜨거워지는) 滚烫(몹시 뜨겁다. 펄펄 끓다, 불덩이 같다), 114. 훅훅 (뜨거운) 热乎乎 (매우 뜨겁다, 뜨끈뜨끈하다)

(125) 훌쩍: 67. ×

(126) 훌훌2: 50. 轻轻, 95. ×

(127) 훨훨: 170. ×

(128) 휘청휘청: 164. 踉踉跄跄(AABB)

(129) 휘휘: 180. 使劲

(130) 휙: 90. ×

(131) 흐물흐물: 96. ×

(132) 흘깃: 129. 悄悄

(133) 흠뻑2: 154. 흠뻑 (젖으면) 浸透(동: (흠뻑) 적시다, (속속들이) 배다), 155. 흠뻑 (젖은) 浸湿((동: 적시다, 축축해진다) → '浸透'가 '浸湿'보다 강도가 더 세다.

(134) 히죽: 168. 嘻嘻

(135) 힐끔2: 76. ×, 167. 偷偷

(117) 텅4: 12. 텅 (빈) 空荡荡, 249. 텅 (빈) 空荡荡, 261. 텅 (비어 있었다) 渺无人迹(사람들 흔적을 찾기 힘들다), 290. 텅 (빈) 无尽(끝이 없다, 무한하다) (118) 톡: 56. 闷闷不乐(성어: 시무룩한, 마음이 답답하고 울적) (119) 툭툭2: 8. ×, 22. × (120) 퉁퉁3: 31. ×, 98. 퉁퉁 (붓도록) 红肿(빨갛게 붓다), 194. 퉁퉁 (부은) 红肿 (121) 퍼뜩7: 49. 猛然, 65. 猛地, 83. 翻然(부: 불현 듯이), 89. 突然, 92. 猛然, 157. ×, 264. 突然 (122) 펄쩍3: 110. 极力(동: 있는 힘을 다하다. 주력하다), 141. ×, 218. 펄쩍 (뛰며) 暴跳如雷(성어: 화가 나서 천둥같이 펄쩍 뛰다) (123) 펄펄: 151. × (124) 폭삭: 285. × (125) 폴짝: 58. × (126) 푹: 36. × (127) 푹푹: 284. 푹푹 (빠지는) 很容易(陷进去) (128) 풀썩2: 63. ×, 84. 有气无力(성어: 맥이 없다, 맥이 풀리다) (129) 피식4: 102. ×, 133. 莞尔(형: 빙그레(빙긋) 웃는 모양), 199. 피식 (웃으며) 笑了笑, 217. 피식 (웃으며) 笑了笑	

(130) 픽2: 41. 픽 (웃더니) 笑了笑, 176. ×

(131) 허겁지겁9: 3.慌乱。91. 急匆匆(ABB), 115. 慌里慌张(형: 허둥지둥하는 모양, 갈팡질팡하는 모양), 125. (게눈 감추듯) 허겁지겁 狼吞虎咽 (성어: 게걸스럽게 먹다, 꿀꺽 삼키다), 128. 狼吞虎咽, 144. 急匆匆, 154. 慌慌张张(AABB 허둥지둥, 허겁지겁), 180. 手忙脚乱(성어: 몹시 바빠서 이리 뛰고 저리 뛰다. 허둥지둥하다), 252. 狼吞虎咽(성어)

(132) 허둥지둥: 146. 匆匆(AA 분주한 모양, 황급한 모양)

(133) 헤: 29. 笑呵呵(ABB 허허 웃는 모양)

(134) 홀쭉2: 186. 홀쭉 (들어간) 消瘦, 187. 홀쭉 (들어간) 消瘦

(135) 화들짝3: 17. 赫然(형 몹시 화나는 모양, 놀라운 것이 갑자기 눈에 띄는 모양), 74. 화들짝 (놀라) 大惊(大+동사), 277. 이 부분이 포함된 한 단락은 번역자가 번역하지 않음

(136) 활짝3: 79. 肆无忌惮(성어: 방자하여 거리낌이 없다. 제멋대로 하다), 114. ×, 182. ×

(137) 활활2: 161 痛痛快快(AABB), 287. 熊熊(형: 활활, 이글이글)

(138) 홱: 108. 猛地

(139) 후끈: 222. 骤然(부: 돌연히, 갑자기, 순간적으로)

(140) 후다닥: 256. 惊慌失措(성어: 놀라고 당황하여 어찌할 바를 모른다.) (141) 훌쩍: 130. × (142) 훌쭉2: 186. 훌쭉 (들어간) 消瘦(동: (몸이) 여위다, 수척하다), 187. 훌쭉 (들어간) 消瘦 (143) 휘영청2: 45. 皎洁(형 휘영청 밝다), 221. × (144) 휘적휘적: 50. 踉踉跄跄(AABB 비틀거리다) (145) 휙: 166. 猛地 (146) 흐물흐물: 44. × (147) 흠뻑4: 113. ×, 129. 흠뻑 (젖어) 湿透(동: 흠뻑 젖다), 131. 흠뻑 (젖은) 湿漉漉(ABB 흠뻑 젖다), 205-2. 흠뻑 (맞고) 湿漉漉 (148) 흠씬: 158. 흠씬 (젖었다) 湿透 (동사+결과보어) (149) 히죽2: 206. ×, 229. ×, (150) 힐끗3: 55. 힐끗 (건너다보았다) 看了看, 109. 힐끗 (쳐다보는) (看了)一眼(수량사구조), 162. 转头	

〈부록 표2〉『몽타주』와 『연어』: 의태어 번역과 생략 상황

1『몽타주』	『연어』
(1) 꼼짝: 18. 꼼짝 (못하고) 束手无策 (성어: 속수무책이다. 어찔 도리가 없다)	(1) 가득: 38. ×
(2) 둥둥: 24. 둥둥 (떠다니고) 漂浮(동: (물 위를) 둥둥 뜨다, 떠돌다)	(2) 가만가만: 8. 偷偷
(3) 문득: 14. ×	(3) 곰곰: 13. 反复
(4) 문득문득: 1. ×	(4) 깜짝4: 3. 无比, 19. ×, 26. 非常, 39. 无比
(5) 물끄러미: 10. 呆呆	(5) 깜짝깜짝: 41. 깜짝깜짝 (놀랐지만) (吓得)一跳
(6) 바싹2: 6. ×, 7. 바싹 (마른) 干涸 (형: 바짝 마르다)	(6) 꼬박꼬박: 33. 이 의태어가 속한 한 문장을 번역하지 않음
(7) 번쩍2: 17. 一下子, 20. 骤然	(7) 꼭: 25. 温柔
(8) 벌떡: 8. 猛地	(8) 꾸벅꾸벅: 32. ×
(9) 불쑥: 3. ×	(9) 동동: 18. ×
(10) 불쑥불쑥: 15. ×	(10) 딱: 49. (입을) 딱 (벌린 채) (张着)大(口)
(11) 빙글빙글: 22. ×	(11) 뚝: 5. ×
(12) 살랑살랑: 16. 轻轻	(12) 문득2: 9. ×, 43. 突然
(13) 스멀스멀: 21. 一个个	(13) 바들바들: 46. 바들바들 (떨리는) 战栗 (부들부들 떨다)
(14) 슬그머니2: 11. 悄然, 13. 悄然	(14) 바짝2: 1. ×, 16. ×
(15) 언뜻: 2. 乍(부: 갓. 방금. 갑자기)	(15) 반짝반짝2: 10. 闪亮((반짝반짝 빛나다), 40. 闪闪
(16) 차츰: 12. 渐渐	(16) 번쩍2: 15. 耀眼, 17. 耀眼
(17) 텅: 23. 텅 (빈) 空空荡荡	(17) 불쑥: 11. 没头没脑
(18) 툭툭: 5. 툭툭 (내뱉는) 脱口而出 (성어: 입에서 나오는 대로 말하다. 생각지 않고 말하다)	(18) 비틀비틀: 28. 摇摇晃晃
(19) 활짝: 9. ×	(19) 빙2: 31. ×, 36. 纷纷
(20) 훨씬: 19. ×	(20) 빙빙: 44. 빙빙 (돌며) 徘徊
(21) 힐끔: 4. 힐끔 (쳐다보고는) 瞥了一眼	(21) 빼빼 12: 30. 最 1번, 30. 빼빼 (마른)

瘦骨如柴 1번 (성어: 아주 마른 모양을 형용함). 10번은 번역 안하고 瘦子로 번역
(22) 선뜻3: 20. 轻易, 21. 显然, 37. ×
(23) 슬슬: 2. 轻轻
(24) 쏙: 24. 쏙 (빼닮은) 一模一样
(25) 이러쿵저러쿵: 4. 이러쿵저러쿵 (입에 올리기를) 嚼舌头 (이러쿵저러쿵 시비를 걸다)
(26) 이리저리: 12. 几圈
(27) 절레절레: 7. 纷纷
(28) 지그시: 35. 지그시 (눈을 감는다) 闭目养神 (성어: 눈을 감고 정신을 수양하다.
(29) 질끈: 48. 紧紧
(30) 콱콱: 22. ×
(31) 툭툭: 6. ×
(32) 파르르: 27. 微微
(33) 핑: 23. 不由得
(34) 훨씬5: 14. 逐渐, 29. 还要, 42. 更加, 45. 更加, 47. 更加
(35) 흠칫: 34. 흠칫 (하더니) 顿了一下

2『메신저』

(1) 깜짝: 1. 깜짝 (놀라) (吓了)一跳
(2) 바싹: 8. ×
(3) 벌떡: 1. 猛地
(4) 부글부글2: 3. ×, 6. 부글부글(끓고 있었다) 翻滚(동: (물이) 펄펄 (부글부글) 끓다)
(5) 슬쩍: 5. 不留痕迹(흔적 없이)
(6) 씩: 7. 咧嘴(옆으로 찢어지듯이) 입을 벌리다(웃거나 울거나 불만스러울 때 등의 표정)
(7) 쩍쩍: 2. ×
(8) 텅: 4. 텅 (빈) 空荡(형: 텅 비다)

3『확신』

(1) 깜짝: 26. ×
(2) 꾸역꾸역: 29. 接连不断(줄곧, 연달아)
(3) 넙죽넙죽: 28. 넙죽넙죽 (받아마셨다) 一饮而尽 (성어 단숨에 다 마셔버리다)
(4) 느릿느릿: 12. 缓慢

4『창자 없이 살아가기』

(1) 가득: 18. 가득 (채워야) 填满
(2) 겅중겅중: 21. 겅중겅중 (뛰고) 蹦跳起来 (깡충깡충 뛰다, 뛰어오르다)
(3) 고래고래2: 1. ×, 13. 고래고래 (지르는) 疾声大呼
(4) 구불구불: 12. 구불구불 (감겨있는)

(5) 둘둘: 6. 둘둘 (말린) (卷成)一团
(6) 드문드문: 19. 几处
(7) 문득: 21. 突然
(8) 물끄러미: 1. 呆呆
(9) 바싹5: 2. 바싹 (마른) 干巴巴, 4. 바싹 (말라붙어) 干巴巴, 31, 바싹 (마른) 干巴巴, 32. ×, 33. ×
(10) 부르르: 21. 부르르 (떨었다) 颤抖 (부들부들 떨다, 벌벌 떨다)
(11) 불쑥2: 9. ×, 24. 突然
(12) 불쑥불쑥: 25. ×
(13) 살짝: 15. 轻轻
(14) 언뜻언뜻: 22. 언뜻언뜻 (드러났다) 忽隐忽现(성어: 사라졌다 나타났다 하다)
(15) 움찔: 23. 움찔 (놀라며) (吓了)一跳
(16) 이리저리2: 7. 四处, 14. 이리저리 (떠다니고 있었다) 漂泊不定 (일정한 거주지가 없이 떠돌아다니다)
(17) 조각조각: 34. 碎片(조각, 부스러기)
(18) 주르륵: 15. ×
(19) 줄줄: 27. 往下
(20) 탁: 11. 탁 (트이면서) 开阔
(21) 텅2: 8. 텅 (비어 있었다) 空荡荡 13. 텅 (비워) 掏空(동: 텅 비다, 바닥나다)
(22) 퉁퉁: 36. 퉁퉁 (불은) 肿胀(부어오르다)
(23) 팅팅: 5. 팅팅 (불은) 胖乎乎
(24) 푹2: 10. ×, 15. 푹 (꺼지면서) 陷了 弯弯曲曲
(5) 군데군데: 19. (一)些
(6) 깜짝깜짝: 17. 깜짝깜짝 (놀라기도 했다) 吃惊不小
(7) 덜컥: 5. 居然
(8) 문득3: 3. ×, 4. ×, 27. 突然
(9) 물끄러미: 20. 呆呆
(10) 반짝: 29. 闪闪
(11) 번쩍2: 22. 突然, 32. ×
(12) 벌떡: 6. 霍地(부: 갑자기, 벌떡)
(13) 성큼성큼: 11. 성큼성큼 (움직이고 있었다) 跳起了舞步(춤을 추듯 성큼성큼 걷는 것을 설명하고 있다)
(14) 슬쩍2: 15. 一丝, 30. 不动声色 (성어: 일이 닥쳐서도 아주 침착하고 태연함을 묘사. 또는 전혀 힘들지 않고 아주 쉬움을 묘사)
(15) 싱긋: 23. ×
(16) 썩: 16. 并
(17) 씩2: 8. 扑哧 (의성어 · 의태어: 피식, 키득, 낄낄, 픽, 피식, 쫙(웃음소리 혹은 물 · 공기 등이 새는 소리)), 26. ×
(18) 이리저리2: 14. ×, 33. 이리저리 (휩쓸리고 있었다) 滚滚而来(滚滚 형: 밀려오는 모양, (물 따위가)세차게 굽이쳐 흐르는 모양)
(19) 텅: 9. 텅 (비어지면서) 一片空白
(20) 활짝3: 2. ×, 10. ×, 28. 활짝 (열려) 敞开((문, 창문 등) 활짝 열다)

下去 (25) 풀썩풀썩: 18. × (26) 화들짝: 17. × (27) 휘적휘적3: 3. 摇摇摆摆, 16. 蹒跚([형]: 비틀거리며 걷는 모양), 35. 摇摇晃晃 (28) 휘휘: 20. × (29) 흐물흐물: 30. ×	(21) 훨씬3: 24. ×, 25. 许多, 31. × (22) 흘낏: 7. 一眼
5『진부한 일상』	6『채널부수기』
(1) 깜짝2: 2. 깜짝 (놀랐다) (吓了)一跳, 16. 깜짝 (놀라지) (吓了)一跳 (2) 꽉: 21. 紧紧 (3) 꾸역꾸역: 13. × (4) 둥둥: 32. 둥둥 (떠다니고) 漂浮 (5) 뚝뚝: 34. × (6) 문득: 19. 突然 (7) 바싹: 3. × (8) 바짝2: 19. 紧紧, 25. × (9) 부르르: 10. 부르르 (떨었다) 抖个不停 (바들바들 떨다, 부들부들 떨다) (10) 비쩍: 24. × (11) 빙글빙글: 18. 빙글빙글 (돌아가는) 转圈(맴돌다, 한바퀴 빙 돌다) (12) 선뜻: 15. × (13) 스르르: 23. × (14) 슬그머니: 27. 马上 (15) 슬며시: 22. 小心翼翼 (성어: 1. 엄숙하고 경건하다 2. 거동이 신중하고 소홀함이 없다 3. 매우 조심스럽다) (16) 쓱: 9. 狡猾	(1) 갈가리: 17. 갈가리 (잘려져서) 切碎 (잘게 썰다, 잘게 자르다) (2) 길길이2: 30. ×, 58. 길길이 (날뛰기) 活蹦乱跳 (성어: 펄펄 뛰다. 활발하고 기운찬 모양) (3) 깜짝6: 7. ×, 10. 彻底, 43. 깜짝 (놀라게) 吓唬(깜짝 놀라게 하다), 44. ×, 45. ×, 54. 깜짝 (놀라) (吓了)一跳 (4) 꽉: 37. × (5) 뎅강뎅강: 21. 一切 (6) 바싹3: 5. 바싹 (붙어 있었다) 围着他转, 35. ×, 52. × (7) 뱅뱅: 2. × (8) 벌떡: 10. 呼地([부]: 휙) (9) 벌렁: 28. 벌렁 (누웠다) 躺倒 (10) 벌렁벌렁: 10. × (11) 부글부글: 61. × (12) 부르르: 14. × (13) 부르르부르르: 60. × (14) 불쑥2: 26. ×, 53. 突然 (15) 불쑥불쑥: 43. 突然

(17) 언뜻: 1. ×

(18) 이리저리: 33. 이리저리 (움직이다가) 吹来吹去(A来A去)

(19) 주르르: 20. ×

(20) 주르륵: 2. 주르륵 (흘러내리는) 冒出一身(흠뻑 젖다),

(21) 쭉: 5. 쭉 (내리긋는듯한) 干脆利落(성어: (언행이) 명쾌하다, 시원하다, 거리낌이 없다)

(22) 털썩: 12. ×

(23) 툭: 31. ×

(24) 퍼뜩: 8. 马上

(25) 푹: 5. ×

(26) 풀풀: 29. 噗噗(의성어: 부릉부릉. 푹푹. 기체나 액체가 뿜어나오는 소리를 묘사함.)

(27) 활짝: 14. 활짝 (웃는 얼굴로) 笑容满面 (성어: 온 얼굴에 웃음이 가득하다. 만면에 웃음을 띠다.)

(28) 훨씬3: 6. ×, 7. 还真(정말로, 참), 26. 更

(29) 휘휘: 17. 휘휘 (저었다) 晃了晃

(30) 휙2: 4. 倏地(홱, 재빨리, 갑자기), 28. 直接

(31) 휙휙: 11. 飞驰

(32) 힐끗: 30. 힐끗 (돌아보았으나) 看了看

(16) 빙글빙글3: 1. 빙글빙글 (돌아가는) 旋转(빙빙 회전하다), 3. × , 21. 滴溜滴溜

(17) 성큼성큼: 63. 大步

(18) 스르르3: 27. ×, 38. 自动, 49. 缓缓

(19) 슬그머니2: 9. 慢慢, 33. ×

(20) 언뜻언뜻: 40. 一晃一闪

(21) 엉거주춤: 56. 半抬

(22) 왈칵: 7. 一下子

(23) 우뚝우뚝: 13. 우뚝우뚝 (솟아) 高耸(우뚝 솟다, 높이 솟다)

(24) 이리저리2: 11. ×, 30. ×

(25) 조각조각2: 4. 조각조각 (나누어질지도) 大卸八块 (성어: 완정된 사물이 조각조각 나누어지는 것을 가리킨다), 18. 조각조각 (나누어) 粉碎(가루로 만들다, 산산조각을 내다)

(26) 좍: 57. ×

(27) 주르륵: 59. 哧溜

(28) 질끈2: 8. 连忙, 41. ×

(29) 쭉: 16. ×

(30) 축3: 31. ×, 50. 축 (늘어진) 瘫软(형 흐느적거리다, 힘이 빠져 녹초가 되다), 55. ×

(31) 쿡쿡: 32. 쿡쿡 (찔러보는) 戳了戳

(32) 텅4: 10. ×, 22. 텅 (빈) 空旷(텅 비다), 24. 텅 (빈) 空旷, 38. 텅 (비어) 空空如也(성어: 텅 비어 아무것도 없다.)

(33) 펄쩍: 15. 펄쩍 (뛰며) 跳起来

	(34) 풀쩍풀쩍: 29. 풀쩍풀쩍 (뛰어오르기) 跳个不停 (35) 활짝4: 19. ×, 46. ×, 48. 활짝 (열리는) 敞开(활짝 열다), 62. 활짝 (펴고서) 挺起((허리나 가슴을) 꼿꼿이 세우다, 똑바로 펴다) (36) 훌훌: 36. × (37) 훨씬4: 12. ×, 20. 得多, 23. 更, 47. 更加 (38) 휙휙: 6. 嗖嗖 (39) 흠칫3: 25. ×, 34. ×, 51. × (40) 힐끗힐끗: 39. 힐끗힐끗 (주위를 살피며) 左顾右盼 (성어: 이리저리 두리번거리다)
7『격렬한 삶』	8『첫사랑에 관하여』
(1) 가득2: 28. 가득 (채워버렸다) 填满 41. 가득 (찼는데) 塞满 (2) 깜박: 5. × (3) 깜짝5: 4. 깜짝 (놀라고) 大吃一惊, 13. 깜짝 (놀라게) 吃惊, 18. 깜짝 (놀라듯) 心惊胆战 (성어: 매우 두려워 전전긍긍하다. 무서워서 벌벌 떨다), 24. 깜짝 (놀랐지만) (吓了)一跳, 31. 깜짝 (놀라는)惊吓(깜짝 놀라다) (4) 꼬치꼬치: 30. 刨根问底 (성어: (진상이나 원인을) 꼬치꼬치 캐묻다. 철저히 따지다.) (5) 꾸역꾸역: 28. 再次 (6) 느릿느릿: 17. 缓慢 (7) 덜컥: 19. 突然	(1) 굽이굽이: 18. 弯弯曲曲 (2) 깜짝3: 9. 깜짝 (놀라지) 吓到, 10. 깜짝 (놀라서) (吓了)一跳, 27. 깜짝 (놀라서) (吓了)一跳, (3) 덜덜: 16. 덜덜 (떨렸다) 发抖 (4) 문득3: 5. 突然, 12. 突然, 25. × (5) 물끄러미: 6. 呆呆 (6) 번쩍: 27. 不停 (7) 비쩍: 7. 비쩍 (마른) 瘦骨嶙峋 (성어: 뼈가 드러날 정도로 쇠약하고 여위다. 깡마르다.) (8) 슬그머니: 14. 悄悄 (9) 쑥쑥: 11. 迅速 (10) 썩썩: 2. × (11) 줄줄: 19. 줄줄 (흘러내리고 있었다)

(8) 둥둥: 38. 둥둥 (떠다니는) 飘浮 (9) 뚝뚝: 34. 뚝뚝 (떨어지는) 滴落 (10) 문득4: 2. 方才(이제 막, 방금), 3. 突然, 12. 突然, 43. 猛地 (11) 물끄러미: 33. 呆呆 (12) 바싹2: 10. 紧紧, 11. 바싹 (붙여야했지) 贴近(동: 바싹 다가가다) (13) 벌렁: 9. 一下(부: 돌연, 단번, 일시) (14) 부들부들: 25. 부들부들 (떨렸다) 抖个不停 (15) 부르르: 36. 簌簌(형: (사지를) 부들부들 떨다, 바르르 떨다) (16) 불끈: 26. 猛然 (17) 슬쩍3: 6. 一声不吭 (한 마디도 말하지 않았다, 7. 悄悄, 23. × (18) 쑥: 21. × (19) 얼핏: 40. × (20) 우뚝: 42. × (21) 으슬으슬: 35. × (22) 이리저리2: 1. 이리저리 (두리번거릴) 左顾右盼 (성어: 이리저리 두리번거리다), 32. 이리저리 (쏠리는 건) 东倒西歪 (성어: 비틀거리다. 쓰러질 듯하다.) (23) 쭉: 15. × (24) 텅2: 16. 텅 (비어) 空荡荡, 40. 텅 (비어) 空空 (25) 톡톡: 22. 轻轻 (26) 허청허청: 29. 有气无力 (27) 확: 20. 哗地	挥汗如雨 (땀이 마치 비 오듯 하다.) (12) 찌르르: 4. × (13) 털썩: 24. × (14) 텅: 17. 텅 (빈) 空旷 (15) 툭툭: 20. × (16) 화끈화끈: 8. 화끈화끈 (열이 나서) 热辣辣 (17) 훨씬6: 1. 一些, 13. 许多, 15. 훨씬 (큰) 严重, 21. 非常, 22. 훨씬 (더) 更, 26. × (18) 휘휘: 3. × (19) 휙휙: 23. 휙휙 (몸을 돌리기도) 翻跟头(공중회전하다, 공중제비하다)

(28) 훨씬3: 8. ×, 14. ×, 39. × (29) 휘휘: 27. 휘휘 (저으며) 摇了摇 (30) 흠뻑: 37. 充足	

〈부록 표3〉『빛의 제국』 대륙본과 타이완본: 의태어 번역과 생략 상황

대륙본『光的帝国』	타이완본『光的帝國』
(1) 가닥가닥2: 53. 支离破碎, 357. ×	(1) 가닥가닥2: 53. 支離破碎, 357. ×
(2) 가득4: 60. 가득 (낀) 布满, 93. × 152. 가득 (채우고) 写满, 309. 가득 (채웠고) 充满	(2) 가득4: 60. 가득 (낀) 布滿, 93. ×, 152. ×, 309. 가득 (채웠고) 塡滿
(3) 간질간질: 81. 痒痒	(3) 간질간질: 81.×
(4) 겅중겅중: 134. 蹦蹦跳跳	(4) 겅중겅중: 134. 蹦蹦跳跳
(5) 고래고래: 106. 高声	(5) 고래고래: 106. 高聲
(6) 구불구불: 369. 弯弯曲曲	(6) 구불구불: 369. 蜿蜒曲折
(7) 군데군데2: 210. ×, 316. ×	(7) 군데군데2: 210. 四處, 316. ×
(8) 깜빡2: 251. 突然, 271. 突然,	(8) 깜빡2: 251. ×, 271. 不知不覺(성어)
(9) 깜짝8: 70. (吓了)一跳, 157. 깜짝 (놀라) 大吃一惊, 189. (吓了)一跳, 234. 깜짝 (놀라) 大吃一惊, 295. ×, 335. 깜짝 (놀라)大(惊), 342. 깜짝 (놀라) 大吃一惊, 347. ×	(9) 깜짝8: 70. (嚇了)一跳, 157. (嚇了)一跳, 189. (嚇了)一跳, 234. 깜짝 (놀라) 大吃一驚, 295. 大爲(驚訝), 335. (嚇了)一大跳, 342. 깜짝 (놀라) 大吃一驚, 347. (嚇了)一跳
(10) 깜짝깜짝: 114. ×	(10) 깜짝깜짝: 114. 깜짝깜짝 (놀라) 大吃一驚(성어),
(11) 꼬박: 372. 通宵	(11) 꼬박: 372. 通宵
(12) 꼬박꼬박: 338. 都	(12) 꼬박꼬박: 338. 꼬박꼬박 (챙기다) 從不缺席
(13) 꼭3: 174. 紧紧, 262. 紧, 359. 紧紧	(13) 꼭3: 174. 緊緊, 262. 緊, 359. 緊緊
(14) 꼼짝: 26. 꼼짝 (못하고) 动弹不得	(14) 꼼짝: 26. 꼼짝 (못하고) 動彈不得
(15) 꽉: 18. 꽉 (채우다) 充满	(15) 꽉: 18. 꽉 (채우다) 充滿
(16) 꽝꽝: 75. ×	(16) 꽝꽝: 75. ×
(17) 꾸벅: 209. (고개를) 꾸벅 (숙여) 毕恭毕敬(성어: 아주 공손하고 예의바른 모양을 묘사)	(17) 꾸벅: 209. ×

(18) 꾸벅꾸벅2: 34. 点头, 224. ×	(18) 꾸벅꾸벅2: 34. 連連, 224. 一點一點
(19) 꾸역꾸역2: 109. 꾸역꾸역 (내려오고) 落满, 286. ×	(19) 꾸역꾸역2: 109. 꾸역꾸역 (내려오고) 蜂擁而至, 286. 不停地
(20) 꾹8: 47. 使劲, 73. (咬)紧, 78. 紧(闭), 94. ×, 165. (咬)紧, 215. ×, 292. 紧(闭), 367. (咬)紧	(20) 꾹8: 47. 使勁, 73. 緊(閉), 78. 緊(閉), 94. 緊(閉), 165. ×, 215. ×, 292. ×, 367. 緊(閉)
(21) 꾹꾹3: 294. 使劲, 334. 使劲, 356. 使劲	(21) 꾹꾹3: 294. 使勁, 334. 使勁, 356. 用力
(22) 낼름: 163. 낼름 (내밀었다) 吐出	(22) 낼름: 163. 낼름 (내밀었다) 吐了吐
(23) 뉘엿뉘엿: 147. 慢吞吞地	(23) 뉘엿뉘엿: 147. 慢慢
(24) 달싹달싹: 119. ×	(24) 달싹달싹: 119. ×
(25) 더덕더덕: 57. ×	(25) 더덕더덕: 57. ×
(26) 덜컥: 175. 猛然	(26) 덜컥: 175. 陡地(돌연, 별안간)
(27) 데구르르: 203. ×	(27) 데구르르: 203. ×
(28) 도란도란: 358. 도란도란 (이야기를 나누고 있을) 有说有笑	(28) 도란도란: 358. 도란도란 (이야기를 나누고 있을) 有說有笑
(29) 둘둘: 212. ×	(29) 둘둘: 212. ×
(30) 둥둥2: 35. 둥둥 (떠다닌다면) 飞来飞去, 151. 둥둥 (떠다니는) 飘浮	(30) 둥둥2: 35. 悠悠, 151. 둥둥 (떠다니는) 漂浮
(31) 듬성듬성: 184. 稀稀落落	(31) 듬성듬성: 184. 零星
(32) 딱8: 64. ×, 146. (입을) 딱 (벌린) 瞠目结舌地(성어: 어안이 벙벙하다), 166. 就, 205. 正好, 227. ×, 232. 突然, 366. ×, 373. ×	(32) 딱8: 64. ×, 146. 目瞪口呆(성어: 눈을 크게 뜨고 입을 벌리다, 어안이 벙벙하다), 166. 就, 205. 剛好, 227. ×, 232. 突然, 366. ×, 373. ×
(33) 또박또박: 192. 一字一顿	(33) 또박또박: 192. 清楚
(34) 뚝뚝: 105. 簌簌	(34) 뚝뚝: 105. 滴滴
(35) 문득18: 1. 突然, 31. 突然间, 42. 突然, 102. 突然间, 120. 突然, 138. 突然, 196. 忽然, 213. 突然, 245. 突然, 265. 突然, 273. 突然, 279. 突然, 298. 突然,	(35) 문득18: 1. 突然, 31. 突然, 42. 突然, 102. ×, 120. 突然, 138. ×, 196. 突然間, 213. 突然, 245. 突然, 265. 突然, 273. 突然, 279. 突然, 298. 突然, 306.

306. 突然, 314. 突然, 346. 突然, 350. 突然, 354. 突然	突然間, 314. 突然, 346. 突然, 350. 突然, 354. 突然
(36) 물끄러미6: 69. 怔怔, 83. 怔怔, 207. 茫然, 231. 茫然, 281. 怔怔, 368. ×	(36) 물끄러미6: 69. 出神, 83. 出神, 207. 茫然, 231. 愣愣, 281. 出神, 368. 怔怔
(37) 바들바들: 349. 瑟瑟	(37) 바들바들: 349. 바들바들 (떨리고) 哆嗦
(38) 바싹4: 52. 바싹 (야위어) 干巴巴, 123. 바싹 (마른) 干巴巴, 323. 바싹 (말라) 消瘦(형: 몸이 홀쭉하다), 361. 바짝 (마른) 干透	(38) 바싹4: 52. 乾癟(형 바싹 말라 쪼글쪼글하다), 123. 極其, 323. 바싹 (마른) 乾澀(바짝 마르다), 361. ×
(39) 바싹바싹: 352. (입이) 바싹바싹 (마르다) 口干舌燥(성어: 입이 바싹 타다)	(39) 바싹바싹: 352. (입이) 바싹바싹 (마르다) 口乾舌燥
(40) 바짝2: 20. 紧紧, 260. 紧	(40) 바짝2: 20. 緊緊, 260. 緊緊
(41) 버럭: 365. 大	(41) 버럭: 365. 大聲
(42) 번뜩: 155. 忽然	(42) 번뜩: 155. 突然
(43) 번쩍4: 7. 一把, 172. 高举, 275. 猛地, 310. (정신이) 번쩍 (든) 如梦方醒 (성어: 막 꿈에서 깨어난 것 같다)	(43) 번쩍4: 7. 一把, 172. 高擧, 275. 一把, 310. (정신이) 번쩍 (든) 如夢初醒 (如夢方醒과 동의어)
(44) 벌떡14: 37. 猛然, 54. 猛然, 127. 猛地, 129. 突然, 148. 猛地, 156. 突然, 240. 猛地, 254. ×, 311. 猛地, 321. 猛地, 328. 猛地, 348. 猛地, 363. 猛地, 371. 突然	(44) 벌떡14: 37. 猛然, 54. 猛地, 127. 迅速, 129. 突然, 148. 猛地, 156. 猛然, 240. 猛地, 254. ×, 311. 猛然, 321. 突然, 328. 벌떡 (일어나) 一躍而起(성어: 기세 좋게 훽 일어나다), 348. 猛然, 363. 猛然, 371. 突然
(45) 보글보글: 99. 噗噜噗噜	(45) 보글보글: 99. ×
(46) 부글부글: 103. 噗噜噗噜	(46) 부글부글: 103. 噗嚕噗嚕
(47) 부르르: 214. ×	(47) 부르르: 214. 嘟嘟嘟
(48) 북: 181. ×	(48) 북: 181. ×
(49) 북북: 57. 使劲	(49) 북북: 57. 用力
(50) 불끈: 82. 立刻	(50) 불끈: 82. 突然

(51) 불끈불끈: 110. 突然	(51) 불끈불끈: 110. ×
(52) 불룩: 117. ×	(52) 불룩: 117. ×
(53) 불쑥5: 158. 突然, 180. 突然, 239. 突然, 250. 突然, 263. 突然	(53) 불쑥5: 158. 突然, 180. 突然, 239. 突然, 250. 突然, 263. 突然
(54) 비질비질: 59. 不停	(54) 비질비질: 59. ×
(55) 비쭉: 65. (머리가) 비쭉 (솟은) (留着)寸头(명: 상고머리(머리 모양))	(55) 비쭉: 65. ×
(56) 비쭉비쭉: 121. ×	(56) 비쭉비쭉: 121. 高高
(57) 비틀비틀: 30. 摇摇晃晃	(57) 비틀비틀: 30. 搖搖晃晃
(58) 빙: 289. ×	(58) 빙: 289. ×
(59) 빙빙: 287. 빙빙 (돌았다) 转了转	(59) 빙빙: 287. 빙빙 (돌았다) 繞圈(동: 길을 빙빙 돌아가다)
(60) 빙긋: 27. (빙긋) 웃으며 面露微笑	(60) 빙긋: 27. 莞爾
(61) 빙긋이: 91. 微微	(61) 빙긋이: 91. 微微
(62) 빠끔: 340. ×	(62) 빠끔: 340. 露出一條細縫
(63) 빼꼼: 257. ×	(63) 빼꼼: 257. ×
(64) 삐죽삐죽: 85. 尖锐(형: 뾰족하고 날카롭다)	(64) 삐죽삐죽: 85. 尖(翹)
(65) 살살: 5. 轻轻地	(65) 살살: 5. 輕輕
(66) 살짝32: 8. 轻轻, 10. 漂漂, 11. 轻轻, 29. 隐隐(형: 은은하다, 흐릿하다), 32. 稍微, 56. 有点儿, 62. 小雨, 66. 轻轻, 71. 轻轻, 108. 轻轻, 121. ×, 128. 稍许, 153-1. 稍微, 153-2. 稍, 167. 微微, 171. 蓦地(돌연히, 갑자기), 173. ×, 186. 轻轻, 208. 稍微, 228. 稍微, 229. 轻轻, 235. 轻轻, 237. 轻轻, 238. 轻轻, 259. ×, 269. 轻微, 276. 多少有些, 285. 轻轻, 303. 轻轻, 307. 轻轻, 312. 轻轻, 322. 轻轻	(66) 살짝32: 8. 輕, 10. 飄飄, 11. 輕輕, 29. 隱約(형: 은은하다, 어렴풋하다), 32.稍微, 56. 有點, 62. 小雨, 66. 輕輕, 71. ×, 108. 輕輕, 121. 略微, 128. 些微, 153-1. 略微, 153-2. 有點, 167. 略微, 171. 微, 173. 稍微, 186. 輕輕, 208. 微微, 228. 稍微, 229. 一絲, 235. 輕輕, 237. 微微, 238. ×, 259. 一絲, 269. 些微, 276. 有點, 285. 稍微, 303. 輕輕, 307. 輕輕, 312. 稍微, 322. 微

(67) 샐쭉: 164. 샐쭉 (삐친 표정으로) 气呼呼	(67) 샐쭉: 164. 撇著嘴(撇嘴: 동: 입을 비쭉거리다, 입을 샐쭉거리다)
(68) 생긋: 144. 莞尔	(68) 생긋: 144. 微微
(69) 선뜻3: 18. 忽然, 98. 선뜻 (납득할 수가 없었다) 百思不得其解(성어: 도저히 납득되지 않다), 264. 痛快	(69) 선뜻3: 18. 很快, 98. 선뜻 (납득할 수가 없었다) 百思不解(성어), 264. 爽快
(70) 성큼3: 67. 飞快, 132. 迅速, 339. 大步	(70) 성큼3: 67. 很快, 132. ×, 339. 大步
(71) 성큼성큼4: 65. ×, 111. 大步, 246. 大步流星, 350. 大步	(71) 성큼성큼4: 65. ×, 111. 大步, 246. 大步, 350. 大步
(72) 스르륵2: 133. ×, 198. 自动	(72) 스르륵2: 133. ×, 198. 自動
(73) 스멀스멀2: 48. 轻轻, 84. 慢慢	(73) 스멀스멀2: 48. 暗暗, 84. 緩緩
(74) 스윽: 50. 迅速	(74) 스윽: 50. 스윽 (살폈다) 環顧(사방을 둘러보다)
(75) 슬그머니3: 224. 轻轻, 267. 悄悄, 343. 悄悄	(75) 슬그머니3: 224. 微微, 267. 悄悄, 343. 悄悄
(76) 슬며시: 273. 微微	(76) 슬며시: 273. 輕輕
(77) 슬슬2: 80. 悄悄, 206. 悄悄	(77) 슬슬2: 80. ×, 206. 悄悄
(78) 슬쩍30: 15. 悄悄, 25. 轻轻, 33. 微微, 40. 悄悄, 44. 悄悄, 46. 悄悄, 51. 不动声色, 64. 悄悄, 68. 轻轻, 72. 슬쩍 (보았다) 看了看, 84. ×, 87. 悄悄, 95. 轻轻, 96. 不动声色, 104. 悄悄, 115. 悄悄, 130. 슬쩍 (살폈다) 看了看, 131. 悄悄, 141. 悄悄, 160. ×, 187. 在无形中, 194. ×, 197.悄悄, 218. ×, 242. 轻轻, 278. 偷, 297.轻轻, 315. 悄悄, 329. 不动声色, 370. 轻轻	(78) 슬쩍30: 15. 悄悄, 25. 輕輕, 33. 微微, 40. 稍微, 44. 稍微, 46. 偸, 51. 悄悄, 64. 稍微, 68. 輕輕, 72. 悄悄, 84. 微微, 87. 微微, 95. 微微, 96. 迅速, 104. 悄悄, 115. 悄悄, 130. ×, 131. 悄悄, 141. 悄悄, 160. 輕輕, 187. 悄悄, 194. ×, 197. 悄悄, 218. 悄悄, 242. 輕輕, 278. 偸, 297. 略微, 315. 悄悄, 329. 偸偸, 370. 輕輕
(79) 슬쩍슬쩍: 288. 用余光	(79) 슬쩍슬쩍: 288. 用眼睛餘光
(80) 실쭉: 248. ×	(80) 실쭉: 248. 撇嘴(동: 입을 실쭉거리다)

(81) 싹: 22. 完全	(81) 싹: 22. 싹 (가신) 毫無
(82) 쑤욱2: 4. 使劲, 175. ×	(82) 쑤욱2: 4. ×, 175. ×
(83) 쑥4: 317. ×, 324. ×, 341. ×, 374. ×	(83) 쑥4: 317. ×, 324. ×, 341. 快速, 374. 쑥 (빼고) 伸長(동사+결과보어)
(84) 쓰윽: 39. 쓰윽 (일별하고) 看看	(84) 쓰윽: 39. 一眼
(85) 씩15: 71. 씩 (웃으며) 笑了笑, 77. ×, 86. ×, 113. ×, 161. 莞尔, 176. 씩 (웃었다) 面带微笑, 178. ×, 182. ×, 211. ×, 249. 씩 (웃었다) 笑了笑, 255. ×, 256. 씩 (웃었다) 笑了笑, 261. 씩 (웃어주었다) 笑了笑, 325. ×, 362. 씩 (웃으며) 笑了笑	(85) 씩15: 71. 嗤嗤, 77. 嗤, 86. 咧嘴(동: (옆으로 찢어지듯이) 입을 벌리다), 113. 咧嘴, 161. 咧嘴, 176. 咧嘴, 178. 咧嘴, 182. 咧嘴, 211. 씩 (웃으며) 笑嘻嘻(형: 미소 짓는(해죽이 웃는) 모양), 249. 嘻嘻, 255. 嗤嗤, 256. 씩 (웃었다) 嘻皮笑臉(성어: 헤헤거리다. 히죽거리다.), 261. 嘻嘻, 325. 咧嘴, 362. 咧嘴
(86) 안절부절: 337. 坐立不安	(86) 안절부절: 337. 不安
(87) 어슬렁: 190. 慢吞吞	(87) 어슬렁: 190. 慢吞吞
(88) 어슴푸레: 19. 隐约	(88) 어슴푸레: 19. 隱約
(89) 얼핏3: 16. 猛然, 154. 乍(看), 222. 乍(看)	(89) 얼핏3: 16. 猛然, 154. 乍(看), 222. 乍(看)
(90) 엉거주춤: 360. 点头哈腰	(90) 엉거주춤: 360. 弓著腰
(91) 오들오들: 79. ×	(91) 오들오들: 79. 微微
(92) 오물오물: 291. 叽里咕噜	(92) 오물오물: 291. 慢慢
(93) 와락: 308. 猛地	(93) 와락: 308. 一把
(94) 우두커니: 266. 呆	(94) 우두커니: 266. ×
(95) 우물우물3: 168. ×, 301. ×, 302. ×	(95) 우물우물3: 168. ×, 301. ×, 302. ×
(96) 우수수: 101. 统统	(96) 우수수: 101. 全部
(97) 울컥3: 149. ×, 193. 울컥 (솟았다) 夺眶而出(성어: 눈물이 쏟아지다), 353. 突然	(97) 울컥3: 149. ×, 193. 奪眶而出, 353. 突然
(98) 으슬으슬: 351. 瑟瑟	(98) 으슬으슬: 351. 瑟瑟
(99) 이리저리12: 43. 稀里糊涂地, 49. 이	(99) 이리저리12: 43. 隨著時間, 49. 이리

리저리 (돌려보기도) 四处张望, 74. ×, 89. ×, 97. 四处, 122. 千方百计(성어: 온갖 방법 계략을 다하다), 135. 이리저리 (쿵쿵 부딪히며 내려왔었지) 横冲直撞(성어: 제멋대로 활기치다. 종횡무진 돌진하다), 172. 四处, 200. 이리저리 (뛰거든) 乱动, 202. 이리저리 (움직이며) 动来动去, 236. 滴溜溜(형: 뱅뱅 도는 모양), 330. ×	저리 (돌려보기도) 四處張望, 74. ×, 89. ×, 97. 이리저리 (굴러다니는) 四散(사방으로 흩어지다), 122. 千方百計, 135. 到處, 172. 四處, 200. ×, 202. 이리저리 (움직이며) 跑來跑去, 236. 到處, 330. ×
(100) 잘근잘근: 181. 碎片	(100) 잘근잘근: 181. 碎片
(101) 절레절레5: 199. 连连, 226. 不停, 280. 连连, 304. ×, 320. 절레절레 (저으며) 摇了摇	(101) 절레절레5: 199. 절레절레 (흔들었다) 搖搖, 226. 不住, 280. 절레절레 (저었다) 搖搖, 304. 不住, 320. 절레절레 (저으며) 搖了搖
(102) 주절주절: 332. 逐字逐句	(102) 주절주절: 332. 嘟嘟囔囔
(103) 주춤주춤: 61. 迟迟疑疑	(103) 주춤주춤: 61. 躊躇
(104) 줄줄: 58. 涔涔	(104) 줄줄: 58. ×
(105) 지그시4: 9. 轻轻, 19. 轻轻, 219. 微, 235. 轻轻	(105) 지그시4: 9. 輕輕, 19. 輕輕, 219. 緊, 235. 輕輕
(106) 지글지글: 284. 吱吱	(106) 지글지글: 284. 吱吱
(107) 질끈: 76. 紧紧	(107) 질끈: 76. 緊緊
(108) 질질2: 216. 질질 (늘어졌다) 拖着长腔, 221. ×	(108) 질질2: 216. 질질 (늘어졌다) 拖得很長, 221. ×
(109) 쭈뼛쭈뼛: 195. 쭈뼛쭈뼛 (서는) 怒发冲冠(성어: 화가 머리끝까지 치밀어 오르다)	(109) 쭈뼛쭈뼛: 195. 怒髮衝冠
(110) 쭈욱: 24. 쭈욱 (늘여) 迅速	(110) 쭈욱: 24. 쭈욱 (늘여) 拉長
(111) 쭉 3: 143. 쭉 (펴고) 伸起, 282. ×, 326. ×	(111) 쭉 3: 143. 伸直(동: 곧게 펴다), 282. ×, 326. ×
(112) 쭉쭉: 142. ×	(112) 쭉쭉: 142. ×

(113) 찔끔: 185. 黯然(형: 울적한 모양, 침울한 모양)	(113) 찔끔: 185. 幾滴
(114) 착: 88. 紧	(114) 착: 88. 착 (붙어) 貼身(옷이 몸에 꼭 붙다)
(115) 착착: 23. 按部就班(성어: 순서에 따라 규정대로 진행시키다)	(115) 착착: 23. 依序(순서대로)
(116) 착착착2: 137. ×, 159. ×	(116) 착착착2: 137. 有條不紊(성어: 질서 정연하다), 159. ×
(117) 철철: 45. ×	(117) 철철: 45. ×
(118) 축: 336. ×	(118) 축: 336. ×
(119) 컥: 36. ×	(119) 컥: 36. ×
(120) 콕콕: 2. 猛	(120) 콕콕: 2. 猛
(121) 쿡4: 6. 쿡 (찌르고는) 戳了戳, 12. 重重, 213. 쿡 (찔렀다) 戳了戳, 258. 쿡 (찔렀다) 戳了戳	(121) 쿡4: 6. ×, 12. 重重, 213. 쿡 (찔렀다) 戳了戳, 258. (戳了)一下
(122) 탈탈: 100. ×	(122) 탈탈: 100. ×
(123) 텅3: 17. 텅 (빈) 空荡荡, 140. 텅 (빈) 空空如也(성어), 243. 텅 (빈) 空荡荡	(123) 텅3: 17. 텅 (빈) 空無一人, 140. 텅 (빈) 空空如也, 243. 텅 (빈) 空無一人
(124) 텅텅: 125. ×	(124) 텅텅: 125. ×
(125) 툭2: 300. 轻轻, 355. ×	(125) 툭2: 300. 輕輕, 355. ×
(126) 퉁퉁: 186. 很高	(126) 퉁퉁: 186. ×
(127) 파르르: 169. 瑟瑟	(127) 파르르: 169. ×
(128) 퍼뜩: 331. ×	(128) 퍼뜩: 331. ×
(129) 펄쩍: 14. 펄쩍 (뛰었다) 怒气冲冲	(129) 펄쩍: 14. 펄쩍 (뛰었다) 大吃一驚
(130) 펄쩍펄쩍: 28. 펄쩍펄쩍 (뛰며 돌아다니는) 活力四射(성어: 활력이 사방으로 발산하다)	(130) 펄쩍펄쩍: 28. 펄쩍펄쩍 (뛰며 돌아다니는) 來回奔躍(펄쩍 뛰며 달리다)
(131) 펄펄: 136. ×	(131) 펄펄: 136. ×
(132) 펑펑: 220. ×	(132) 펑펑: 220. ×

(133) 푹2: 170. ×, 225. ×	(133) 푹2: 170. ×, 225. 푹 (꺾었다) 低垂(동: 아래로 늘어뜨리다)
(134) 피식2: 233. ×, 344. ×	(134) 피식2: 233. 噗嗤, 344. 噗嗤
(135) 한들한들: 13. 慢悠悠	(135) 한들한들: 13. 慢悠悠
(136) 허겁지겁: 296. 慌忙	(136) 허겁지겁: 296. 慌忙
(137) 허둥지둥2: 135. 慌里慌张(형: 허둥지둥하는 모양), 319. 慌里慌张	(137) 허둥지둥2: 135. 慌慌張張, 319. 慌忙
(138) 헤벌레: 313. 很灿烂	(138) 헤벌레: 313. 燦然
(139) 홀랑: 253. ×	(139) 홀랑: 253. 홀랑 (털어가는) 洗劫((한 지역 혹은 한 집안의 재물을) 몽땅 약탈하다)
(140) 화들짝3: 55. 화들짝 (놀라) 大惊失色(성어), 277. 一跳, 290. 화들짝 (놀라) 大吃一惊(성어)	(140) 화들짝3: 55. 一跳, 277. 一大跳, 290. 화들짝 (놀라) 大吃一驚
(141) 확4: 124. 확 (끼쳐왔다가) 扑面而来 (얼굴에 확 스쳐온다), 183. ×, 327. 紧(皱), 333. ×	(141) 확4: 124. 확 (끼쳐왔다가) 撲鼻而來 ((냄새가) 코를 찌르다), 183. ×, 327. (皺)緊, 333. ×
(142) 활짝4: 92. 활짝 (웃으며) 满面笑容(성어: 얼굴에 웃음이 가득하다), 112. 활짝 (웃으며) 满面笑容, 204. ×, 247. 활짝 (열리는) 敞开	(142) 활짝4: 92. 활짝 (웃으며) 開懷大笑(활짝 웃다), 112. 활짝 (웃으며) 笑容滿面, 204. 활짝 (웃으며) 滿面笑容, 247. 활짝 (열리는) 大開
(143) 핵: 274. ×	(143) 핵: 274. ×
(144) 훅: 139. ×	(144) 훅: 139. ×
(145) 훨씬17: 3. 多了, 107. 多了, 145. ×, 177. 得多, 179. 更, 201. 更, 223. 更, 241. 更, 252. ×, 268. 远远, 270. 还, 272. 更加, 283. 更, 293. 得多, 305. ×, 345. 更, 375. 许多	(145) 훨씬17: 3. 多了, 107. 更, 145. 更加, 177. 更, 179. 更, 201. 更加, 223. 還要, 241. 更, 252. 還要, 268. 遠, 270. 更, 272. 更加, 283. 更, 293. 更, 305. 更, 345. 更, 375. 許多
(146) 휘청: 188. 沉重	(146) 휘청: 188. ×
(147) 휙3: 92. ×, 299. ×, 364. 使劲	(147) 휙3: 92. ×, 299. ×, 364. ×

(148) 휭: 38. 轰(的一声)	(148) 휭: 38. 嗖(的一聲)
(149) 흔들흔들: 150. 闪闪烁烁	(149) 흔들흔들: 150. 閃爍
(150) 흘깃: 162. ×	(150) 흘깃: 162. (瞥了)一眼
(151) 힐끔3: 96. 힐끔 (보았다) 扫了一眼, 160. 힐끔(쳐다보았다) 看了看, 217. 힐끔 (보더니) 看了看	(151) 힐끔3: 96. (看了)一下, 160. 힐끔 (쳐다보았다) 瞄了眼, 217. 힐끔 보더니 瞄了一眼
(152) 힐끗9: 21. 斜着眼睛, 41. 偷偷, 90. 힐끗 (쳐다보았다) 看了看, 116. 힐끗 (살폈다) 看了看, 126. 悄悄, 191. 悄悄, 230. 悄悄, 244. 힐끗 (쳐다보았다) 看了看, 318. 悄悄	(152) 힐끗9: 21. 힐끗 (살펴보았다) 瞟了眼, 41. 偷偷, 90. 힐끗 (쳐다보았다) 瞥了一眼, 116. ×, 126. 悄悄, 191. 悄悄, 230. 悄悄, 244. 힐끗 (쳐다보았다) 瞟了一眼, 318. 힐끗 (돌아다보았지만) 瞥了一眼
(153) 힘껏: 118. 用力	(153) 힘껏: 118. 用力

2. 작품별 원문과 번역문

〈부록 표4〉『고래』: 의태어가 출현하는 원문과 번역문[2]

『고래』	『鲸』
1.10 공장 건물이라고 해봐야 가로로 길게 늘어진 벽돌가마 몇 개와 나무판자와 슬레이트를 섞어 얼기설기 지어놓은 살림집이 전부였지만[3]	1.4 所谓工厂建筑，只不过是横向排列的几座砖窑，以及木板和石棉瓦混合而成的房子
2.10 나뭇잎 대신 살진 느타리버섯을 주렁주렁 달고 있었다.	2.4 没有了树叶，取而代之的是成串胖嘟嘟的秀珍菇。
3.11 그녀는 공장으로 돌아오는 내내 가슴이 먹먹해질 만큼 그리웠던 풍경들을 허겁지겁 눈으로 좇으며 사람의 흔적을 찾으려 애를 썼지만	3.4 回来后，春姬慌乱的目光始终追随着曾经魂牵梦萦的风景，努力寻找人的痕迹，
4.12 부서진 마루 틈새로 강아지풀이 삐죽 고개를 내밀고 있었다.	4.5 狗尾草从破碎的廊台缝隙里探出头来。
5.14 땀에 젖은 등이 서늘한 벽에 닿자 자신도 모르게 스르르 눈이 감겼다.	5.6 汗水浸湿的后背碰到冰冷的墙壁，她不由自主地闭上眼睛。
6.15 나비는 어느새 하늘로 날아올라 가물가물 멀어지고 있었다.	6.7 蝴蝶转眼飞上天空，渐渐远去。
7.15 이글이글 시뻘건 불길이 타오르고 있었다.	7.7 火焰在熊熊燃烧。
8.15 힘줄이 툭툭 불거진 굵은 팔뚝엔	8.7 粗壮的胳膊青筋暴起，汗流满面。

2 표 안의 숫자, 예컨대 '1.10'에 앞의 '1'은 출현 순서이고, 뒤의 '10'은 해당 의태어가 출현하는 페이지를 나타낸다. (이하 모든 도표 동일 적용)

3 의태어 단독으로 번역한 것과 수식하는 동사와 함께 번역한 경우 모두 의태어만 밑줄을 그었다. (아래 동일 적용) 번역본에 밑줄이 없는 것은 생략하고 번역하지 않았음을 나타낸다.

송골송골 땀방울이 솟아오르고	
9.15 하지만 바싹 말라버린 목에선 작고 이상한 신음소리만 흘러나올 뿐이다.	9.7 干燥的喉咙里只是流淌出奇怪而微弱的呻吟。
10.16 그녀는 온 힘을 다해 벌떡 일어섰다.	10.7 她竭尽全力，站起身来。
11.17 젖은 수의가 처덕처덕 몸에 감겨 걷기가 더욱 힘들었다.	11.8 不过湿漉漉的囚衣紧紧裹住身体，走路更吃力了。
12.17 텅 빈 뱃속에서 무언가 울컥 치밀어오르며 목이 메어왔다.	12.9 空荡荡的肚子里突然涌起了什么，喉咙哽咽了。
13.18 멀리서도 유난히 눈에 띄는 것은 건물들 사이로 우뚝 솟은 극장이었다.	13.9 距离很远就格外引人注目的是高高耸立在建筑物之间的剧场，
14.19 붉은 녹이 뒤덮고 있는 펌프는 바짝 말라붙어 도저히 물이 나올 것처럼 보이지 않았다.	14.10 长满红锈的水泵已经干枯，看样子不可能出水了。
15.20 그들은 땀을 뻘뻘 흘리면서도 후루룩 소리를 내며 뜨거운 국을 잘도 먹었다.	15.10 他们汗流满面，哧溜哧溜地喝着热乎乎的汤。
16.21 차가운 물이 식도를 타고 위장으로 흘러들어가며 찌르르 울리는 느낌이 몸 전체에 퍼져나갔다.	16.11 凉水沿着食道进入胃肠，那种战栗感蔓延至全身。
17.22 차가운 지하수가 닿자 더위에 지쳐 늘어진 몸이 화들짝 놀라 깨어나며	17.12 冷冰冰的地下水碰到身体，因为炎热而疲惫不堪的身体赫然被惊醒，
18.26 기실은 오래전부터 이미 구멍이 숭숭 뚫려 유리처럼 약해진	18.15 早在很久以前，老妇的骨关节就千疮百孔，弱不禁风了。
19.27 하지만 노파는 어두컴컴한 방안에서 그동안 꽁꽁 언 찬밥 덩어리를 어석어석 깨물어먹으며	19.15 老妇在黑暗的房间里嚼着结冰的冷饭团，
20.28 그녀의 머리 주변을 빙빙 도는 벌에게 쏘일까봐	20.16 更害怕被围绕在她脑袋周围的蜜蜂蜇伤，
21.29 그곳이 그저 눈이 있는 자리라는	21.17 那双深陷的老鼠眼只能让人知道那是

것만을 겨우 알려줄 뿐인 옴폭 들어간 쥐눈에	眼睛的位置,
22.31 그날따라 무엇 때문에 흥분을 했는지 힘줄이 툭툭 불거진 반편이의 연장이 바로 코 앞에서 꺼떡대며	22.18 而且那天他也不知道为什么那么兴奋, 青筋暴起的阳具就在她眼前,
23.32 그녀는 잠시 뜸을 들인 후, 배시시 웃으며 말했다.	23.19 이 부분을 포함한 한 단락을 번역하지 않음.
24.34 아랫것들이 어느새 밖으로 몰려나와 그녀의 주위에 빙 둘러섰다.	24.20 他们纷纷跑出房间, 环绕在老处女四周。
25.34 주인마님은 얼굴을 부들부들 떨며	25.20 夫人脸上的肌肉轻轻颤动,
26.35 모두들 일제히 입을 딱 벌렸다.	26.20 所有人都目瞪口呆。
27.36 다들 고개를 절레절레 흔들며 각자의 방으로 기어들었다.	27.21 大家连连摇头, 鉆进了自己的房间。
28.37 양물을 살살 주물렀다.	28.22 轻轻揉搓他的阳物。
29.37 반편이가 입을 헤 벌리며 대답했다.	29.22 傻子笑呵呵地回答。
30.37 살살 어르고 달래어 집밖으로 끌고 나왔다.	30.22 老处女还是连哄带骗地拉着他出了门。
31.39 반편이가 아랫마을에서 퉁퉁 불은 시체로 떠올랐던 그 해 겨울	31.24 傻子肿胀的尸体漂浮在下游村庄的那年冬天,
32.40 온기라고는 두엄에서 모락모락 올라오는 김밖에 없었으니,	32.25 唯一能让她感觉到温暖的是肥堆冒出的热气,
33.40 두엄 속에서 깜빡 잠이 들었던 딸은	33.25 女儿在肥料堆里睡着了。
34.41 가엾은 소녀의 커다란 눈에 그렁그렁 눈물이 맺혔다.	34.25 可怜的女孩, 大眼睛里充满了泪水。
35.41 그리고 아궁이 앞에 앉아 불을 쬐다보니 얼었던 몸이 녹으며 두엄 냄새가 모락모락 피어올랐다.	35.25 坐在灶坑前烤了会儿火, 身体也暖和了, 浑身散发出肥料的味道。

36.42 순간, 노파는 자신도 모르게 그만 빨갛게 불씨가 남아 있는 부지깽이 끝으로 딸의 왼쪽 눈을 푹 찌르고 말았다.	36.26 刹那间, 老妇不由自主地用带着红色火星儿的烧火棍刺向女儿的左眼。
37.42 피를 줄줄 흘리며 눈을 감싸쥐고 울부짖는 딸에게	37.26 女儿鲜血淋漓, 捂着眼睛放声痛哭。
38.42 시커먼 얼굴에는 현무암처럼 커다란 구멍이 숭숭 뚫려 있었다.	38.26 黝黑的脸就像玄武岩, 长满了小洞。
39.43 곰보는 비명 한번 제대로 못 지르고 부르르 떨더니	39.27 麻子男人来不及出声, 猛地一抖,
40.44 소리도 못 지르고 바들바들 떨고 있었다.	40.27 一声不吭, 瑟瑟发抖。
41.47 그들은 교대로 번갈아가며 밤새도록 노파를 자근자근 밟아댔다.	41.30 他们整夜轮流践踏老妇。
42.47 노파의 딸은 노파를 쳐다보며 픽 웃더니	42.30 老妇的女儿看着老妇笑了笑。
43.48 노파는 몸에다 보료를 둘둘 감고 놓아주지 않았다.	43.30 老妇把垫子缠在身上, 不肯松开。
44.52 이미 산패된 살점은 흐물흐물 녹아내려 궤짝 밑으로 젓국이 흐르고	44.34 鱼肉散落, 化成了水, 流到箱子下面。
45.54 하늘에는 휘영청 둥근 보름달이 떠 있었다.	45.36 天上挂着皎洁而圆润的满月。
46.56 낫을 든 아버지의 눈엔 질투의 불길이 이글이글 타오르고 있었다.	46.37 手拿镰刀的父亲眼里燃烧着嫉妒的火焰。
47.56 낫으로 소년의 목을 댕강 잘라버릴 작정이었다.	47.37 他想用镰刀砍掉男孩的脑袋,
48.56 금복은 여전히 이불을 뒤집어쓴 채 바들바들 떨고 있었다.	48.37 金福仍然盖着被子, 浑身发抖。
49.58 그는 잠깐 잠이 들었다가 어지러운 꿈에 퍼뜩 눈을 떴다.	49.38 这时候, 他睡着了, 睡着睡着, 他被混乱的梦惊醒, 猛然睁开眼睛。
50.58 그는 물을 향해 휘적휘적 걸어들	50.39 他踉踉跄跄地走向水库。

어갔다.	
51.59 금복은 삼륜차 옆자리에 새색시처럼 얌전하게 앉아 구불구불 산길을 돌아가며 하염없이 이어지는 자동차의 불빛을 바라보고 있었다.	51.40 金福像新媳妇似的，安安静静地坐在三轮车的旁边位置， 转头看着蜿蜒的上路，望着连绵不绝的车灯。
52.60 그리고 그 바람은 터덜터덜 산길을 넘던 생선장수의 삼륜차를 스쳐	52.41 风慢腾腾地越过山路，吹过鱼贩子的三轮车旁
53.61 물고기는 바다 한복판에서 불쑥 솟아올라 등에서 힘차게 물을 뿜어 올렸다.	53.42 鱼从大海中间赫然冒出，后背上用力喷出水花。
54.62 금복은 믿을 수 없는 거대한 생명체의 출현에 압도되어 그저 입을 딱 벌린 채 온몸을 부들부들 떨었다.	54.42 面对着难以置信的庞然大物，金福被征服了，她张大嘴巴，浑身发抖。
55.63 배 위에서 그물코를 벼리에 꿰고 있던 사내는 방금 부둣가 도시에 도착한 어린 계집애를 힐끗 건너다보았다.	55.43 在船上拴网的男人看了看刚刚到达这座港口城市的女孩。
56.63 꼬맹이란 말에 기분이 나빠진 금복이 톡 쏘아붙였다.	56.43 听到小丫头这几个字眼，金福有点儿不高兴，闷闷不乐地顶撞道。
57.65 그는 슬그머니 뒤로 다가와 냉큼 치마를 들치고 통통한 엉덩이를 와락 움켜쥐었다.	57.44 男人悄悄走到金福身后，猛地掀开她的裙子，抓住了她胖乎乎的屁股。
58.66 그 틈에 금복은 배에서 폴짝 뛰어내려	58.45 金福趁机从船上跳下去，
59.66 거대한 장골의 사내가 참나무처럼 우뚝 서서 그들을 내려다보고 있다. 금복도 눈을 살짝 치켜뜨고 올려다보았다.	59.45 一个身材魁梧的强壮男人如同橡树般站在旁边，低头看着他们。金福也轻轻睁开眼睛，抬头看了看男人。
60.67 팔 척이 넘는 장골의 사내는 두 사람을 모두 덮을 만큼 긴 그림자를 만들어내며 성큼성큼 걸어왔다.	60.45 这个身高八尺的男人投下足以覆盖两人全身的长长的影子，大步流星地走来。

61.67 사내는 성큼성큼 걸어와 대뜸 금복을 깔고 앉아 있던 어부의 멱살을 잡아 번쩍 치켜들었다.	61.45 男人大步走来，抓起压在金福身上的渔夫的衣领，将他提了起来。
62.68 금복은 몸을 웅크린 채 바들바들 떨었다.	62.46 金福蜷缩着身体，瑟瑟发抖。
63.68 금복은 갑자기 다리에 힘이 풀리며 다시 그 자리에 풀썩 주저앉았다.	63.46 她突然感觉双腿无力，跌坐在地。
64.69 금복은 보따리를 끼고 앉아 ---자신도 모르게 설핏 잠이 들었다.	64.47 金福夹着包袱，望着在阳光下闪闪发光的海面，不知不觉睡着了。
65.69 잠결에 바람의 방향이 바뀌는 것을 깨닫고 금복은 퍼뜩 눈을 떴다.	65.47 金福在睡梦中感觉到风向发生了变化，猛地睁开了眼睛。
66.69 그렁그렁 맺힌 눈물 너머로 붉은 노을이 지고 있었다.	66.47 透过盈满双眼的泪花，她看到红彤彤的夕阳。
67.70 자다 말고 일어난 생선장수는 말안 해도 다 알겠다는 듯 빙그레 미소를 띠고 금복을 쳐다보며 말했다.	67.47 从睡梦中醒来的鱼贩子好像不用说也明白，面带微笑地看着金福。
68.70 문득문득 고향 마을의 풍경이 꿈인 듯 생시인 듯 눈앞에 떠올랐다.	68.48 眼前突然浮现出故乡村庄的风景，分不清是梦还是现实。
69.71 생선장수는 그날 번 돈을 꼬깃꼬깃 접어 전대에 넣었다.	69.48 鱼贩子把那天赚来的钱叠得整整齐齐，塞进了钱包。
70.73 생선장수는 눈을 질끈 감고 그동안 모아놓은 돈을 모두 투자할 수밖에 없었다.	70.50 鱼贩子只好紧闭双眼，彻底投入了以前积攒的金钱。
71.74 넓은 해안이 온통 말린 생선들로 가득 채워지는 장관이 연출되었다.	71.51 宽阔的海岸完全变成了晒鱼场。
72.77 다른 사내들보다 머리통이 두 개쯤 더 있는 것처럼 기골이 장대한 그는 물이 뚝뚝 흐르는 무거운 궤짝을 어깨에 짊어지고 성큼성큼 선창을 걸어 올라와	72.53 他比普通男人足足高出两头，扛着滴水的沉重箱子，大步流星地走上码头，

73.80 숨을 쉴 때마다 크게 오르내리는 그의 배에 그만 덜컥 손을 얹어놓고 만 것이다.	73.55 她竟然把手放在巨正喘息时剧烈起伏的肚子上面。
74.80 금복은 화들짝 놀라 걱정의 배에서 손을 떼고 일어나 마당을 가로질러 대문 밖으로 달아났다.	74.55 金福大惊, 连忙从巨正的肚子上拿开了手, 起身穿过庭院, 逃出了大门。
75.83 그리고 성큼성큼 그녀를 향해 곧장 걸어왔다.	75.57 大步朝她走去。
76.83 걱정을 본 금복은 깜짝 놀라 엮고 있던 생선두름을 떨어뜨렸다.	76.57 看到巨正来了, 金福大吃一惊, 手里的鱼串掉到了地上。
77.84 화가 난 생선장수는 용기를 내어 와락 보따리를 낚아채 바닥에 내동댕이쳤다.	77.58 喷怒的鱼贩子鼓起勇气, 伸手夺过包袱, 扔在地上。
78.84 대신 덥수룩하게 수염이 덮힌 얼굴이 꿈틀, 움직였다.	78.58 他长满胡子的脸轻轻地动了几下。
79.85 그녀는 몸을 활짝 열어젖혔다.	79.60 她肆无忌惮地敞开自己的身体。
80.86 난생처음 맛보는 엄청난 쾌락에 온몸을 부르르 떠는 걱정의 입에서 자신도 모르게 신음소리가 흘러나왔다.	80.60 巨正感觉到了平生从未体会过的巨大快乐, 浑身颤抖, 嘴里情不自禁地发出呻吟。
81.89 금복은 빙그레 웃으며 그때까지도 걱정이 입에 물고 있던 개짐을 빼주었다.	81.62 金福面带微笑, 去下了叼在巨正嘴里的布带。
82.91 몇 년간 살 붙이고 살며 고명딸 기르듯 애면글면 보살피고 애지중지 보듬어주던 금복이 하루아침에 자신의 곁을 떠나버렸으니(애지중지는 한자어라서 사전에서 빠져있다)	82.64 何况是过了好几年肌肤相亲的日子, 像掌上明珠似的疼爱有加, 照顾得无微不至的金福
83.93 생선장수는 그제야 퍼뜩 정신이 들었다.	83.66 鱼贩子这才翻然醒悟。
84.94 그는 소금기에 삭아가고 있는 삼	84.66 他有气无力地坐在被盐腐蚀的三轮车

륜차 옆에 풀썩 주저앉았다.	旁边。
85.96 사내의 목울대가 꿈틀, 움직였다.	85.68 男人蠕动着喉结说道:
86.98 금복은 사내를 향해 배시시 웃어 보였다.	86. 이 부분은 해석하지 않았다.
87.99 하지만 사내는 빙그레 웃으며, '그것은 속임수가 아니라 바로 영화'라고 말했다.	87.69 男人面带微笑说: "这不是骗术, 是电影。"
88.99 사내는 빙그레 웃으며 금복의 뒷모습을 지켜보았다.	88.70 男人面带微笑, 注视着金福的背影。
89.101 머릿속에 퍼뜩 덕장이 떠올랐다.	89.71 她突然想起了晒鱼场,
90.101 어둠 속에 집채만한 파도가 거인처럼 우뚝 서 있었다.	90.71 房屋般的波涛巨人似的矗立在黑暗之中。
91.101 그는 허겁지겁 뛰어가 생선을 궤짝에 주워 담았다.	91.71 他急匆匆地跑过去, 捡起鱼来, 装进箱子里。
92.102 누군가 희미하게 자신을 부르는 소리에 금복은 퍼뜩 눈을 떴다.	92.71 听到有人轻声呼唤自己, 金福猛然睁开眼睛。
93.102 금복은 반가움에 벌컥 문을 열었다.	93.71 金福欣喜万分, 猛地推开了门。
94.105 허리까지 잠긴 바닷물에 잠방이가 처덕처덕 감기고	94.75 裤子被齐腰的海水湿透,
95.106 걱정은 무슨 생각을 했는지 다리에 불끈 힘을 주고 그 자리에 버티고 섰다.	95.75 巨正也不知道怎么想的, 双腿用力撑在那里。
96.107 그러자 걱정이 띄엄띄엄, 힘겹게 입을 열었다.	96.76 巨正断断续续, 艰难地开口说道:
97.111 그는 금복을 개처럼 길바닥에 질질 끌고 다니며 구경 나온 사람들을 향해 기광을 부렸다.	97.78 他像牵狗似的拉着金福, 冲着看热闹的人们疯狂地叫嚷:
98.113 그리고 아무도 없는 바닷가에 주저앉아 눈이 퉁퉁 붓도록 울었다.	98.80 她坐在无人的海边, 哭得眼睛红肿。

99.113 칼자국은 빙그레 웃으며 금복의 손을 잡아 안으로 안내했다.	99.80 刀疤男人面带微笑，拉着金福的手，带她走了进去。
100.114 칼자국은 이번에도 언제든 영화가 보고 싶으면 아무 때고 오라며 빙그레 웃어 보였다.	100.81 刀疤男人仍然笑着说，什么时候想看电影，随时都可以来。
101.117 그러다 사내가 잘린 손가락을 보여주자 겨우 생각이 난다는 듯 빙그레 웃으며 말했다.	101.83 直到男人把砍掉的手指给她看，她好像才想起来，微笑着说道:
102.119 그러자 나오꼬는 피식 웃으며 대답했다.	102.84 奈绪子笑着回答说:
103.122 영화를 볼 때마다 옆에 앉아 금복의 손을 꼭 잡아주었다.	103.86 刀疤每次看电影的时候都紧紧抓住坐在旁边的金福的手。
104.126 그러다 문득 생각이 난 듯 자리에서 벌떡 일어나 갑자기 포달을 부리기도 했지만	104.89 有时他像突然想起了什么，猛地站起来，发发脾气。
105.133 도저히 참다못한 금복이 벌떡 일어서서 그를 왈칵 떠밀었다.	105.94 金福忍无可忍，猛地站起来，用力推开了巨正。
106.134 금복은 가슴이 덜컥 내려앉았다.	106.94 金福的心猛地一沉。
107.137 여느 때처럼 금복이 집으로 돌아가기 위해 기모노를 벗고 주섬주섬 옷을 꿰어 입고 있을 때였다.	107.97 金福像往常那样脱掉和服，穿好自己的衣服，准备回家。
108.137 금복이 고개를 홱 돌리며 칼자국을 노려보았다.	108.98 金福猛地转过头，瞪着刀疤。
109.144 금복을 힐끗 쳐다보는 그의 눈은 아무런 욕망도 아무런 증오도 담겨 있지 않은 순수한 무 그 자체였다.	109.102 他看了一眼金福，目光中没有欲望，也没有憎恶，只有单纯的空虚。
110.145 그러자 칼자국이 펄쩍 뛰었다.	110.103 刀疤极力反驳:
111.146 어찌된 일인지 온몸이 흥건히 젖어 있어 옷소매에선 물이 뚝뚝 떨어	111.104 不知道怎么回事，他浑身上下湿漉漉的，袖子还在滴水。

져 내렸다.	
112.146 순간, 금복은 잠에서 깨어 벌떡 일어나 앉았다.	112.104 金福忽然惊醒，猛地坐了起来。
113.146 비가 들이쳐 창호지가 흠뻑 젖어 있었다.	113.104 雨水打进窗户，窗户纸湿了。
114.146 방문이 활짝 열려 있었다.	114.104 房门敞开，
115.147 그녀는 맨발로 허겁지겁 마당을 가로질러 대문을 열고 밖으로 달려 나갔다.	115.104 她赤着脚，慌里慌张地穿过庭院，推开大门跑了出去。
116.147 금복은 갑자기 어지러워지는 듯한 느낌에 그 자리에 우뚝 멈춰 섰다.	116.105 金福有种头晕目眩的感觉，猛地停下了脚步。
117.148 그녀의 얼굴은 분노로 부들부들 떨렸다. 무릎이 꺾여 그는 그 자리에 털썩 주저앉았다.	117.105 她的脸因愤怒而瑟瑟发抖。他膝盖一弯，跪倒在地。
118.149 문득 자신의 하체를 내려다본 걱정은 깜짝 놀라고 말았다.	118.106 巨正下意识地看了看自己的下身，顿时惊呆了。
119.151 그는 온 힘을 다해 육중한 몸뚱이를 질질 끌며 부두를 향해 걸어갔다.	119.108 他仍然全力以赴地拖着沉重的身体，朝着码头走去。
120.152 문 앞에 거대한 괴물이 우뚝 서 있었다.	120.109 门口耸立着庞大的怪物。
121.153 번개가 번쩍 치는 순간,	121.109 闪电划过的瞬间，
122.153 걱정은 무거운 살덩어리를 질질 끌며 힘겹게 걸음을 옮기고 있었다.	122.109 巨正拖着沉重的肉块，艰难前行。
123.154 찢어진 거죽 사이로 창자가 비질비질 새어나왔다.	123.110 肠子从被扯碎的肌肤间露出。
124.154 그럴수록 상처가 더욱 크게 벌어져 내장이 주르르 바닥에 쏟아지고 말았다.	124.110 然而越是这样，伤口被扯得越大，内脏哗啦啦流了一地。
125.157 금복은 게눈 감추듯 허겁지겁 한 그릇을 뚝딱 비우고 그대로 구석에	125.111 金福狼吞虎咽地吃光了饭，倒在角落里睡着了。

쓰러져 잠이 들었다.	
126.159 피와 양수를 뒤집어쓴 태아의 몸에선 김이 모락모락 피어오르고 있다.	126.113 胎儿的身上沾满鲜血和羊水，还冒着热气。
127.159 겨우내 기승을 부리던 동장군이 슬슬 떠날 채비를 하던 어느 해 늦겨울 아침이었다.	127.114 那是暮冬的早晨，嚣张了整个冬天的东将军正在做着离开的准备。
128.160 그녀는 옆에서 잠든 아이는 거들떠보지도 않은 채 쌍둥이 언니가 끓여온 미역국을 허겁지겁 먹어치웠다.	128.114 她看也没看睡在旁边的孩子，狼吞虎咽地吃光了双胞胎姐妹做给她的海带汤。
129.161 마치 물속에서 막 걸어 나온 듯 온몸이 흠뻑 젖어 있었다.	129.115 就像刚刚从水里走出来，浑身湿透。
130.162 장마가 끝나기 전에 무명 몇 필을 훔쳐 다른 도시로 훌쩍 떠나기도 했다.	130.116 雨季结束之前，她偷出几匹布，逃到了另外的城市。
131.163 그의 얼굴은 여전히 창백했으며 흠뻑 젖은 옷에선 물이 뚝뚝 떨어졌다.	131.116 他仍然 脸色苍白，湿漉漉的衣服往下滴水。
132.166 동장군이 슬슬 물러갈 채비를 하던 어느 겨울밤, 산기가 느껴졌다.	132.118 东将军开始做起了离开的准备，一天夜里，她感觉到了临产的迹象。
133.166 금복은 피식 웃으며 한 귀로 흘려버렸다.	133.119 金福莞尔一笑。
134.167 대신 춘희는 먹은 만큼 놀라운 속도로 쑥쑥 커나갔다.	134.120 春姬吃得多，长得也格外快。
135.171 등에 태우고 빙빙 돌기도 했다.	135.123 或者驮着她们在舞台上转圈。
136.171 불을 피워 뜨겁게 달군 쇠판 위에 올라가 겅중겅중 뛰는 코끼리 춤도 볼만했지만,	136.123 大象走上被火烧得滚烫的铁板有力地跳舞的场面固然不可错过，
137.172 코끼리는 난생처음 듣는 장끼 소리에 놀라 그만 발을 덜컥 내려놓고 말았다.	137.124 大象被从未听过的野鸡叫声吓坏了，忽然就落下了脚。

138.173 느릿느릿 지친 발걸음을 옮기는 점보의 뒤에선 한 남자 단원이 상처 입은 자리에 끊임없이 채찍질을 해댔다.	138.124 花点儿慢吞吞地挪动着脚步，杂技团的男团员在后面用鞭子抽打花点儿受伤的部位。
139.175 어느 날 춘희는 혼자 마구간 앞을 아장아장 걸어가고 있었다.	139.126 有一天，春姬独自走过马厩门前。
140.179 그 역시 온몸이 물에 젖어 있었고 발에는 수초가 칭칭 감겨 있었다.	140.129 父亲也是浑身湿透，脚上缠满了水草。
141.179 쌍둥이자매는 펄쩍 뛰며 여자 혼자 몸으로 젖먹이를 데리고 어디를 가냐며 극구 만류했지만	141.129 双胞胎姐妹极力反对，说她独自带着个吃奶的孩子怎么能行。
142.179 잠도 못 자고 하루가 다르게 바짝바짝 야위어가는 금복을 보고는 더 이상 말릴 수만도 없었다.	142.129 然而看着金福夜不成眠、日渐消瘦的样子，也就无法继续挽留了。
143.183 너른 들과 함께 주렁주렁 무거운 낟알을 매달고 있는 넉넉한 마을 풍경을 떠올렸을 게다.	143.133 除了辽阔的原野，还有到处挂满沉甸甸的稻穗的乡村风景。
144.184 삼십 리를 멀다 않고 허겁지겁 달려온 그의 눈앞에 펼쳐진 것은 산자락 아래 여기저기 흩어져 보기에도 민망한 너새집 몇 채뿐,	144.134 急匆匆跑过三十里，看到的却是零落星散的三四间房子，
145.184 원체 부실한 다리에 힘이 쫙 빠지며 그 자리에 주저앉고 싶었을 게다.	145.134 原本就不怎么健康的腿上忽然没了力气，恨不得立刻坐到地上。
146.187 마을 사람들은 포획물을 지게에 지고 가서 탱크로 산을 까뭉개고 있는 현장 근처에 내려놓고는 곧장 뒤돌아서서 허둥지둥 마을로 내려갔다.	146.135 村里人用背架背着捕获物，放在坦克推大山的现场附近，然后匆匆回到了村庄。
147.188 기차는 마치 땅을 파고 기어가는 지렁이처럼 느릿느릿 골짜기 사이를 비집으며 앞으로 나아갔고,	147.136 火车像是在地下鉆来鉆去的蚯蚓，慢吞吞地穿过山谷，向前驶去。
148.190 그녀가 머지않은 장래에 평대	148.138 如果知道她就是在不久的将来把

를 발칵 뒤집어놓을 장본인이라는 걸 조금이라도 눈치 챈 사람들이라면 미리 안면이라도 트려고 줄을 섰겠지만,	坪岱搅得天翻地覆的罪魁祸首，他们肯定会排队争睹她得芳容。
149.190 아무튼, 예나 지금이나 이미 초래된 결과에 대해 이러쿵저러쿵 한마디라도 더 이야기를 보태려는 사람들의 속성은 변하지 않는가보다	149.138 总之，不管是从前还是现在，人们的属性都未曾改变，都喜欢针对已经发生的结果增添几个故事。
150.192 그녀의 몸속엔 오감을 통해 얻은 정보가 차곡차곡 저장되어가고 있었다.	150.140 通过感官获得的欣喜储存于她的体内。
151.196 그리고 펄펄 끓는 쇳물과 이글거리는 열기가 있었다.	151.142 以及沸腾的溶液和滚滚的热气。
152.196 단단한 쇠가 풀무질과 담금질, 망치질을 거쳐 번쩍번쩍 빛이 나는 갖가지 생활도구나 농기구로 거듭나는 과정은 춘희에게 매우 경이로운 모습이었다.	152.142 坚固的铁经过火烧和淬火、捶打，变成闪闪发光的各种生活用品和农具的过程，对于春姬来说无疑是很令人震惊的场面。
153.202 때마침, 번개가 치며 천둥소리가 천지를 갈가리 찢어놓았다.	153.147 正在这时，一道闪电划过，雷声响彻天地。
154.204 눈이 화등잔만 해진 그녀는 허겁지겁 손에 잡히는 대로 아무 종이나 집어 들어 등잔불에 비춰보다 그만 그 자리에 철퍼덕 주저앉고 말았다.	154.149 她瞪大眼睛，慌慌张张地随手又抓起几张纸片，借着灯光仔细端详。看过之后，她无力地坐下了。
155.209 그녀가 겨우 따라붙을 만하면 다시 돌아서서 성큼성큼 앞으로 걸어가곤 했다.	155.153 她终于赶上来的时候，文就转身，大步向前走。
156.211 두 사람은 그렇게 뜨겁고 아슬아슬하게, 끈적하고 늘큰하게, 두근두근 숨가쁘게, 달아오른 한여름의 대기 속에 들큼한 날숨을 뒤섞으며 거의 반나	156.154 两个人甜飕飕的口气混合在夏日热乎乎的空气里，激烈而危险，黏稠而散漫，忐忑而匆忙。足足走了半日，他们终于到达能看得见南野里的地方。

절이 족히 걸려 남발안이 내려다보이는 지점에 도착했다.	
157.212 순간, 금복은 머릿속에 뭔가 퍼뜩 지나가는 느낌이 들었다.	157.155 瞬间，金福的脑海里掠过一个念头。
158.213 날이 더워 두 사람 모두 옷이 땀으로 흠씬 젖었다.	158.155 天很热，两个人的衣服都被汗水湿透了。
159.213 금복은 한사코 업히라는 문의 권을 끝내 물리치고 타박타박 그의 뒤를 따라 걸었다.	159.155 尽管文坚持要背，她还是拒绝了，迈着沉重的脚步跟在后边。
160.213 금복은 물을 보자 반가운 듯 쪼르르 개울가로 달려 내려갔다.	160.155 看到水，金福似乎很开心，大步朝河边跑去，
161.213 색시처럼 얌전떨지 말고 윗도리를 벗고 활활 씻으세요.	161.155 别像新媳妇那么腼腆，脱掉上衣痛痛快快地洗吧。
162.214 문은 목물을 해주는 금복을 힐끗 돌아보았다. 젖은 천에 찰싹 달라붙은 하얀 젖가슴 한가운데 오디 같은 젖꼭지가 수줍게 어른거렸고 팔을 움직일 때마다 짙게 우거진 겨드랑이 털이 불경스럽게 드러났다.	162.156 文转头看了看为自己洗澡的金福。紧贴在湿衣服里面的白晰乳房中间，桑葚般的乳头娇羞地忽隐忽现。
163.215 기차를 타고 지나가던 승객들은 벌건 대낮에 개울가 버드나무 밑에서 남녀가 알몸으로 뒤엉킨 놀라운 광경을 목격하고 일제히 입을 딱 벌렸다.	163.156 乘坐火车经过的乘客们看到光天化日之下赤身裸体的男女在河边柳树下相互纠缠的惊人场面，无不瞠目结舌。
164.215 문의 허리를 더욱 바싹 끌어안으며 기차를 향해 손을 흔들었다.	164.157 金福毫不在意，反而把文的腰抱得更紧，甚至朝火车挥起了手。
165.215 잠시 후, 금복이 옷을 주섬주섬 꿰고 있는 문에게 물었다.	165.157 不一会儿，金福对穿衣服的文说。
166.216 그러고는 휙 돌아서서 그때까지도 어안이 벙벙하게 쳐다보는 문을 남겨둔 채,	166.157 说完，金福猛地转过身去，抛下了目瞪口呆地看着她的文，

167.216 커다란 엉덩이를 흔들며 <u>사뿐사뿐</u>, 기찻길을 향해 걸어 올라갔다.	167.157 甩起大屁股, <u>迈着轻快的步子</u>朝铁路走去。
168.227 애초에 공사의 규모도 생각지 않고 <u>덜컥</u> 일을 저지른 금복도 금복이었지만	168.166 金福根本没有想过工程的规模, <u>贸然</u>行事。
169.228 여기저기 구멍이 <u>숭숭</u> 뚫려 앙상하게 남은 차체 사이로는	169.166 露出很多破洞。
170.228 지나는 자리엔 검은 기름마저 <u>뚝뚝</u> 떨어져.	170.166 机油<u>滴落</u>在每个经过的地方。
171.228 마치 힘이 다 빠지고 관절이 모두 상한 늙은이가 걸어가듯 <u>느릿느릿</u>,	171.166 像个有气无力、关节受损的老人, <u>慢吞吞地</u>行进,
172.228 자신도 모르게 무심코 고개를 돌려 늙은이를 바라보다 <u>깜짝</u> 놀라 손에 들고 있던 찻잔을 바닥에 떨어뜨리고 말았다.	172.167 金福不经意地转头看了看老人, 忍不住<u>大为</u>吃惊, 手中的茶杯掉落在地。
173.232 어떻게 손을 봤는지 노랗게 칠한 차체는 뚫어진 구멍 하나 없이 <u>반짝반짝</u> 빛이 났고	173.169 也不知道经过了怎样的修理, 车身涂上了黄漆, <u>闪闪</u>发光, 破洞都没有了,
174.232 금복은 말없이 <u>빙그레</u> 웃기만 했다.	174.169 金福只是默默地<u>微笑</u>。
175.234 그는 일 분에 겨우 스물다섯 번 밖에 뛰지 않는 심장을 가지고 <u>느릿느릿</u> 움직였으며	175.171 它的心脏每分钟只跳动二十五次, <u>慢吞吞地</u>活动。
176.237 금복은 <u>픽</u> 웃으며 말했다.	176.173 金福笑着说道:
177.241 그러자 문은 평소의 그답지 않게 <u>버럭</u> 화를 내며 금복이 들고 있던 벽돌을 빼앗아 바닥에 내던졌다.	177.175 文一反常态, <u>恼羞成怒</u>, 猛地夺过金福手里的砖, 扔在了地上。
178.243 그의 <u>꽁꽁</u> 언 손을 잡아 아랫목에 넣어주고 급히 음식과 술을 데워왔다.	178.176 同时抓住他冻僵的手, 放在炕头, 然后赶紧热好食物和酒端了上来。

179.244 그는 기뻐하는 기색도 없이 들고 있던 벽돌을 불쑥 내밀었다.	179.178 文面无喜色，只是把手里的砖头递给金福。
180.254 춘희는 분 뚜껑을 열고 허겁지겁 얼굴과 몸에 되는대로 분가루를 바르기 시작했다.	180.185 春姬打开脂粉的盖子，手忙脚乱地涂上自己的脸蛋和身体。
181.257 아무렇게나 풀어헤친 사내들의 가슴팍 위론 찐득한 땀이 줄줄 흘러내렸고	181.187 男人们裸露的胸膛上流下黏糊糊的汗水，
182.259 금복은 그 자리에서 느닷없이 옷고름을 풀어 저고리를 양옆으로 활짝 열어젖혔다.	182.188 金福突然解开衣带，朝两侧敞开小褂。
183.263 그가 볼멘소리로 말하자 금복이 빙그레 웃었다.	183.191 金福却露出了笑容。
184.264 중절모는 꼬박꼬박 말대꾸를 하는 금복이 아니꼽다는 듯 물었다.	184.191 礼帽男人用很不友好的目光望着不甘示弱的金福，问道。
185.269 그날, 생선장수는 낡은 차에 사람들을 태우고 구불구불 산길을 돌아 평대로 돌아오고 있었다.	185195 那天，鱼贩子用他那辆旧车拉着乘客，绕过崎岖的山路回到坪岱。
186.270 뭉툭한 주먹코와 이빨이 모두 빠져 홀쭉 들어간 뺨, 듬성듬성 빠진 머리카락	186.196 扁平的蒜头鼻和掉光牙齿的消瘦脸颊，稀稀落落的头发
187.270 생선장수와 눈이 마주치자 그녀는 홀쭉 들어간 뺨을 찌그러뜨리며 비시시 웃어보였다.	187.196 刚刚和鱼贩子目光对视，老妇就皱起消瘦的脸笑了。
188.275 그들은 자주 창가에 앉아 점보가 휘장을 두르고 느릿느릿 걸어가던 시장통을 바라보며 하염없이 눈물을 지었다.	188.199 她们常常坐在窗前，望着花点儿曾经围着条幅慢吞吞走过的市场，呆呆地流泪。
189.280 사람들 마음속엔 어느덧 공허가 가득 들어찼고 금복은 이를 차곡차	189.203 人们的心灵已经被空虚占据，金福把空虚变成了金钱。

곡 돈으로 바꾸어나갔다.	
190.282 목사는 금복과 정사를 나눌 때마다 눈을 질끈 감고 그의 하느님에게 기도를 했다.	190.205 牧师和金福做爱的时候，总是紧闭双眼，向他的上帝祈祷。
191.286 웃통을 벗어젖힌 사내는 가마에 등을 기댄 채 엉거주춤 서 있었고	191.207 脱光衣服的男人靠在窑上，丑陋不堪地站在那里。
192.286 금복의 뒤로 바짝 다가간 문이 번쩍 곡괭이를 쳐들었을 때, 문득 사내가 문을 발견했다.	192.208 文紧贴在金福后面，猛地举起铁镐的瞬间，男人发现了文。
193.286 그는 놀라 입을 딱 벌린 채 문의 눈에 어린 살기와 번쩍 치켜든 곡괭이를 동시에 쳐다보았다.	193.208 他惊讶得张大嘴巴，同时看到了文眼里的杀气和猛然举起的铁镐。
194.293 그는 재수 없게 벌에 쏘였다며 밥해주는 여자에게 부탁해 퉁퉁 부은 눈에 된장을 바르고 지나갔는데,	194.212 他说自己倒霉，被蜜蜂蜇了，就让做饭的女人往红肿的眼皮上抹了大酱， 事情就算过去了。
195.294 걸음을 옮길 때마다 벌들은 우수수 덩어리를 지어 바닥에 떨어졌지만	195.213 那个人每走一步， 蜜蜂就抱成一团，掉落在地。
196.296 그러자 애꾸는 비시시 웃으며 금복을 쳐다보았다.	196.214 独眼龙笑着看了看金福。
197.297 애꾸는 과연 몹시도 시장했던지 국에 밥을 말아 순식간에 뚝딱 해치웠다.	197.215 独眼龙似乎真的饿了，用汤泡了饭，转眼就吃了个精光。
198.299 그러나 벌들은 그녀의 휘파람 소리에도 아랑곳 않고 꾸역꾸역 벌통으로만 기어들었다.	198.216 蜜蜂对她的口哨声置若罔闻，奋不顾身地鉆进蜂桶。
199.300 금복은 피식 웃으며 다음과 같이 대답할 뿐이었다.	199.217 金福却只是笑了笑，回答说:
200.305 구경꾼들도 겁을 집어먹고 주춤주춤 뒤로 물러섰다.	200.221 看客们惊恐万分，纷纷后退。
201.311 그것을 머릿속에 차곡차곡 저	201.226 我有足够的时间把看到的东西存

장할 시간이 남아 있거든.	在脑子里。
202.313 금방이라도 울음이 터져 나올 것 같은 오싹한 쾌락에 깜짝 놀라 부르르 몸을 떨며 자신도 모르게 과부의 뜨거운 가슴을 와락 껴안은 이후	202.227 他感觉到了令人恐怖的快乐，甚至有想哭的冲动。于是，他瑟瑟发抖地抱住寡妇热乎乎的胸脯，
203.313 그다음에 자신이 무슨 짓을 하고 있는지도 정확히 알지 못한 채 그저 엉덩이를 바싹 밀어붙여 살이 짓무르도록 사타구니를 마구 비벼댄 이후,	203.227 根本不知道自己在做什么，只是把下身贴紧寡妇的肉体，使劲磨蹭，皮肤都要磨破了。
204.315 춘희는 놀라움과 반가움에 왈칵 눈물이 쏟아질 것 같았지만	204.229 春姬又惊又喜，差点儿掉眼泪。
205-1.317 건물이 반 넘어 탈 때까지 속수무책으로 발을 동동 구르며 지켜보다,	205-1.231 建筑物烧了大半，她们束手无策，急得连连跺脚。
205-2.318 비로소 소방차 옆에 물을 흠뻑 맞고 서 있는 춘희를 발견했다.	205-2.231 他们才发现浑身湿漉漉地站在消防车旁边的春姬。
206.321 트럭 운전사는 히죽 웃으며 말했다.	206.233 卡车司机笑着说。
207.323 금복이 빙그레 웃으며 대답했다.	207.235 金福微笑着回答:
208.328 야한 옷차림으로 껌을 질겅질겅 씹으며 거리에 나와	208.239 穿着露出肌肤的性感服饰，嘴里嚼着口香糖，站在街头。
209.329 그제야 포주는 무슨 뜻인지 알아듣고 야비한 표정으로 비죽 웃었다.	209.240 妓院老板这才明白金福的意思，阴险地笑了。
210.330 금복은 빙그레 웃으며 말했다.	210.241 金福笑着说:
211.335 마치 하늘에서 선녀가 방금 뚝 떨어진 듯 그 자태가 눈부셨다.	211.242 仿佛仙女下凡般光彩夺目。
212-1.335 물에 젖어 더욱 검어진 머리카락은 사슴처럼 긴 허리까지 치렁치렁 흘러내렸고	212-1.242 头发湿了，显得更黑，落在长颈鹿似的腰间。
212-2.337 금복의 얘기를 들었으면 틀	212-2.243 如果文听了这话，肯定会勃然大

림없이 버럭 화를 냈을 文은,	怒。
213.339 그녀는 부끄러운 듯 배시시 웃으며 베개에 얼굴을 묻었다.	213.245 她羞涩地笑了，把脸埋在枕头里。
214.340 더 이상 참을 수 없게 된 금복은 거친 숨을 몰아쉬며 그녀의 탐스러운 젖가슴을 와락 끌어안았다.	214.245 金福忍无可忍，气喘吁吁地抱住了睡莲诱人的乳房。
215.344 소녀는 무릎에 얼굴을 파묻고 울먹이다 자신도 모르게 깜박 잠이 들고 말았다.	215.249 少女把头埋在膝盖上哭泣，哭着哭着，不知不觉就睡着了。
216.352 건달은 금복을 노려보다 자리에서 일어나 그를 내리키기 위해 주먹을 번쩍 추켜올렸다.	216.255 流氓瞪着金福，站起身来，挥拳就想打金福。
217.356 금복은 어이가 없다는 듯 피식 웃으며 말했다.	217.257 金福不可思议地笑了笑，说道:
218.362 쌍둥이 언니는 그 자리에서 펄쩍 뛰며 뭘 보고 그런 얼토당토않은 소리를 하는지 모르지만	218.261 双胞胎姐姐暴跳如雷，…，还说她不知道金福凭什么胡说八道，
219.377 조그만 소리에도 깜짝깜짝 놀랐고	219.272 哪怕是很小的声音，他也会大惊失色。
220.377 금복의 인생엔 이미 여기저기 구멍이 뚫려 물이 줄줄 새고 있었으며	220.272 金福的人生已经千疮百孔，到处漏水了，
221.379 어쩌면 그것은 휘영청 보름달이 떠 있던 그날 밤,	221.274 也许从那个圆月当空的夜晚，
222.380 극장 안은 관객이 뿜어내는 열기로 후끈 달아올라	222.275 观众们的热情使得剧场里的温度骤然升高，
223.381 노파는 춘희를 향해 까맣게 썩은 이를 드러내며 비시시 웃어 보였다.	223.276 老妇露出腐烂的黑牙，冲春姬笑了笑。
224.396 그들은 춘희를 위해 슬금슬금 자리를 피해주었다.	224.288 她们不动声色地为春姬腾出位置。
225.402 도로 한복판에 커다란 돌멩이	225.292 巨大的石头横亘在道路中间，女囚

가 삐죽 튀어나와 제거를 하려고 주변을 파들어가기 시작했는데	们四周开始挖掘，试图挖出石头。
226.403 춘희가 어깨를 꿈틀하며 힘을 한번 쓰자 꿈쩍도 않던 바위가 기우뚱, 움직이기 시작했다.	226.292 只见春姬稍微动动肩膀，本来纹丝不动的石头活动了。
227.403 다리에 불끈 힘을 주고 그 자리에 버티고 섰다.	227.292 两腿用力，坚定地站着不动。
228.413 소문을 들은 포주 출신의 깡다구는 뭔가 신나는 일이 생겼다는 듯 주먹을 불끈 쥐고 말했다.	228.300 妓院老板娘出身的泼辣女听说了这个传闻，兴奋不已地紧握拳头，说道:
229.414 춘희는 그의 말을 다 알아들었다는 듯 고개를 끄덕이며 히죽 웃었다.	229.301 春姬好像全部听懂了他的话似的，点头笑了。
230.417 그 통에 콘크리트가 깨지며 바닥이 움푹 패었다.	230.303 水泥碎了，地面立刻露出了大坑。
231.422 번쩍, 번개가 치는 순간 금복의 허연 허벅지가 드러났다.	231.306 一道闪电划过，她看到了金福白皙的大腿。
232.422 장면은 갑자기 바뀌어 이번엔 살을 찢고 뼈가 튀어나온 미장이의 부러진 팔이 코앞에 불쑥 나타났다.	232.306 场面突然变化，这次出现在眼前的是皮肤破裂、骨头凸出的粉刷匠的断臂。
233.423 코와 귀는 떨어져나갔고 볼의 살이 뭉텅 잘려나가 어금니가 훤히 들여다보였다.	233.307 鼻子和耳朵都掉了，脸上的肉也几乎没了，可以清晰地看到门牙。
234.423 비록 가까스로 상처가 아물기는 했지만 얼기설기 꿰맨 자국들이 선명하게 남아 있어	234.307 伤口虽然愈合，但是缝过的痕迹清晰地保留下来，
235.424 눈을 질끈 감았지만 날카로운 빛은 눈꺼풀을 뚫고 들어와 칼날처럼 그녀의 망막을 쑤셔댔다.	235.308 尽管她闭着眼睛，锋利的光线却还是穿透了她的眼皮，像刀刃似的刺向她的视网膜。
236.426 막대기로 그녀의 몸을 쿡쿡 찔러보곤 했다.	236.309 用木棍戳她的身体，

237.432 하지만 약장수는 차가운 기계처럼 꾸역꾸역 돈이나 모으는 미련한 부자는 아니었다.	237.314 药贩子并不是那种只知道攒钱的愚蠢富人，更不是冷冰冰的机器。
238.435 그러곤, 커피를 한 모금 찔끔 마시며 다음과 같은 말로 화제를 돌렸다.	238.317 说完，他轻轻喝口咖啡，再以下面这句话转移话题。
239.437 그는 수련에게 다가가 덥석 허리를 껴안았다.	239.318 他走到睡莲身边，猛地抱住了她的腰。
240-1.437 말을 빙빙 돌리는 엿장수를 노려보고 있던 약장수가 물었다.	240-1.318 药贩子瞪着拐弯抹角的糖贩子，问道:
240-2.438 뜻밖의 횡재를 하게 된 엿장수는 입이 죽 찢어져 그리 하겠노라고 몇 번이고 다짐을 하며	240-2.319 发了意外横财的糖贩子乐得合不拢嘴，连连答应肯定做到，
241.440 자신도 모르게 넙죽넙죽 그녀가 따라주는 대로 한정 없이 술을 받아 마셨다.	241.320 情不自禁地喝光了她倒的酒。
242.440 그는 수련과 함께 뻗어버린 엿장수를 꽁꽁 묶어 뒤란으로 끌고 갔다.	242.320 和睡莲一起把糖贩子五花大绑，拖到后院，
243.444 제발이지, 살살 좀 다뤄주세요.	243.324 拜托，一定要当心点儿。
244.448 노파가 사라진 뒤에도 춘희는 그 자리에 앉아 두부 한 모를 남김없이 꾸역꾸역 목 안으로 밀어 넣었다.	244.327 老妇消失之后，春姬仍然坐在那里，一口一口地把豆腐咽下去，吃得干干净净。
245.450 춘희는 쌍둥이 자매와 점보를 떠올리며 울컥 목이 메었다.	245.329 想起双胞胎姐妹和花点儿，春姬喉咙哽咽了。
246.450 길 한복판엔 사람들이 이룩해 놓은 문명의 흔적을 비웃기라도 하듯 한 길이 넘는 수크령이 당당하게 우뚝 솟아나 있었다.	246.329 道路中间傲然耸立着比人还高的狗尾草，仿佛在嘲笑人类文明的痕迹。
247.456 살금살금 졸음이 밀려오기도 했다.	247.333 困意轻轻袭来。
248.456 진흙을 틀에 넣고 다져 새끼줄	248.333 她把泥土放在砖模里面，用绳子划

로 싹 긁어낸 후 틀을 빼내면 다섯 장씩 나란히 벽돌이 찍혀 나왔다.	过之后，拿掉砖模，五块砖就整整齐齐地做好了。
249.457 텅 빈 마당은 한없이 넓어 보였고 주변은 괴이하리만치 적막했다.	249.334 空荡荡的庭院显得无比空旷，周围出奇寂静。
250.460 그녀는 사람들이 멀리서도 볼 수 있도록 공장 한쪽에 차곡차곡 벽돌을 쌓기 시작했다.	250.336 她把砖堆满了工厂，想让远方的人们也看到。
251.463 그러고는 춘희의 팔을 덥석 잡았다.	251.338 说完，她猛地抓起春姬的胳膊。
252.464 춘희는 허겁지겁 손으로 꿀을 퍼먹었다.	252.339 春姬用手舀着蜜蜂吃了起来，吃得狼吞虎咽。
253.464 그녀가 시아버지를 모시는 이유는 순전히 그 앞으로 꼬박꼬박 나오는 연금을 타내기 위해서였다.	253. 이 부분이 포함된 한 단락은 번역자가 번역하지 않았다.
254.466 돌아오는 길에 누군가 숲속으로 볼일을 보러 들어갔다가 나무 사이로 얼핏 머리가 하얗게 센 애꾸 노파를 보았다는 소문도 있었으나	254.340 回来的路上，有人去树林里方便，竟然说在树林中看到一位头发花白的独眼老妇。
255.468 춘희는 와락 눈물이 솟아날 것 같았다.	255.342 春姬激动得热泪盈眶。
256.468 그제야 그녀는 두려움에 놀라 후다닥 가마 뒤로 도망을 쳤다.	256.342 她害怕了，惊慌失措地逃到砖窑后面。
257.469 그녀는 사내의 등 뒤로 살금살금 다가갔다.	257.343 她悄悄地凑到男人的背后。
258.469 사내도 춘희가 자신을 알아보았다는 걸 깨닫고는 빙그레 웃었다.	258.343 男人也看出春姬是认出了自己，轻轻笑了笑，
259.472 트럭의 불빛만을 의지해 밤새도록 좁은 산길을 꾸불꾸불 하염없이 넘어갈 때마다,	259.345 每当他在深夜借助卡车灯光茫然穿过狭窄而崎岖的山路的时候，
260.472 그의 머릿속엔 문득문득 자신	260.345 他的脑海里总会突然浮现出和自己

과 팔씨름을 하던 벙어리의 얼굴이 떠올랐다.	掰腕子的哑巴的面孔。
261.472 하지만 공장은 이미 사람들이 모두 떠나고 텅 비어 있었다.	261.345 当时，所有的人都离开了，工厂里渺无人迹。
262.473 트럭 운전사가 졌다는 듯 두 손을 번쩍 치켜 올리며 말했다.	262.346 卡车司机高举双手，做出投降的架势，说道:
263.474 트럭 운전사는 씩 웃고는 차를 돌려 진입로를 따라 공장을 떠났다.	263.346 卡车司机笑着沿着进出通道驶出了工厂。
264.474 춘희의 머릿속엔 퍼뜩 오래된 장면 하나가 떠올랐다.	264.346 春姬的脑海里突然浮现出很久以前的场面。
265.476 트럭 운전사가 다시 돌아올 거라는 말에 춘희는 깜짝 놀라 몸을 일으켰다.	265.348 听说卡车司机还会回来，春姬很吃惊，慌忙站了起来。
266.477 춘희는 반가움을 어떻게 표시할지 몰라 엉거주춤 서 있다	266.349 春姬不知道如何表达自己的喜悦，呆呆地站着不动。
267.477 손에 들고 있던 가재를 사내에게 불쑥 내밀었다.	267.349 突然，她把手里的龙虾递给男人。
268.477 그는 가재를 받아들고 빙긋 웃었다.	268.349 他接过龙虾，微笑着说:
269.478 그는 여전히 엉거주춤 서 있는 춘희를 남겨두고 다시 운전석에 올랐다.	269.349 春姬仍然站在那里，不知所措，男人又坐回了驾驶席。
270.479 그제야 트럭 운전사는 차에서 내려 빙그레 웃었다.	270.349 司机这才下了车，微笑着说道:
271.481 그는 아무 때고 불쑥 나타나 쌀가마 따위를 내려놓고	271.351 他会突然出现，放下米袋子之类，
272.482 벽돌을 만드는 중에 그녀는 문득문득 공장으로 들어오는 진입로 쪽을 쳐다보았다.	272.351 造砖的时候，她会不时地张望通向工厂的道路。
273.482 또는 방에 누워 갈라진 천장 틈으로 둥근 달을 바라보다가 문득문득	273.352 或者躺在房间里隔着天棚的裂缝看月亮的时候，偶尔想起卡车司机的面孔。

떠오르던 트럭 운전사의 얼굴은	
274.482 어느 샌가 그녀의 머릿속을 가득 메우고 말았다.	274.352 不知不觉，这张面孔已经占据了她的脑海。
275.482 하지만 해가 솟아오를 때쯤이면 언제 그랬냐 싶게 자리에서 벌떡 일어나 사내가 올지도 모른다는 기대에 밖으로 달려나가곤 했다.	275.352 太阳升起的时候，她又像什么事也没发生似的，猛地从床上站了起来，怀着司机可能回来的期待跑到门外。
276.484 그리고 와락, 넘어진 그녀의 몸 위를 덮쳤다.	276.353 他猛地扑向她的身体。
277.486 칼을 물건에 대는 순간, 사내는 화들짝 놀라 일어나 그녀의 손에서 말을 빼앗아 멀리 던져 버렸다.	277. 이 부분이 포함된 한 단락은 번역자가 번역하지 않았다.
278.489 구불구불 고개를 넘어가며 그는 춘희와 헤어지는 것이 가슴 아픈 일이지만 방랑벽이 자신의 운명인 바에야 어쩔 수 없는 일이라고 생각했다.	278.356 经过崎岖的山谷，他暗自思忖，尽管和春姬分开令人心痛，然而流浪就是他的命运，无可奈何。
279.497 얼굴은 창백했으며 팔다리는 이미 축 늘어져 있었다.	279.362 脸色苍白，四肢已经僵直。
280.504 껌을 질겅질겅 씹고 있던 여종업원은 채 소녀티를 벗지 못한 앳된 얼굴에	280.367 女服务员嘴里嚼着口香糖，脸上稚气未脱，
281.504 건축가는 감동에 빠진 나머지 여종업원의 손을 덥석 잡고 물었다.	281.367 建筑师感慨之余，猛地抓住女服务员的手，问道:
282.505 기관에서 건축가를 들들 볶아댔지만 그는 눈도 하나 깜짝하지 않았다.	282.367 主管部门方面催得很急，建筑师眼睛眨也不眨。
283.508 제대로 먹지를 못해 바싹 여윈 개는 마치 걸레를 뭉쳐놓은 것처럼 지저분해 보였다.	283.369 因为没有食物而格外消瘦的狗显得很脏，好像是用破布堆起来的一样。
284.510 더구나 발밑은 발이 푹푹 빠지	284.371 脚下是很容易陷进去的沼泽地，迈

는 늪지대라 걸음을 떼는 것조차 쉽지 않았다.	步十分困难。
285.511 살림집으로 쓰인 듯한 건물은 이미 폭삭 주저앉아 그 위에도 개망초가 무성했다.	285.371 看似用来居住的建筑物已经倒塌，上面也长出了茂盛的飞蓬草。
286.512 그리고 곧 눈물이 주르르 흘러내렸다.	286.372 建筑师潸然落泪。
287.512 붉은 벽돌은 노을빛과 어우러져 거대한 들불처럼 활활 타오르고 있었다.	287.372 红色的砖和夕阳融合了，宛如巨大的野火在熊熊燃烧，
288.517 공장 마당엔 이미 구워낸 벽돌들이 가득 들어찼기 때문이다.	288.376 因为工厂院子里已经摆满了砖。
289.530 그녀가 코끼리의 등 위에 앉는 순간, 점보의 몸은 둥실 떠올랐다.	289.530 她刚刚坐到大象背上的瞬间，花点儿的身体就浮了起来，
290.531 그저 텅 빈 듯한 공허만이 그녀의 앙상한 몸을 가득 채우고 있었다.	290.382 只有无尽的空虚充满她狼狈的身体。
291.532 점보는 그녀가 자신의 목소리에 놀라는 것을 알고 빙그레 웃었다.	291.383 花点儿知道她为自己的声音而惊讶，脸上露出了微笑。

〈부록 표5〉『혀』: 의태어가 출현하는 원문과 번역문

『혀』	『舌尖上凋落的爱情』
1.11 이제 치즈가 녹을 때까지 약 십오 분간 노릇노릇 굽기만 하면 오늘의 요리	1.4 大约十五分钟后烤到奶酪熔化，今天的美餐
2.14 바삭바삭 잘 구워진 피자를 오븐에서 꺼내며	2.7 我从烤箱里拿出香脆可口的比萨
3.17 흐물거리거나 씹었을 때 톡 터지는 것이라면 뭐든지 좋아하는 사람도 있고	3.9 有人喜欢软软的或者咬一口就裂开的食物
4.17 연하고 육즙이 자르르 흐르는 로스트비프와 뜨거운 감자구이이다.	4.9 肉汁流淌的新鲜烤牛肉和热乎乎的烤马铃薯
5.18 가을이면 주렁주렁 열린 감의 모습이 꼭 벌어지기 전의 케이퍼 꽃봉오리처럼 생겼기 때문이다	5.10 因为每到秋天，结在树上的丰硕果实就像开花之前的卡珀的花骨朵。
6.18 이 시간이면 저녁 준비를 위해 손님을 받지 않고 실내를 텅 비워두는 것도	6.10 这个时间室内空空如也，为了准备晚饭而暂不接客。
7.18 검도를 하는 사람처럼 떡 벌어진 골격에 유독 어깨와 등이 넓은데다 약간 굽었다.	7.18 舒展的骨架像是修习剑道的人，宽阔的肩膀和后背，身体稍微有点儿弯曲。
8.21 주방은 이백 도로 예열해놓은 오븐처럼 푹푹 찌곤 했었다.	8.12 厨房还像预热到二百度的烤箱似的无比闷热。
9.21 한여름에도 창문까지 꼭꼭 닫아두었던 주방에	9.12 即使在盛夏时节，厨房的窗户也关得严严实实。
10.22 조용히 뒷문으로 나가고 싶은 마음을 누르고 물끄러미 그의 눈을 응시한다.	10.13 我勉强按捺住从后门悄悄溜走的冲动，呆呆地凝视着他的眼睛。
11.25 내 발치에 웅크리고 있던 폴리가 슬쩍 내 얼굴을 한번 올려다보더니 느릿느릿 일어나 그를 향해 움직인다.	11.16 蜷缩在脚下的弗尔利抬头看了看我的脸，慢吞吞地站了起来，朝他走去。

12.25 그는 곤혹스럽다는 듯 갑자기 입을 꽉 다물어버린다.	12.16 他似乎有点儿窘迫，突然闭上了嘴。
13.26 아니면 눈물을 뚝뚝 흘리며 시간을 더 끌어야 하는지	13.16 还是应该泪雨滂沱，継续拖延时间?
14.26 땀이 뚝뚝 떨어졌다.	14.18 汗珠从脸上滚落。
15.28 이쪽 주방 한쪽에서 통관대를 두 팔로 짚은 채 나는 몸을 쑥 내밀고 있었다.	15.18 我在厨房里，胳膊拄着输送台，探出了身子。
16.30 그는 현관문 손잡이를 꽉 잡고 있었다.	16.19 他紧紧抓住门把手。
17.30 문밖으로 그가 성큼 한 걸음 옮기는 것을 보고 나는 등을 돌렸다.	17.20 我看见他在门外迈了一大步，赶紧转过身来。
18.30 한 잔 가득 철철 넘치게 따라선 격렬히 핥고 넘길 거다.	18.20 我要倒上满满一杯酒，大口喝下去，
19.31 커튼을 젖히듯 나는 냉장고 문을 양쪽으로 활짝 펼친다.	19.20 我朝两边重重地敞开冰箱门，就像掀起窗帘。
20.31 냉기가 훅 끼친다.	20.20 冷气扑面而来。
21.32 그는 흰 치아를 다 드러내며 씩 웃었다. 햇빛에 바싹 말린 흰 테이블보를 티테이블에 펼쳐 깔고,	21.22 他露出洁白的牙齿，笑了。我在茶桌上铺好被阳光晒透的白桌布，
22.34 말라버린 바게트의 길고 뾰족한 끝이 이마를 쿡쿡 찌르는 것 같은 기분이 들 때면	22.23 当我感觉仿佛有个又干又硬的长法棍在戳我的额头，
23.34 기신기신 몸을 움직여 녹아내리는 것 같은 손가락과 발가락을 만져보고 싶었지만 꼼짝도 할 수 없었다.	23.23 我想慢腾腾地活动身体，摸摸像是要溶化的手指和脚趾，可是我动弹不了
24.34 활짝 열린 까만 동공이 가만히 나를 응시하고 있었다.	24.23 瞪圆的眼睛静静地凝视着我。
25.35 폴리는 내 무릎을 코로 가볍게 쿡 찔렀다.	25.24 弗尔利用鼻子轻轻戳我的膝盖。

26.36 나는 바닥에 무릎을 꿇고 폴리 몸을 내 코로 가볍게 쿡쿡 찌르고 싶다.	26.25 我跪在地上，想用我的鼻子轻戳弗尔利的身体。
27.36 뜨거운 것이 목 안쪽에서 훅 올라오는 것 같았다.	27.25 我感觉仿佛有股热流从心底油然而生。
28.36 손가락과 발가락은 까딱까딱 자유롭게 움직였다.	28.25 手指和脚趾还能自由活动。
29.37 내 몸은 다시 부르르 떨릴 것만 같았다.	29.25 身体仿佛在剧烈颤抖。
30.42 차갑게 얼어붙은 유리문 손잡이를 꽉 잡았다.	30.42 我用双手紧紧抓住冷冰冰的玻璃门把手。
31.42 손바닥이 표면에 쩍 달라붙었다.	31.42 手心粘在了门把手的表面。
32.42 다른 여섯 명의 요리사들은 내가 없을 때 내 이야기를, 내가 다시 자리에 돌아왔을 때 딱 알아차릴 수 있을 만큼 했다.	32.30 看得出来，我不在的时候，另外六名厨师曾经谈论过我。
33.44 잘 다림질된 흰 테이블보를 이불 호청처럼 두 팔로 활짝 펼칠 때	33.31 我像拿起被罩似的用双臂展开熨得平平整整的白色桌布。
34.45 입 안을 꽉 채운 바게트 때문에 대답할 수가 없다.	34.31 我的嘴巴被长法棍塞得满满当当，无法回答。
35.45 견습 시절이나 지금이나 변함없이 나는 주방에서 언제나 눈으로는 그의 요리를 훔쳐보고 귀로는 어쩌다 한두 마디씩 툭툭 던지는 이야길 귀담아듣고 코로는 냄새를 맡고, 입으로는 모르는 걸 물어보는 대신 그가 자리를 비운 틈엔 살짝 맛을 보곤 했다.	35.31 不管是实习期还是现在，我在厨房里从来不用眼睛偷看他的菜，也不用耳朵听他不时说出的话，不用鼻子闻气味，也不用嘴巴打听自己不知道的事，而是趁他不在的时候，偷偷品尝。
36.46 목젖까지 꽉 눌린 느낌이다.	36.32 我感觉连喉咙也被压抑住了。
37.46 나는 바게트 샌드위치를 꾸역꾸역 목 안으로 삼키며 주방장이 식당으로 들어가는 것을 바라보았다.	37.32 我大口吞下长法棍三明治，看着厨师长走进厨房。

38.48 주방장이 쑥 들어오더니 한번 만들어보지 하곤 나가버렸다.	38.34 厨师长突然进来说，你来试试看。然后，他就出去了。
39.49 강렬한 느낌 때문에 입 안이 다 훅훅 뜨거워지는 것만 같았다.	39.35 强烈的欲望让我嘴里变得滚烫。
40.49 그러나 역시 시금치는 할머니가 했던 것처럼 소금물에 데쳐 마늘 소금 참기름으로 조물조물 무쳐먹는 게 제맛이다.	40.35 还是奶奶做的菠菜更好吃，她把菠菜放在盐水中轻烫，然后用蒜末、盐和芝麻油拌匀。
41.49 간은 고작 굵은 천일염 몇 알을 그 위에 툭툭 뿌리는 것으로 끝이지만	41.49 调味也只是在上面撒几粒粗海盐，
42.50 후다닥 문을 밀고 계단을 뛰어 내려갔다.	42.36 我使劲推开门，跑下了楼梯。
43.52 동료들을 데리고 식당으로 우르르 몰려와 파스타를 만들어달라거나 차가운 비빔국수 같은 걸 만들어달라고 주문하곤 했다.	43.37 她也会带着同事来到饭店，让我们做空心面，或者凉拌面。
44.53 그러곤 그 밭을 가꾸는 농부의 집 앞으로 가 일렬로 죽 늘어서서	44.38 到种田农夫家门口排列成行，
45.54 깍지 낀 두 손을 어깨 위로 쭉 들어올리며	45.38 我把交叉在胸前的双手举过肩膀，
46.55 이제 우리도 슬슬 가볼까 하고 내가 자리에서 일어나자	46.39 我们也该走了，这样想着，我就站了起来。
47.55 빛에 따라 신비로운 초록과 분홍, 그리고 투명한 흰빛으로 반짝 빛나곤 했다.	47.40 随着光线的变化闪闪发光，在神秘的淡绿色、粉红色和透明的白色之间
48.56 그 소금덩어리를 접시에 받쳐 바질과 라벤더, 타임, 로즈메리 화분을 일렬로 죽 늘어놓은 창가에 올려두었다.	48.56 我把盐块和紫苏、熏衣草、百里香、迷迭香花盆并排放在窗边。
49.57 이럴 땐 몸 어딘가 남을 웃길 수 있는 이야기 주머니가 주렁주렁 달려	49.41 这时候，我真希望自己身上挂着足够引人发笑的故事口袋，

있었으면 좋겠는데	
50.58 청어를 씻고 배를 가른다, 내장을 뺀다, 다시 씻고 소금을 한 줌 움켜잡듯 쥐곤 훌훌 뿌린다.	50.42 我把青鱼洗净，切开腹部，清理内脏。洗净之后，抓一把盐，轻轻撒在鱼的身上。
51.61 나는 삼촌이 좋아한 토마토와 바질을 넣은 매콤한 해산물수프가 든 보온병을 들고 접수대 쪽으로 성큼성큼 걸어간다.	51.44 我拿着叔叔喜欢的西红柿和盛着香辣紫苏海鲜汤的保暖瓶，大步流星地走向咨询台。
52.62 태양은 바닷물의 가장 순수하고 가장 가벼운 부분을 끌어내 공중으로 번쩍 들어올린다.	52.45 太阳把海水中最纯粹最轻盈的部分引向天空，
53.63 그리고 그 환각 속으로 갑자기 푸드득, 화려한 닭 한 마리가 강의실 안으로 날아 들어오는 풍경을 나는 물끄러미 목도하고 있었다.	53.46 在幻觉中，突然有色彩华丽的鸡扑棱棱飞进了教室。我呆呆地注视着眼前的风景。
54.65 나는 흥분으로 떨리는 두 손을 꽉 마주 잡은 채 주시하고 있었다.	54.47 我的双手因为激动而颤抖。我紧握双手，注视着野鸡。
55.65 충동처럼 벌떡 자리에서 일어났다.	55.47 我冲动地站了起来。
56.69 분류할 수 있다면 이때의 음식은 결속이나 화해의 음식이 아니라 차라리 위가 딱 닫혀버리는 불화로서의 음식에 더 가까운 편이다.	56.51 如果非要进行分类的话，这个时候的食物不是约束和和解的食物，而是更近似于让肠胃关闭的不调和食物。
57.71 그러자 정말로 그 큰 개가 느리게 일어나 내 앞으로 걸어오더니 모서리가 둥근 네모난 코로 내 무릎을 지그시, 부드럽게 꾹 눌렀다.	57.52 那条大狗真的缓缓站起来，走到我面前，用圆角的方鼻子轻轻地、柔柔地顶了顶我的膝盖。
58.73 폴리가 갑자기 털을 부르르 털며 머리를 쳐들었을 때,	58.53 弗尔利突然甩了甩毛，抬起头来，
59.73 폴리가 다시 한 번 고개를 흔들어	59.53 弗尔利摇了摇头，狗毛四处纷飞。

대자 털들이 일제히 화르르 휘날렸다.	
60.73 땀에 푹 젖은 셔츠의 겨드랑이쯤에서 나는 퀴퀴하고 쿰쿰하고 시금털털한 냄새.	60.53 被汗水浸湿的衬衫腋窝下面散发出来的酸臭味道,
61.74 폴리가 한 번 부르르 목덜미를 흔들어댔다.	61.53 弗尔利晃了晃脖子,
62.74 여느 때와 달리 불쾌할 정도로 강한 힘이 실려 있어서 나는 엉거주춤 뒷걸음질치고 말았다.	62.54 不同于往常的是, 弗尔利的动作带着令人不快的强烈力量。我连连后退。
63.75 슬로모션 동작처럼 천천히 폴리가 내 발을 제 앞발로 꾹 누른 채 자리에 엎드렸다.	63.55 弗尔利好像在做慢动作, 用它的前爪慢慢压住我的脚, 趴了下来。
64.75 눈에 띌 만큼 폴리의 주둥이가 딱딱하게 경직되는 것이 보였다. 폴리는 불안해하고 있었다. 쿡쿡, 내 정강이를 찔렀다.	64.75 弗尔利的嘴巴明显僵住了。弗尔利感觉到了不安。汪汪, 它顶着我的大腿。
65.76 마지못한 듯 폴리가 슬금슬금 내 뒤로 돌아갔다.	65.55 弗尔利不得不悄悄绕到我的身后。
66.76 손바닥을 딱 갖다 붙이고 힘을 주자 스르르 문이 열렸다.	66.55 我把手紧贴在上面, 稍微用力, 门开了。
67.77 남자는 굵고 튼튼한 다리로 훌쩍 뛰어내렸어.	67.56 男人迈着粗壮结实的双腿跳下树来。
68.78 눈이 성감대이기라도 하듯 내 몸도 부르르 떨렸다.	68.57 我的眼睛变成了性敏感带, 我的身体也跟着瑟瑟发抖。
69.81 나는 자주 혼잣말을 하게 되었지만 꽁꽁 언 땅을 뚫고 피어난 노란색 수선화를 볼 때면 금방 기분이 좋아지곤 했다.	69.61 我经常这样自言自语, 然而每当看到穿过冰封大地绽放的黄色水仙花, 我的心情马上就会好起来。
70.81 산과 바다와 들에서 앞 다퉈 쑥쑥 뭔가 올라오는 소리가 들린다.	70.61 山川、大海和原野传来争先恐后地冒出的声音。

71.82 잡힌 주꾸미들은 깜짝 놀라 몸을 뒤틀면서	71.61 被抓的短脚章大吃一惊，扭动身体，
72.82 쫄깃쫄깃하고 담백한데다 알까지 꽉 차 있어서 주꾸미의 맛과 영양은 3월과 4월이 최고다.	72.61 短脚章的味道和营养在3月份和4月份期间达到高潮，柔韧而淡白，鱼子丰富。
73.82 거기에 톡 쏘는 상큼한 바질의 맛이라니, 진짜 봄의 맛이다.	73.62 再加上清爽的紫苏，简直就是春天的味道。
74.83 그 위에 끓인 에스프레소를 부어 적신 후 다른 때보다 코코아 가루를 듬뿍 뿌리곤 냉장고에 넣어둔다.	74.62 上面浇入煮沸的浓缩咖啡，撒上可可粉，放进冰箱。
75.86 그가 미닫이문 안쪽에 엉거주춤 서 있는 것이 보였다.	75.65 我睁开眼睛，看到他不知所措地站在推拉门里面。
76.87 폴리가 힐끔 나를 한번 돌아보더니	76.65 弗尔利回头看了我一眼，
77.87 그의 휘파람 소리를 따라 현관으로 털레털레 걸어 나간다.	77.65 然后跟着他的口哨声走向玄关。
78.87 꽁꽁 얼린 넙치, 가자미, 고등어 같은 생선들	78.66 冻得结结实实的比目鱼、鲽鱼、鲐鱼等等，
79.93 우선 초콜릿으로 채워 넣은 눈부터 포크로 푹 찍어 먹어버리는거야.	79.70 先拿起叉子，又起用巧克力做成的眼睛吃掉。
80.94 지금은 너무 흥분해 있어서 구두 들 위에 풀썩 주저앉는 일밖엔 할 수가 없다.	80.71 可是现在，我的情绪太激动，只能无力地坐在鞋上了。
81.94 어깨를 꾹 누르고 있는 이 묵직한 게 배고픔인지 무력감인지 아니면 폴리인지 잘 모르겠다.	81.71 按住我肩膀的沉重力量是饥饿，还是无力感，或者是弗尔利，我不知道。
82.94 여기서 이렇게 난 내 슬픔을 조각조각 이어나갈 테니까	82.71 因为我要在这里継续我的缕缕悲伤。
83.95 나는 우리가 맛도 냄새도 느낄 수 없는 무중력 속에 둥둥 떠 있는지도 모	83.72 我在想，也许我们飘浮在感觉不出气味的失重状态。

른다는 생각을 하고 있었다.	
84.96 날마다 체중이 확확 늘었을 텐데	84.73 我的体重每天都在明显增加,
85.98 코르셋의 꽉 끼는 틈, 그리고 허벅지 사이, 엉덩이 사이에 숨겼다.	85.74 藏在紧身胸衣的缝隙里和大腿、屁股之间。
86.98 염세리들이 신체의 그 특정 부분을 손가락으로 꽉 쥐면	86.74 盐吏用手指捏紧特定部位,
87.99 문주는 더 이상 굶주린 사람처럼 허겁지겁 덤비듯 먹지 않고 느긋하게, 그러나 활기 있게 식사할 줄 아는 사람이 되었다.	87.75 文珠已经不再狼吞虎咽, 而是悠然自得, 充满活力地享用。
88.100 나는 펄펄 끓는 기름처럼 뜨거워져 있다.	88.76 我像沸腾的油, 变得滚烫。
89.100 그는 육즙이 빠진 것처럼 바싹 마른 혀로 입술을 훔치며	89.76 他用看似榨干肉汁的干巴巴的舌头舔了舔嘴唇,
90-1.105 달리는 폴리는 마지못해 느릿느릿 걸을 때보다 아름답고 생동감이 넘친다.	90-1.80 奔跑的弗尔利比慢吞吞走路的时候更美, 浑身洋溢着动感。
90-2.105 공을 던지지 않고 휙. 던지는 시늉을 한 번 한다.	90-2.80 我没有把球扔出去, 而是做了个扔球的动作。
91.105 폴리가 허공으로 힘차게 펄쩍펄쩍 뛰어오른다.	91.80 弗尔利猛地跃向半空,
92.108 그녀가 나를 슥 스쳐갈 때 그녀에게 풍기던 향수 냄새가 말로만 듣던, 매우 강한 향기를 풍기는 허브의 일종인 마조람의 냄새라는 것을 알아차렸다.	92.82 她从我身边经过的时候, 我感觉她身上散发出的香水味是墨角兰的气味。
93.109 밤의 하늘 속으로 폴리가 펄쩍 뛰어오른다.	93.83 弗尔利猛地跃向夜空。
94.111 요리사의 손끝엔 스르륵 손가락을 늘인 것처럼 칼이 붙어있으니	94.85 厨师的指尖随时都有刀掠过,
95.112 비가 오는 날엔 양이 적지도 많	95.86 下雨的日子, 我想先吃一碗不多不少

지도 않은 따뜻한 음식을 한 그릇 훌훌 먹고 이불 속에 누워 있고 싶다.	热乎乎的食物, 然后躺进被窝。
96.120 어떤 재료를 거기에 넣는다고 해도 모두 순식간에 흐물흐물 녹아버릴 것처럼 보인다.	96.93 不管什么材料放入里面, 看起来都会在瞬间溶化。
97.120 무럭무럭 김이 나기 시작하면	97.93 当热气开始冒出的时候,
98.124 지금은 이렇게 서로 싱긋 웃는 것밖에는 할 게 없다.	98.96 现在, 我们除了相视一笑, 没有什么可做的事了。
99.127 삼촌은 치아를 다 드러낸 채 활짝 웃었다.	99.98 叔叔露出牙齿, 灿烂地笑着。
100.128 여자의 무의식에서 무엇이 부글부글 끓고 있는지는 아무도 모른다.	100.99 也没有人知道女人的潜意识里沸腾着什么。
101.129 이렇게 때글때글 단단한 것도 싫고 냄새도 싫고 하얀색인 것도 싫어.	101.100 我讨厌这么硬的东西, 也讨厌它的味道, 还有它的白色,
102.130 그때마다 불안정한 내 무의식의 일부를 구멍이 숭숭 뚫린 에멘탈치즈의 표면처럼 적나라하게 들여다본 것 같은 느낌이었으니까.	102.101 每次都感觉自己潜意识的一部分赤裸裸地暴露出来, 就像打了无数小洞的瑞士多孔奶酪的表面。
103.130 지난번에 너무 목이 말라 단단한 야자수 열매를 힘껏 쪼갰는데 즙이 줄줄 흘러 온몸이 다 젖는 그런 꿈을 꿨었다.	103.101 上次她梦见自己口渴, 于是用力掰开椰子, 椰子汁液流淌出来, 湿透了她的全身。
104.130 더 구체적인 꿈은 온 몸에 난 구멍으로 흙투성이 당근들이 쑥쑥 들어오는 그런 꿈이었다.	104.101 更具体的梦是带土的胡萝卜钻进了她身体上的小洞。
105.132 트렁크를 하나 주웠는데, 그걸 열어보니까 글쎄 황금빛으로 번쩍번쩍 빛나는 양파들이 한가득 들어 있더래.	105.102 奶奶捡了个旅行箱, 打开一看, 里面装满了闪闪发光的金色洋葱。
106.135 아무렇지 않게 그런 생각을 한 순간 나는 픽 쓰러지고 말았다.	106.104 当时我这样漫不经心地想着, 突然就晕倒了。

107.138 담요 밖으로 비죽 삐져나온 문주의 한쪽 손을 살며시 잡았다가 놓는다.	107.107 我轻轻抓住文珠露在毯子外面的一只手，然后放开。
108.141 그는 신기한 것을 발견이라도 한 듯 활짝 웃곤 했다.	108.110 他好像发现了什么新鲜事，大声说笑。
109.144 면을 돌돌 말아 입에 넣는다.	109.111 我卷起米粉，塞进嘴里。
110.146 어떤 기억을 떠올리면 그것은 가슴속에서 빙빙 돌기 때문에 모서리에 찔린 마음이 너무 아프다.	110.113 当人回忆某件事的时候，那段回忆就会在心里转来转去，被利角刺伤的心很痛很痛。
111.146 계속 떠올릴수록 그것은 바람개비처럼 더 빠르게 빙글빙글 돌아가게 되고 마음은 점점 더 아파진다.	111.113 如果继续回忆，那些回忆就像风车似的更加快速旋转，心越来越痛。
112.147 그 위에 고다치즈를 채 썰어 솔솔 뿌리면 그것 자체로 달콤하고 가벼운 디저트가 될 것 같다.	112.114 上面撒上切成条的豪达奶酪，这本身就是甜美轻松的餐点。
113.149 젖은 천처럼 몸에 척척 들러붙는 습기 때문이기도 하다.	113.116 也许是因为像湿布般紧贴在身上的湿气，
114.150 무릎 사이에서 훅훅 뜨거운 열이 느껴진다.	114.116 膝盖间有种热乎乎的感觉。
115.151 어둠 속에서 목소리가 우렁우렁 울린다.	115.117 一个声音在黑暗中回荡。
116.152 담요를 움켜쥔 내 두 손을 자신의 두 손으로 꽉 잡곤 귀 옆으로 들어올린다.	116.117 双手使劲握住我抓紧毯子的手，举到耳朵两侧。
117.154 애가 살아있고 또 내가 살아 있다는 게 온몸으로 찌르르 느껴지곤 했다.	117.119 我清晰地感觉到她活着， 我也活着。
118.155 나는 꽉 차올랐어요.	118.120 我一下子被充满了。
119.157 시간이 흘렀어도 여전히 성장을 멈춘 듯한 자신의 딸에게 말하듯 안	119.121 他好像在对岁月流逝却永远停止成长的女儿说话。他的声音中强迫着爱惜和

쓰러움과 연민과 그리고 다 주지 못한 애정을 꾹꾹 눌러 담은 목소리로	怜悯，以及未能付出的爱。
120.158 누가 뒤에서 내 발꿈치를 덥석 입에 문 것처럼 온몸에서 열이 펄펄 끓어오른다.	120.122 我侧过身去，浑身滚烫，感觉好像有人从后面咬住了我的脚后跟。
121.159 비가 온 다음날 마당에 있던 폴리가 터벅터벅 거실로 들어왔다.	121.123 雨后的第二天，本来在院子里的弗尔利走进了客厅。
122.161 한 손으로 바짝 마른 폴리 코를 한 대 세게 때렸다.	122.125 我用手打了弗尔利干瘦的鼻子。
123.162 폴리를 와락 끌어안았다.	123.126 我使劲抱住弗尔利。
124.163 아직도 내 머릿속에 남아 있는 그녀의 전화번호를 꾹꾹 누른다.	124.126 我按下了仍然存在脑海里的她的电话号码。
125.167 한산한 지하철 안에서 지구의를 본다는 게 약간은 난데없는 기분이 든 것도 사실이었지만 나는 그런 걸 처음 보게 된 사람처럼 물끄러미 들여다보았다.	125.129 在空荡荡的地铁里看到地球仪，的确有点儿意外。我就像从未见过地球仪似的呆呆地盯着看个没完。
126.167 회전축을 중심으로 한 바퀴 뱅그르르 돌리면 어디든 갈 수 있을 것같이 지구라는 게 부엌처럼 좁게 느껴지기도 했다.	126.129 只要以旋转轴为中心转上一圈，就能到达任何地方。有时候感觉地球狭窄得就像厨房。
127.168 여자가 들고 있는 플라스틱 지구의가 덩달아 기우뚱 축이 흔들린다.	127.129 女人手里的塑料地球仪也跟着左右摇摆。
128.168 어쩌면 이른 아침, 나는 지하철 안에서 꾸벅꾸벅 졸고 있었던 것일까.	128.130 我怎么会在清早的地铁里睡觉呢?
129.170 흘깃 주방장을 쳐다본다.	129.131 我悄悄地瞥了一眼厨师长。
130.172 캐러멜처럼 까맣고 짝짝 달라붙는 맛이 나야 하며	130.132 像焦糖那样黑，发出紧致的味道才行。
131.172 팔팔 끓였다 식힌 간장을 손가락으로 찍어서 입속에 재빨리 넣었다 빼	131.132 我用手指蘸了点儿煮沸之后冷却的酱油，放在嘴里，然后拿出来，用舌头品尝。

며 혀로 맛을 본다.	
132.176 그러나 여전히 이렇게 갈비뼈를 드러낸 채 맥없이 어둠 속에 멀뚱멀뚱 누워 있는 또 하나의 나	132.135 仍然这样露着胸口，有气无力地躺在黑暗中的另一个我。
133.176 속이 꽉 찬 크고 무거운 양배추 한 통을 꺼낸다.	133.135 拿出一颗又大又重的饱满的圆白菜。
134.176 그러곤 쥐고 있던 내 손을 그는 매달리듯 더 꽉 잡았다.	134.135 他把握在他手里的我的手攥得更紧了。
135.177 하찮은 비닐봉지에 발이 걸려 벌러덩 나자빠지는 일이 되풀이될 것이다.	135.136 甚至被不起眼的塑料袋绊倒。
136.177 에도네스는 그를 잡아 고문한 후 온몸을 갈가리 찢어버린다.	136.136 艾度尼斯逮捕了他，经过审讯，将他全身撕得粉碎。
137.180 나는 즙이 바짝 말라버린 상한 귤이다.	137.138 我是干枯变质的橘子。
138.180 눈물을 훔치다 말고 깜짝 놀라 이불을 밀쳐낸다.	138.138 我擦了擦眼泪，吃惊地掀起了被子……
139.184 그럴 때마다 박지배인은 주방장이 눈치 채지 못하게 혀를 쏙 빼물곤 난 아직 멀었다니깐!	139-140.142 每当这时，朴经理总是悄悄地吐着舌头，连连摇头说，我还差得远呢!
140.184 고개를 절레절레 흔들어댄다.	
141.185 한 달 내내 예약이 꽉 찰 만큼 노베가 분주해지는 달은 성년의 날,	141.142 诺娃一个月里每天都爆满的月份是5月，成年日
142.186 마당 저쪽 우물에 가서 물을 길어와 움푹 파인 땅에 부었다.	142.143 然后到井边提水，浇在挖好的坑里，
143.186 다시 듬뿍 물을 길어다 땅에 부었다.	143.143 然后再提水，再倒井坑里。
144.187 구덩이 속에 잠시 찰랑찰랑 고여 있는 그 짧은 순간이 주는 만족감 때문이었을 것이다.	144.143 凝聚在坑里的短暂瞬间带给我满足感。

145.188 온몸은 사라지고 거대한 귀 두 개만 남은 채 나는 한겨울의 거리를 부유하듯 동동 떠다녔다.	145.144 全身都消失了，只剩下两个巨大的耳朵，我如漂浮般游走于冬日的街头。
146.193 입술을 다물곤 혓바닥으로 꾹 누른다.	146.147 我闭上嘴巴，用舌头使劲压住。
147.193 오늘처럼 눈이 번쩍 뜨일 만큼 아름다운 여자들을 보고 있을 때면 한석주를 이해할 수 있을 것도 같다.	147.148 像今天这样看着让人眼前一亮的美丽女人，我好像能理解韩锡周了。
148.194 나는 미인을 바라볼 때의 남자들처럼 동공이 스르르 풀리는 것을 느낀다.	148.149 我就像是看见美女的男人，感觉瞳孔在渐渐扩散。
149.196 에피타이저는 많이 만들 필요가 없다. 본격적인 식사를 하기 전에 시각과 후각을 통해서 식욕을 가볍게 톡톡 두드리며 일깨우는 역할로도 충분하다.	149.150 前菜没有必要做太多，宴会正式开始之前，先通过视觉和嗅觉轻轻刺激食欲就是足够了。
150.196 나는 대형 얼음으로 만든 분수 조각상 가장자리를 빙 두른 얼음조각들 사이로 레몬즙을 뿌린 반쯤 벌어진 굴들을 늘어놓았다.	150.150 我把浇了柠檬汁、半开口的牡蛎放到冰块之间。小冰块簇拥着大冰块做成的喷泉雕塑。
151.198 아까 저쪽에서 나한테 손인사를 보냈던 아나운서가 슥 지나가고 있다.	151.151 刚才在那边冲我回收的播音员走了过去。
152.199 섹스를 한 후 침대 시트에 남아 있는 체액의 냄새처럼 짙고 꼬리를 질질 끄는 것처럼 오래 남는 냄새	152.152 像做爱之后留在床单上的体液味道那样浓郁强烈，像拖着长尾巴那样持续很久很久。
153.199 술잔을 들지 않은, 아직도 물기에 젖어 퉁퉁 불어 있는 손을 주머니 속에 찔러넣는다.	153.152 我把没有拿酒杯的手伸进了口袋。这只手被水浸湿了，有些浮肿。
154.199 땀에 흠뻑 젖으면 그걸 애인에	154.152 浸透汗水后再送给恋人，让恋人闻

게 줘 냄새를 맡게 했다.	苹果的味道。
155.199 겨드랑이에 끼워두어 땀에 흠뻑 젖은 사과 냄새	155.152 夹在腋窝下被汗水浸湿的苹果味道
156.202 나는 고개를 푹 꺾는다.	156.154 我猛地转过了头。
157.202 그는 내가 퇴근한 시간에 딱 맞춰 벨을 누르고	157.154 他赶在我下班的时间准时按了门铃,
158.203 그녀가 퍼뜩 생각나 황급히 욕실문을 연 순간	158.155 最后她突然想起来, 慌忙打开浴室的门。
159.204 폴리는 송곳니가 다 드러날 만큼 입을 쩍 벌린 채	159.156 弗尔利张开嘴巴, 露出锋利的牙齿,
160.205 공포로 부들부들 떨면서	160.156 她吓得瑟瑟发抖。
161-1.205 그녀는 폴리가 완전히 죽어 사지를 쭉 뻗고 정수리에서부터 흘러내린 핏물이 폴리의 명주실처럼 가늘고 부드러운 털과 마룻바닥을 흥건히 적시고도 남을 때까지 내리치고 악을 썼다.	161-1.156 她使劲打弗尔利, 直到弗尔利彻底死了, 四肢无力地摊开, 头顶流出的血打湿了它丝线般纤细柔软的毛和地板。
161-2.206 신발을 꿰신다 말고 그가 고개를 푹 꺾은 채 말했다.	161-2.157 他穿着鞋, 低头说道。
162.206 하고 싶은 말이 꽉 차 터질 것만 같다.	162.157 我想说的话太多, 感觉快要爆炸了。
163.206 5월인데도 어깨가 오슬오슬 떨린다.	163.157 已经5月份了, 可是我的肩膀却在瑟瑟发抖。
164.206 빨려들듯 지하도로 휘청휘청 걸어들어간다.	164.157 我好像被什么吸着, 踉踉跄跄地走进了地下通道。
165.207 맨 끝에 있는 종이상자 위로 버섯처럼 남자 머리통이 하나 쑥 솟아 있는 것이 보인다.	165.157 最边缘的纸箱子上面露出一个像蘑菇似的男人的脑袋。
166.207 남자가 확인이라도 해보는 것처럼 담배를 내 발치로 힘없이 툭 던진다.	166.158 男人像是要试探我, 把烟头无力地扔到我脚下。

167.208 다른 종이상자 안에 있는 사람들이 고개를 내밀고 힐끔 쳐다보다가 뭐 별일 아니군.	167.158 其他纸箱子里的人们纷纷探出头来，偷偷往这边看。
168.208 나는 히죽 웃는다.	168.158 我嘻嘻笑了。
169.208 시퍼런 혈관이 툭툭 불거진 짧고 굵은 게 끄덕거리며 눈을 찌르고 들어올 것처럼 가깝게 보인다.	169.158 青筋暴突的东西又短又粗，越来越近了，仿佛要颤颤巍巍地穿透我的眼睛。
170.209 아니면 나를 불에 태워 훨훨 날려주세요.	170.159 或者把我放在火上焚烧。
171.210 칼날을 후두에 깊이 찔러 넣듯 어서 이걸 틀어막아주세요. 꽉 닫아버려 주세요. 어서요, 아저씨.	171. 就像用刀刃叉住喉头那样，快点儿堵住我的嘴巴，紧紧关上我的嘴巴。快点儿，师傅。
172.210 거침없이 그것이 쑥 내 입속으로 밀고 들어온다.	172.160 那个东西将要迅速进入我的口中。
173.216 그만 아침 일찍 예고도 없이 불쑥 주방에 들어온 주방장에게 들키고 만 것이다.	173.165 结果被早晨突然来到厨房的厨师长发现了。
174.216 신선함과 마늘 특유의 톡 쏘는 향을 유지시키기 위해서는	174.165 为了保持大蒜的新鲜和特有的强烈气味，
175.217 물이 질질 흐르는 쓰레기봉투를 주방 밖으로 내가다 말고 그 직원은 유니폼을 벗어던지더니 그 길로 계단을 내려가 버렸다.	175.165 那名职员把淌水的垃圾袋拿到厨房外面，脱掉工作服扔到地上，直接下了楼梯。
176.220 나를 웃기느라 삼촌은 수화기를 입술에 꼭 갖다 붙이고는 쩝쩝 입맛 다시는 소리를 과장되게 냈다.	176.168 叔叔把话筒紧贴在嘴边，发出夸张地咂嘴的声音，以此表示对我的嘲笑。
177.222 지금도 이따금 나는 기름으로 번들거리는 깡마른 숙모의 몸이 밧줄에 대롱대롱 매달려 있는 꿈을 꿀 때가 있다.	177.169 直到现在，有时我还会梦见婶婶油光闪烁的干瘦身体悬挂在绳子上。
178.224 흰색 아몬드를 잉어의 눈 주변	178.170 白色的杏仁呈放射状装饰在鲤鱼的

에 방사형으로 빙 둘러 장식한다. 잉어를 튀김팬에 넣을 때 빼두었던 눈알을 제자리에 도로 꾹 박아 넣는다.	眼睛周围。然后，我又把刚才放入煎锅时抠掉的眼珠放回原来的位置。
179.227 창의적이지도 않지만 너무 꽉 막힌 데가 있는 지도 모른다. 그건 요리할 때도 좋지 않은 태도다.	179. 这不算是什么有创意的事情，也许会有鉆牛角尖的时候，这在烹饪的时候也是不好的态度。
180.229 그 손으로 문득 주방장은 커피스푼을 잔속에 집어넣곤 휘휘 저었다.	180.175 厨师长突然用这只手把咖啡勺插进杯子，使劲搅拌起来。
181.229 젓는 것을 멈춰도 물은 한동안 계속해서 작은 회오리처럼 빙글빙글 돌 거야.	181.175 即使停止搅拌，水还是像小漩涡似的継续旋转。
182.231 따뜻한 음식과 아직 하지 못한 말들에 대한 기대 때문에 붉게 달아오른 입술들이 구름처럼 둥둥 떠다니고 있는 것만 같다.	182.176 嘴唇因为对温热食物和尚未出口的话的期待而涨得通红，像云彩一样轻轻漂浮。
183.231 사람들이 속삭이고 음식을 먹을 때마다 침에 젖은 입속의 혀끝이 붉은 보석처럼 보일락 말락 반짝 빛난다.	183.176 人们说话或吃东西的时候，嘴里的舌尖被口水浸湿，像红宝石似的若有若无地闪光。
184.231 추위를 이겨내려는 겨울 별들처럼 저렇게 작은 원을 이루며 서로 바싹 붙어 있었다.	184.176　我们像冬天里努力克服寒冷的昆虫，围着小小的圆，贴得很紧。
185.233 그리고 들리는 소리. 느릿느릿 움직이는 폴리의 걸음 소리.	185.178 还有慢吞吞走来走去的弗尔利的声音，
186.233 나는 신음소리를 꾹 참곤 비로소 폴리가 죽었다는 사실을 깨닫는다.	186.178 我强忍呻吟，终于想起弗尔利已经死去的事实。
187.233 폴리가 가만히 다가와서 젖은 코로 내 무릎 뒤를 지그시 누르는 것이 느껴진다.	187.178　感觉弗尔利正在静静地向我走来，用湿漉漉的鼻子轻轻顶我的膝盖。
188.235 그 중세의 지방에서 가장 유명하다는 푸주한이 옆으로 눕힌 돼지의 등	188.179 当本地最有名的屠夫猛地抽出侧躺的猪的脊梁骨，我吓得发出了短促的尖叫，

뼈를 쑥 뽑아낼 때 그만 깜짝 놀라 짧게 소리치는 바람에 육고기에 대해 더 배울 수 있는 기회를 놓쳐버리고 말았다.	错过了继续学习的机会。
189.239 아주 뜨거울 때 혀 위에 올려놓고는 새의 지방이 목구멍을 타고 줄줄줄 떨어지는 쾌감을 즐기다가	189.182 趁着很热的时候把它放在舌尖，可以享受到鸟的脂肪沿着喉咙慢慢流淌下去的快感；
190.242 누가 잡지를 확 낚아채간다.	190.184 有人猛地抢走了杂志。
191.242 감추고 싶은 걸 들켜버린 사람처럼 문주의 눈동자가 불안하게 허둥거리다가 그 눈에 불쑥 눈물이 고인다.	191.184 文珠像被别人发现了不想透露的秘密，眼睛不安地闪烁。不一会儿，她的眼里竟然凝结了泪花。
192.243 이렇게 붉은 피가 도마 위에 뚝뚝 떨어지는 것을 볼 때,	192.185 看到鲜红的血滴落在菜板上，
193.243 아픔을 느끼기보다는 답답한 어딘가가 뻥 뚫린 것처럼 쾌감을 느끼거나	193.185 我感觉到的不是疼痛，而是某种憋闷的东西豁然开朗的快感，
194.250 체념의 상태로, 느릿느릿 소파에서 내려왔다.	194.191 这是绝望的状态，我慢吞吞地下了沙发。
195.251 주방에서 맛을 볼 땐 뒤돌아서서 손끝으로 찍어 얼른 입에 넣고 입술을 꼭 다물어버리면 된다.	195.191 在厨房里品尝食物味道的时候，我可以转过身去，用手指尖蘸点儿，赶紧放入口中，然后紧紧闭上嘴。
196.251 마요네즈와 간장, 다진 마늘, 참기름을 한데 섞어 오리엔탈 샐러드 드레싱을 만들다가 그만 울컥 입을 틀어막은 적이 있다.	196.191 有一次，我用酱油、蒜末和香油等制作沙拉酱，突然忍不住捂住嘴巴。
197.252 어쩌면 그때 쩝쩝 입맛을 다신 건 내 머리통을 쥐고 있던 그가 아니라 종이상자 바닥에 벌벌 기듯 엎드려 있던 나였을까.	197.192 也许当时咂嘴的不是抓着我的头的他，而是像爬行般趴在地上的我。
198.255 나는 햇빛 속의 악어처럼 느릿느릿 지하도를 건너다 말고 문득 궁금	198.194 我像阳光中的鳄鱼，缓慢地从地下通道走过，突然，我产生了好奇心。

해진다.	
199.262 하나의 반죽이 더해져서 하나의 단어를 이루던 글자들이 펄펄 끓는 육수 속으로 맨 마지막에 들어갔다.	199.199 那些拼成单词的文字最后进入沸腾的肉汤。
200.262 그래서 할머니가 끓여주었던 국수와 수제비 그릇 속에는 모서리가 뭉그러진 자음과 모음이 새알처럼 동동 떠 있기 일쑤였고	200.199 于是，奶奶煮的面条或面片里面经常漂浮着棱角模糊的元音和辅音，像鸡蛋。
201.263 즙이 풍부한 굴처럼 싱싱해 보이는 흰 막에 싸인 붉은 색 소 혓바닥은 얼음 속에서 꽝꽝 얼어 있었다.	201.200 看起来很新鲜，像多汁的牡蛎，包在白膜里面的红色牛舌在冰块里冻得结结实实。
202.264 납품업자가 다음에 가져온 것은 잡은 지 만 하루밖에 안 돼 피가 뚝뚝 떨어지는,	202.200 下次供货商送来的是屠宰不过一天，新血滴答的牛舌。
203.265 사교적이지만 사나운 돌고래 한 마리를 손에 꽉 움켜쥔 채 몸통에 칼을 푹 쑤셔넣고 있는 느낌이랄까.	203.201 或者说是手里紧握着邪恶可怕的鳄鱼，把刀深深插入鳄鱼身体时的感觉?
204.273 자, 나는 이제 이렇게 빵을 얇게 썰어서 버터를 발라 살짝 구울 거예요. 그 위에 캐비아를 작은 스푼으로 한 스푼 듬뿍 얹어서 먹는 거예요.	204.207 好，我要把面包切成薄片，抹上黄油，轻轻烤一烤，然后在上面放上一勺鱼子酱。
205.274 그래도 플라밍고 혀처럼 건강한 핑크빛이 돌고 맛봉오리도 오소소 일어나 있네요.	205.208 不过，仍然像红鹳的舌头那样呈现粉红的色泽，味蕾也纷纷绽放。
206.274 그런데 세연씨가 침을 질질 흘리고 있는 모습 보니까 참 지저분하고 안쓰럽네.	206.208 可是看见你垂涎欲滴的样子，真的很龌龊，很让人遗憾。
207.275 다리를 왜 그렇게 벌벌 떨어요?	207.208 你的腿怎么抖得那么厉害?
208.279 나는 고개를 푹 수그린다.	208.212 我低垂着头。
209.280 그 꽝꽝 언 수박을 버리려고 쪼	209.213 我们切开冻得结结实实的西瓜，想

갰을 때 갑자기 눈앞이 환해질 만큼 얼음 모양의 결정체들이 반짝반짝 빛났던 거 생각나?	要扔掉，突然看到了闪闪发光的冰晶体，让人眼前一亮，还记得吗?
210.285 다른 데서라면 몰라도 비좁고 냄새나고 혼이 쏙 빠져나갈 만큼 분주한 주방에서는 눈에 띄지 않는 사람이 결국 쓸모 있는 사람이다.	210.217 别的地方我不敢说，至少在充满各种气味，空间狭窄，忙得让人团团转的厨房，能够派上用场的还是那些不引人注目的人。
211.286 사랑에 빠진 스태프들에겐 배꼽 모양의 파스타 토르텔리니를 오후 간식으로 만들어 불쑥 내밀기도 할 줄 알고	211.218 他会做出肚脐形状的意大利饺子，送给正在谈恋爱的职员做下午餐；
212.287 양질의 쇠고기를 얻기 위해선 어린 수송아지들의 음낭을 꽉 움켜쥐고 팽팽하게 만든 후 단번에 잘라 버렸다.	212.218 为了得到优质的牛肉，美食家们紧紧抓住小公牛的阴囊，使其膨胀，然后猛地砍下来。
213.288 숭어가 살려고 팔딱팔딱 뛰다가 파르르 떨며 서서히 창백하게 죽어가는 모습을 들여다보며	213.219 鲻鱼为了求生而奋力挣扎，最后剧烈地、慢慢地、苍白地死去。
214.288 나는 그녀의 혀 위에 굵은 천일염 몇 개를 올려놓고 입을 꾹 다물게 한다.	214.219 我把几粒粗海盐放在她的舌头上，合上了她的嘴巴。
215.290 나는 고개를 푹 꺾었다.	215.220 我垂下头。
216.291 악수를 청하듯 주방장에게 오른쪽 손을 쭉 뻗어 내밀었다.	216.221 我把右手伸向厨师长，请求和他握手。
217.291 그는 그 손가락으로 구불구불 흐르는 내 등뼈를 훑어나갔다.	217. 他用那只手指从我弯弯曲曲的脊椎上掠过。
218.294 천둥이 치면 사랑은 금이 가지만 천둥이 치면 송로버섯은 쑥쑥 잘 자란다.	218.225 爱情遇到雷电会出现裂缝，而西洋松露遇到雷电却长得更好。
219.302 그때 난 타임이 터지는 향기를 맡았어. 미세한 허브향이 팝콘처럼 톡	219.231 那时候我闻到了百里香的香气，淡淡的香草味道像爆米花，纷纷爆裂开来。

톡 터지면서 번지는 것을 느꼈어.	
220.303 새콤달콤한 자몽과 쌉싸래한 맛의 루콜라가 혀의 앞과 뒤, 옆 부분의 도돌도돌한 미각유두들을 봄바람처럼 살랑살랑 흔들어놓을 것이다.	220.232 甜蜜的葡萄柚和苦涩的芝麻菜将会像春风，轻轻撼动舌头前面、后面和侧面凸出的味觉乳头。
221.306 맛이란 게 진짜 살아 있어서 내 혀 위에서 펄쩍펄쩍 뛰어다니는 것 같을걸.	221.234 好像味道真的是活的，在我的舌头上活蹦乱跳。

〈부록 표6〉『연어』: 의태어가 출현하는 원문과 번역문

『연어』	『鲑鱼』
1.16 물수리는 수면 2미터까지 바짝 내려간다.	1.8 鸬鹚已经下降到了离海面两米左右的高度。
2.18 부드러운 꼬리지느러미로 슬슬 배를 쓰다듬어주던, 그의 둘도 없는 누나였던 것이다.	2.12 用柔软的尾鳍轻轻抚摸他肚子的姐姐, 是与他情同手足的姐姐……
3.19 은빛연어가 깜짝 놀란다.	3.13 银色鲑鱼感到无比惊讶。
4.19 그래서 연어들은 남들에 대해서 이러쿵저러쿵 입에 올리기를 좋아하는 습성을 가지게 되었는지도 모른다.	4.13 说不定鲑鱼们喜欢在背后"嚼舌头"的习性就是这么来的。
5.20 갑자기 은빛연어는 자신이 먼 바다에 홀로 뚝 떨어져 있는 섬이라는 생각이 들었다.	5.14 银色鲑鱼突然觉得自己的处境像极了被孤立在海洋中间的小岛。
6.21 마음속에 들어 있는 수많은 말들이 끊어진 사슬처럼 툭툭 질서 없이 튀어나온다.	6.15 他内心想要述说的话, 就像是一条断裂的铁链一样, 毫无秩序地蹦出来。
7.21 은빛연어를 옆에서 보고 있던 연어들이 코웃음을 흥, 하고 친다. 그들은 고개를 절레절레 흔들더니.	7.15 看到这一幕的鲑鱼们纷纷摇头, 嘲讽道:
8.30 은빛연어는 배가 든든해지자 혼자서 물가로 가만가만 고개를 내밀어본다.	8.24 刚刚饱餐一顿的银色鲑鱼, 偷偷地将脑袋伸出了水面。
9.31 은빛연어는 문득 욱신거리며 쓰려오는 배를 겨우 가누고 주위를 둘러본다.	9.25 银色鲑鱼艰难地翻转疼痛异常的身子, 打量了一下四周的情景。
10.32 그렇지만 그녀의 눈은 맑은 밤하늘의 별처럼 반짝반짝 빛을 내고 있었다.	10.26 银色鲑鱼发现她的眼睛就像夜空中的星辰一般闪亮夺目。(闪亮: 동사로 번쩍이다, 환해지다)
11.34 "너 많이 아프겠구나"라는 말이 불쑥 튀어나온다.	11.28 又没头没脑地问道: "你应该很疼吧?"

12.34 눈 맑은 연어는 아무렇지도 않다는 듯이 일부러 이리저리 헤엄을 쳐 보인다.	12.28 亮眼鲑鱼装出若无其事的样子，接着又怕他不相信，还刻意游了几圈。
13.35 은빛연어는 눈 맑은 연어가 남기고 간 말을 곰곰 되씹어본다.	13.29 银色鲑鱼反复回忆着亮眼鲑鱼所说的话:
14.41 강물이 바닷물에 섞이면서 물속의 염분이 훨씬 줄어든 느낌이 든다.	14.35 随着更多的河水稀释海水，可以感觉到水中的盐分浓度正在逐渐下降。
15.41 그때 그의 눈앞으로 뭔가 번쩍, 하고 스쳐 지나가는 빛 한줄기가 보인다.	15.35 这时，突然有一道耀眼的光芒，从他的眼前一闪而过。(一闪而过: 번득하고 지나가다, 휙휙 지나가다)
16.41 그 빛나는 물체는 무리가 방향을 틀자 이내 은빛연어의 왼쪽에 바짝 다가와 있었다.	16.35 当鱼群转换方向之时，那个发光之体立即靠向了银色鲑鱼的左侧。
17.42 그때 내 눈에 번쩍, 하는 빛이 보였거든.	17.36 我似乎看到了一道耀眼的光芒。
18.48 때마침 빨갛게 물든 단풍잎들이 강물에 실려 동동 떠내려오는 게 보였다.	18.42 这时，银色鲑鱼看到河的上游有一片片火红的枫叶正在顺着河流漂流下来。
19.51 은빛연어는 깜짝 놀란 표정으로 눈 맑은 연어를 바라본다.	19.45 银色鲑鱼一脸惊讶地望着亮眼鲑鱼。
20.51 은빛연어가 나도 기뻐, 하고 선뜻 대답하지 못하자,	20.45 看到银色鲑鱼无法轻易说出“我也高兴”的话,
21.53 상류로 가서 뱃속에 있는 알을 낳는 일, 그 중요한 일을 선뜻 이해하지 못하는 은빛연어가 자꾸 안쓰럽게 여겨지는 것이었다.	21.47 银色鲑鱼显然无法理解她回到上游产卵的事情及所含的重大意义。对此，亮眼鲑鱼感到无比担忧。
22.59 그러다가 가슴 속이 뭉클해지기도 하고 콱콱 막히는 것 같기도 하다.	22.53 胸口中一会儿发酸，一会儿闷堵，好不难受。
23.59 아버지의 은빛 비늘을 상상해보는 그의 눈에는 눈물이 핑 돈다.	23.53 想象着父亲全身银光闪闪的形象，银色鲑鱼的眼睛里不由得蒙上一层迷雾。

24.59 겉모습뿐만 아니라 네 마음도 아버지를 쏙 빼닮은 듯하구나.	24.53 除了外表相像之外，你连内心也与你的父亲一模一样。
25.63 초록강이 은빛연어를 꼭 껴안아주며 말했다.	25.57 绿江温柔地将银色鲑鱼抱在怀里，安慰道:
26.70 어느 날 은빛연어는 깜짝 놀랐다.	26.64 有一天，银色鲑鱼看到了一件令他非常惊讶的事情。
27.76 그의 배지느러미가 파르르 경련을 일으키고 있을 뿐이었다.	27.71 腹鳍一如既往地发出微微地痉挛。
28.77 등 굽은 연어는 비틀비틀 헤엄을 치면서 괴로운 표정을 지었다.	28.71 驼背鲑鱼拖着摇摇晃晃的身体，一脸痛苦地向前游去。
29.81 그것은 하늘의 무지개나 고래의 무지개보다 훨씬 가까운 곳에 있었지.	29.75 那道彩虹所处的位置竟然比天空或鲸鱼制造出来的彩虹还要近。
30.84 연어들 중에 빼빼마른연어가 제일 먼저 발언권을 얻었다.(빼빼: 84쪽에 4번 출현, 98쪽에 1번, 99쪽에 2번 출현, 100쪽에 2번, 101쪽에 2번 출현, 103쪽에 1번 출현)	30.77 体型最消瘦地鲑鱼 78 这条瘦骨如柴的鲑鱼 78 瘦子鲑鱼 (2번, 92쪽 1번, 93쪽 2번, 94쪽 2번, 95쪽 2번, 97쪽 1번, 이하 동일)
31.85 그는 강바닥을 한 바퀴 빙 둘러보더니,	31.78 他打量了一圈河底的形态,
32.88 고개를 숙인 연어들이 벌써 꾸벅꾸벅 졸기 시작했다.	32.82 原本垂下脑袋的鲑鱼们已经开始打起了瞌睡。
33.92 누구나 그에게 꼬박꼬박 높임말을 쓴다.	33.92 (번역하지 않음)
34.92 그의 당돌한 행동에 선생님은 잠시 흠칫, 하더니 계속 말을 잇는다.	34.86 银色鲑鱼的突然插嘴使得老师鲑鱼顿了一下，但他马上好像没有听见一样继续道:
35.97 이 말을 끝으로 운명철학자는 지그시 눈을 감는다.	35.91 说罢，命运哲学家鲑鱼便开始闭目养神，不再说话。
36.101 연어들이 그의 주위를 빙 둘러싼다.	36.95 众鲑鱼纷纷聚集在他的周围,
37.103 과학자 빼빼마른 연어가 찾아 놓	37.97 显然，本性多疑的他对瘦子鲑鱼找出

은 길로 향하는 게 원래 의심 많은 그도 선뜻 내키지 않는 모양이다.	来的路并不是绝对信任。
38.104 은빛연어의 머릿속은 어느새 그의 아버지에 대한 생각으로 가득 들어 차 있다.	38.98 不知不觉间，银色鲑鱼的脑海中只剩下父亲宏伟的身影。
39.105 은빛연어의 입에서 나온 말을 듣고 눈 맑은 연어는 깜짝 놀란다.	39.99 听到银色鲑鱼的口中吐出来的话，亮眼鲑鱼感到无比惊讶。
40.112 물속의 자갈들이 햇빛을 받아서 반짝반짝 빛나는 게 보인다.	40.106 河水中的鹅卵石们在阳光的照耀下闪闪发亮。
41.114 은빛연어는 그때마다 깜짝깜짝 놀랐지만, 그들이 자신을 해치지 않는다는 것을 알고 있다.	41.108 尽管银色鲑鱼每次都会被那些白光吓得一跳，但他明白这些人类并不会伤害自己。
42.114 카메라를 든 인간보다 훨씬 작은 그 인간은 물가에서 턱을 괴고 앉아 있다.	42.108 这个明显比其他手持相机的人类更加矮小的人类，正用手托着下巴坐在水边，
43.115 은빛연어는 문득 가슴이 쓰려오는 것 같다.	43.109 银色鲑鱼突然感到胸口有些刺痛。
44.122 그 둘레를 빙빙 돌며 지키고 서 있는 연어들……	44.116 徘徊在雌鲑鱼周边，为她们提供保护的雄性鲑鱼们……
45.125 은빛연어는 훨씬 아름다운 연어다.	45.119 银色鲑鱼无疑是一条更加美丽的鲑鱼。
46.127 은빛연어는 밀려오는 두려운 생각 때문에 몸이 바들바들 떨리는 것을 느낀다.	46.121 感受到死亡的气息，银色鲑鱼的身体不由得发出一阵战栗。
47.128 하지만 잊어야만 훨씬 더 행복한 기억을 갖게 될지도 몰라.	47.122 也许，只有忘掉我们的存在，他们才能生活得更加幸福。
48.128 은빛연어는 눈을 질끈 감는다.	48.122 紧紧地闭上眼睛。
49.128 은빛연어와 눈 맑은 연어는 입을 딱 벌린 채 나란히 서서 한참을 그대로 움직이지 않고 있었다.	49.122 银色鲑鱼和亮眼鲑鱼就那么张着大口，并列着身躯，一动不动地漂浮在水中。

〈부록 표7〉『몽타주』: 의태어가 출현하는 원문과 번역문

1『몽타주』	『蒙太奇』
1.11 하지만 그러다 보니 나는 자주 수사관과 비슷한 존재가 되어가고 있었다. 나는 문득문득 수사관처럼 행동하는 나 자신을 발견하고서,	1.3 问题是, 久而久之, 我越来越像个刑警了。在我意识到这点后,
2.13 언뜻 보기에 범행 장소에서는 공통점이 없는 듯했다.	2.4 乍一看, 三宗凶案的犯罪现场彼此毫无共通之处。
3.14 내가 그들의 수사 회의 장소에 불쑥 모습을 나타냈을 때,	3.4 当我出现在会议室时,
4.14 그때 탁형사가 안으로 들어서는 나를 힐끔 쳐다보고는 말했다.	4.4 卓刑警朝我瞥了一眼, 継续说:
5.15 그가 툭툭 내뱉는, 그러면서도 정곡을 찌르는 도발적인 말에 나도 모르게 이끌린 탓이었다.	5.5　是因为我情不自禁地被他那些脱口而出、一针见血的挑衅性话语吸引。
6.19 마음을 다잡고서 스케치북 앞에 바싹 다가앉아 연필을 잡아보지만,	6.7 我平定心绪, 握笔坐在画簿前,
7.22 직관의 호수가 강철판처럼 경직되거나 바싹 마른 바닥을 드러내고 있는 상태였고,	7.9 现在直觉突然冻僵了, 宛若铁板般坚硬, 又宛若一个干涸见底的湖泊。
8.22 생각이 거기에 미친 나는 몸을 벌떡 일으켜서 부검실로 달려갔다.	8.9 一想到这儿, 我猛地站起来跑到了验尸房。
9.24 시신들이 이렇게 모두 벌거벗은 채 사지를 벌리고 두 팔을 활짝 펼친 상태로 누워 있었다는 것은 무슨 뜻일까요?	9.10 这些赤裸的尸身, 四肢张开, 意味着什么?
10.26 어느 날, 나는 그렇듯 막무가내로 개성을 드러내고 고집을 피우면서 제 영역을 요구하는 눈과 코와 입과 귀의 모양들을 물끄러미 내려다보고 있던 중에,	10.11 有一天, 当我呆呆地凝视着这些争着彰显个性, 执着地要求自我空间的眼睛、鼻子、嘴巴、耳朵时,

11.27 그동안 짐짓 구석에 밀어두었던 최근 몇 년의 상황이 슬그머니 고개를 쳐들기 시작했다는 점이었다.	11.12 那些被弃置在角落的我开始悄然抬头。
12.28 그러다 보니 나는 차츰 현실감각을 잃을 수밖에 없었고,	12.12 于是我渐渐地脱离了现实,
13.28 그런데 이제 그동안 골방에 들어있던 나의 과거가 슬그머니 고개를 쳐들고서	13.13 可现在封存在密室里的我的过去悄然抬头
14.29 그런데 이제 문득, 서른일곱 번째 생일을 맞던 날 나, 윤세화는,	14.13 现在, 就在我迎来第37个生日的时候, 我, 尹世花,
15.33 수없이 많은 코와 귀가 서로 쌍을 이루어 골목 모퉁이에서 불쑥불쑥 모습을 나타냈다.	15.16 无数的鼻子和耳朵成双成对地出现在巷子的拐角。
16.34 만개한 장미가 꽃잎을 살랑살랑 흔들었는데,	16.16 像盛开的玫瑰轻轻摇曳着花瓣。
17.35 내 눈을 번쩍 뜨게 했다.	17.17 让我一下子睁开了双眼,
18.36 그로 하여금 내가 놓은 덫 속으로 꼼짝 못하고 빠져들게 할 수도 있었다.	18.18 让他束手无策地落入我设置好的陷阱。
19.39 나는 이제까지와는 달리 훨씬 더 비장한 각오로 몽타주를 그렸고,	19.20 我以从未有过的悲壮的心情画好蒙太奇后,
20.41 내 몸과 마음이 번쩍 깨어나는 듯한 느낌을 받았다.	20.21 让我的身心仿佛在骤然惊醒。
21.46 그 화집의 책갈피에서 인간의 얼굴들이 스멀스멀 기어 나왔다.	21.24 从那本画册的封皮中爬出了一个个的人脸。
22.46 그러자 현관을 중심으로 한 그 공간이 빙글빙글 돌아가기 시작했다.	22.24 以公寓大门为圆点的空间开始旋转,
23.47 나는 밖으로 나가서 텅 빈 거리를 따라 걸었다.	23.24 我沿着空空荡荡的大街走了出去。
24.47 검은 허공에서는 사람 얼굴 모양을 닮은, 끈 끊어진 연과 풍선 같은 것	24.24 漆黑的天空中漂浮着人脸状的、好似断线的风筝或气球般的东西。

들이 둥둥 떠다니고 있었다.	
2『메신저』	『信使』
1.50 깜짝 놀라 벌떡 몸을 일으킨 나는	1.25 我吓了一跳，猛地坐了起来，
2.51 순간, 수박이 통째로 갈라지듯, 머릿속에 쩍쩍 금이 가는 듯했다.	2.25 瞬间我的头就像西瓜般炸裂开来。
3.56 그런가 하면 전시에는 기름이 부글부글 끓고 있는 솥에 빠지고,	3.28 有人在战争中掉进了沸腾的油锅里；
4.59 자기 자신을 텅 빈 공간으로 만들고서,	4.30 他把自己变为一个空荡的空间，
5.59 메시지를 전할 때 그 위에 슬쩍 자신의 입김을 불어넣을 줄 알았기 때문이었다.	5.30 是因为在传达信息时，他知道如何不留痕迹地加进自己的口气。
6.72 그 속에는 가득 찬 기름이 거품을 일으키며 부글부글 끓고 있었다.	6.37 里面的油正冒泡翻滚。
7.73 그는 한 번 씩 웃고 나서 몸을 날렸다.	7.37 他咧嘴一笑，纵身跃入了油锅。
8.81 바싹 마른 나뭇가지에 불이 붙어 나뭇잎들이 나뭇가지 끝에서 화르르 소리를 내며 타 들어갔다.	8.42 干枯的树枝上冒出火花，树叶燃烧了起来，枝桠的顶端发出噼啪的声响，
3『확신』	『信心』
1.94 어쩌다가 시선을 떨구어 물끄러미 책장을 내려다보다가 이내 다시 고개를 들어 멀리 수평선을 바라보곤 할 뿐이었다.	1.49 只是偶尔把视线落在书上，呆呆地看一下，旋即又抬起头遥望海平面。
2.96 미라처럼 바싹 마른 그의 몸이 물의 공격을 받아 맥없이 풀리며 녹아가고 있었다.	2.50 他那木乃伊般干巴巴的身体受到了水的攻击之后开始无力地融化，
3.97 그의 뒤에서 누군가가, 혹은 무엇인가가 휘적휘적 물을 가르며 다가오는 소리가 들렸다.	3.50 在他身后传来了某人或某物摇摇摆摆地踩着水走过来的声音，

4.98 바싹 말라붙어 있는 자신의 몸이 속에서부터 녹아버리는 듯한 느낌을 떨칠 수 없었다.	4.51 他就会觉得自己干巴巴的身体从内到外开始融化。
5.98 며칠 전 그가 사십대 불혹의 나이에 이르러 하나같이 물에 팅팅 불은 듯한 친구들의 얼굴과 마주하고 있을 때였다.	5.52 几天前，他见了几个年届不惑的朋友，他们的脸都像水肿似的胖乎乎的。
6.100 함부로 둘둘 말린 커다랗고 허연 비닐 덩어리가 어디에선가 나타나서	6.52 卷成一团的巨大的白色塑料不知从哪里冒了出来
7.100 그 모습은 마치 바다에서 튀어나온 거대한 해파리 여러 마리가 한데 뒤엉킨 채 제 방향을 찾지 못하여 이리저리 내닫고 있는 듯한 인상을 불러일으켰다.	7.52 那样子让他联想到几只巨大的海蜇从海里蹦出来，缠绕在一起，因找不到方向而四处乱窜。
8.101 휴가철이 지난 터라 골목길들은 텅 비어 있었다.	8.53 假期已经结束了，小港里空荡荡的。
9.101 그때 그녀가 주머니에 손을 집어넣더니 뭔가를 꺼내어 그에게 불쑥 내밀었다.	9.53 这时，女人把手伸进口袋，掏出了一个东西伸到他面前。
10.102 맹목적이고 따뜻하고 축축한 그곳에 붉은 칼을 푹 찔러 넣는 듯한 착각을 느꼈다.	10.53 又产生了幻觉，这次红色的刀子插进了女人身体中盲目的、温暖的、潮湿的某处。
11.102 그 뒤로 시야가 탁 트이면서 바다가 내려다보였다.	11.54 亭子后面视野开阔，大海一览无余。
12.104 놀랍게도 다른 한 마리는 그 많은 다리를 느릿느릿 움직이며 욕조 구멍으로부터 멀어지려고 애쓰고 있었다.	12.55 令人惊奇的是另一条却缓慢地挪动着众多的腿，拼命地想远离下水口。
13.107 스스로 속을 텅 비워 다른 동물들로부터 자기를 보호하는 방식으로 진화한 그들에게서	13.56 它们进化到用掏空内脏的方式保护自己不受其他动物的侵害，

14.107 그는 선택의 갈래에서 이리저리 떠다니고 있었다.	14.56 在选择的路口漂泊不定。
15.108 그러자 살짝 눌렀음에도 불구하고 위쪽이 푹 꺼지면서 그 밑으로 피가 조금 섞인 누런 고름이 썩은 눈물처럼, 혹은 바퀴벌레의 썩은 내장처럼 주르륵 흘러 내렸다.	15.57 只轻轻一按，疮痂就陷了下去，黄色的脓水掺杂着血像腐烂的眼泪，或者像蟑螂腐烂的内脏似的，从疮痂下面流了出来。
16.109 누군가가 휘적휘적 걸어 다니는 소리,	16.57 蹒跚而行的脚步声，
17.110 제법 크고 색깔도 요란한 그 거미는 어울리지 않게 화들짝 놀라 황급히 풀숲으로 사라졌다.	17.58 那蜘蛛吓得急忙躲进草丛中无影无踪了，这可真与它那妖艳的颜色和庞大的躯体不般配。
18.113 그때마다 먼지가 풀썩풀썩 피어 올랐다.	18.60 扬起阵阵尘灰。
19.113 그러고 보니 산책로 위에는 드문드문 말똥이 널려 있었다.	19.60 一路走来还真有几处马粪。
20.115 노인과 소녀는 손을 휘휘 저어 물을 떠서 마신 뒤에	20.61 老人与少女先是用手捧起水喝，
21.115 문득 그 몸이 바로 자기 자신의 몸일 수도 있다는 생각이 들어 부르르 몸을 떨었다.	21.61 突然觉得那也可能是自己的身体，便浑身颤抖起来。
22.115 음식물을 식탁 위에 늘어놓을 때 언뜻언뜻 배꼽이 드러났다.	22.61 在往餐桌上放食物时肚脐忽隐忽现。
23.116 약국 노인이 마루로 올라서려다가 움찔 놀라며 멈춰 섰다.	23.62 把正往里走的药房老人吓了一跳，愣在了那里。
24.119 면장이 그가 걸치고 있는 점퍼의 옷깃을 바로 잡아주며 불쑥 질문을 던졌다.	24.63 乡长在摆正夹克的衣领时突然问道。
25.120 장차 자신의 사업 계획을 밝히고 있는 면장의 말 속에서는 수시로 확신	25.64 他宣布了今后的工作计划，在他的讲话中时不时会蹦出“信心”这个词。

이라는 단어가 <u>불쑥불쑥</u> 튀어나왔다.	
26.121 모두가 <u>깜짝</u> 놀라 면장의 얼굴을 바라보았다.	26.64 但大家都惊奇地望着乡长。
27.121 특히 확신이라는 말은 매번 오물처럼 그의 얼굴에 끼얹어졌다가 악취를 풍기며 <u>줄줄</u> 흘러내렸다.	27.65 特别是"信心"那个词每次都像污水一样泼在他的脸上，散发着臭味<u>往下</u>流淌。
28.122 그때마다 여인은 <u>넙죽넙죽</u> 술잔을 받아마셨다.	28.65 女人每次都会接过杯子<u>一饮而尽</u>，
29.124 세상의 모든 것들이 그의 속으로 <u>꾸역꾸역</u> 밀려 들어와 강력한 위산에 액화되어 흘러나오고 있는 듯 했다.	29.66 而是世上所有的东西<u>接连不断地</u>涌进他的体内，经过强力的胃酸液化后流淌出来。
30.125 진흙으로 빚어진 사내가 <u>흐물흐물</u> 녹아서 변기 속으로 빠져들고 있었다.	30.67 泥塑的男子化成了稀泥，正被卷进马桶。
31.126 차 안에 누워 있는 동안 수시로 누군가가 <u>바싹</u> 마른 입으로 혀를 끌끌 차는 소리가 들려왔다.	31.67 躺在车里的时候，总是传来有人用<u>干巴巴</u>的嘴咂舌的声音。
32.126 그가 누워 있는 곳이 마치 사막 위에서 <u>바싹</u> 말라붙어 조금씩 부서지고 있는 거대한 동물의 뼈대 속인 듯했다.	32.68 他觉得自己正躺在沙漠上已被晒干、正慢慢破碎的巨大动物的遗骸里。
33.127 그의 무릎에 놓여 있는 책과 엉덩이에 깔려있는 푸른 수건도 순식간에 <u>바싹</u> 말라버렸다.	33.68 膝盖上的书与屁股下的蓝毛巾也瞬间被晒干了。
34.128 책장들이 말라 부스러져서 <u>조각조각</u> 바닥으로 떨어져 내리기 시작했기 때문이었다.	34.68 晒干的书页成了<u>碎片</u>。
35.130 그때 그는 누군가가 <u>휘적휘적</u> 물을 가르며 걸어오는 것을 보았다.	35.69 他看到一个男人<u>摇摇晃晃</u>涉水而来，
36.131 이윽고 누군가의 손에 의해 <u>퉁퉁</u> 불은 그의 몸 위로 흰색 홑청이 덮여졌	36.70 然后有人用白色的床单盖住了他那<u>肿胀</u>的身体，一切都结束了。

고, 그것으로 끝이었다.	
4『창자 없이 살아가기』	『无肠而活』
1.134 세 명의 인부들 중에 유독 드릴을 잡고 있는 사내가 동료들에게 고래고래 소리를 지르고 있었다.	1.71 施工的三名工人当中，手握鉆孔机的那个人在向同事喊着什么，
2.136 흡사 커다란 독수리가 몸을 웅크린 채 날개를 활짝 펼치고 있는 것처럼 보이는 높은 건물을 올려다본 순간,	2.72 仰望着这座好似巨鹰弓身展翅的高楼时，
3.137 나는 문득 부조리 소설의 한 장면을 떠올리지 않을 수 없었다.	3.73 不得不让我联想到荒诞小说中的一个场面。
4.139 그러나 글을 써나가는 중에, 문득 나는 선의에 의해 쓰여 지고 있는 그 글이 결국에는 역설적이게도,	4.74 可我写着写着，越来越觉得我好心好意写出的这些东西，
5.141 그런데 그가 덜컥 고소를 한 것이었다.	5.75 可万万没想到的是，他居然一纸诉状把裴昌福告上了法庭。
6.146 그때 나는 나도 모르게, 아침 내내 앉아 있던 의자에서 벌떡 일어섰다.	6.78 本来我一直坐在椅子上，想到这些便霍地站了起来。
7.147 그때 그가 눈을 들어 흘낏 나를 보았다.	7.79 此时他抬头瞥了我一眼。
8.151 오랫동안 빤히 바라보다가 제풀에 씩 웃으며 고개를 떨구는 나쁜 버릇을 가지고 있었다.	8.81 可某个时候又会长时间地盯着人看，直看得对方发毛，才扑哧地笑着低下头。
9.156 머릿속이 텅 비어지면서 순간적으로 가슴에 적막감이 밀어닥쳤다.	9.84 我的脑子一片空白，心中突然涌起寂寞。
10.156 나는 어깨를 활짝 펴고서 보무도 당당히 현관 쪽을 향해 복도를 따라 걸었다.	10.84 挺胸抬头，步伐矫健地沿着走廊走到大厅。
11.156 갤럽, 갤럽, 두 발이 저절로 성큼성큼 움직이고 있었다.	11.84 快步舞，快步舞，我的两只脚自动地跳起了舞步。
12.157 어쩌다가 내 뱃속에 구불구불 감	12.85 有时候想起肚子里弯弯曲曲地肠子时，

겨 있는 창자에 생각이 미치면,	
13.158 그중에 어떤 것은 속삭임이고, 또 어떤 것은 고래고래 지르는 고함이나 외침이기도 했다.	13.86 其中有些是窃窃私语，而有些则是疾声大呼、呼喊或呐喊。
14.159 수많은 삶의 채널들 속에서 이리저리 날렵하게 옮겨 다닌다.	14.86 轻快地穿梭于生活的各个波段。
15.162 대리인은 그렇게 말하고서 약간 경직된 얼굴 위에 앳된 미소를 슬쩍 떠올린 후에 몸을 돌렸다.	15.88 代理人说完，略显僵硬地脸上露出一丝稚嫩的微笑，便转身离去了。
16.162 썩 만족스러운 강의는 아니었다.	16.88 可那课并不怎么令人满意。
17.164 음식이 위아래 치아에 의해 부서지는 소리에 깜짝깜짝 놀라기도 했다.	17.89 食物在上下牙之间碎裂的声音，都让我吃惊不小。
18.164 그렇다면 조증을 유지하기 위해서라도 어떻게 해서든 창자를 가득 채워야 했다.	18.89 哪怕是为了保持躁狂症我也得填满肠子。
19.164 그 흰 구름에는 군데군데 어둡게 얼룩이 져 있었는데,	19.89 那些白云上有些暗斑，
20.164 마치 수증기로 이루어진 거대한 괴물이 수많은 눈깔을 한꺼번에 뜨고서 나를 물끄러미 내려다보고 있는 것처럼 여겨졌다.	20.89 仿佛水蒸气形成的巨大怪物同时睁开无数只眼睛呆呆地俯视着我。
21.165 나는 생각 같아서는 팔을 공중으로 뻗고서 겅중겅중 뛰고 싶을 지경이었다.	21.89 我真想把手臂伸向空中蹦跳起来。
22.165 그때 그 독수리가 눈을 번쩍 뜨고서 잠시 나를 노려보더니,	22.90 这时老鹰突然睁开眼睛盯着我，
23.168 내가 제법 여유 있게 싱긋 미소를 지으며 법정 안을 돌아보자,	23.91 我带着相当轻松的微笑把法庭扫视了一圈，
24.168 내가 감지한 변화는 그런 종류의 것이 아니었다. 그보다는 훨씬 더 근본	24.91 我感受到的变化比那个更为根本、更为奇异。

적이면서 기이한 것이었다.	
25.168 이윽고 검사 쪽에서 아까 증인 대기실에서보다는 훨씬 다정하고 부드러운 어조로,	25.91 检察官的语气比刚才在证人等候室时温柔亲切了许多,
26.169 하지만 이번에도 그는 얼마 후에 제풀에 씩 웃으며 고개를 떨구었다.	26.92 不过这次也是他自己先笑了起来, 然后低下了头。
27.170 그 모습을 보자, 나는 문득 이상한 기분이 들었다.	27.92 看到他的样子, 我突然产生了奇怪的感觉。
28.171 내 양 옆으로 출입문 두 개가 활짝 열려 있었는데,	28.93 我两侧的门都敞开着,
29.172 그때 나는 박지상의 눈이 반짝 빛을 발하는 것을 보았다.	29.94 那时我看到朴志祥的眼睛闪闪发光。
30.173 그 글이 가지고 있는 문제점에 대해 슬쩍 운을 떼었다.	30.94 不动声色地提到那篇文章存在的问题。
31.173 동시에 훨씬 더 큰 조증의 폭발이 일어났다.	31.95 躁狂症大爆发了。
32.173 검사와 변호사는 내 말을 듣고 나서 정신이 번쩍 든 표정으로 서로를 돌아보았다.	32.95 检察官和律师听完我的话, 好似清醒了过来, 互相对视着。
33.179 창자의 연동과 분절 작용이 활발하게 일어나고 있어서, 반쯤 소화된 채 그곳으로 흘러든 사람들과 그 모습을 보고서 놀라 어찌할 바를 모르는 사람들이 한데 뒤 섞여 이리저리 휩쓸리고 있었다.	33.98 肠子的蠕动和分节作用异常活跃, 夹裹着人群滚滚而来, 有人被消化了一半, 有人见到这光景不知所措。
5『진부한 일상』	『陈腐的日常』
1.186 열쇠 뭉치가 유난히 크게 쩔렁거리는 소리에 언뜻 정신이 돌아온 것이었다.	1.101 钥匙串相互撞击的声音特别响亮。
2.187 순간, 그는 깜짝 놀랐다. 등에서	2.101 他吓了一跳, 冒出一身冷汗,

식은땀이 주르륵 흘러내리는 듯한 느낌이었다.	
3.187 그러더니 강한 바람을 더 이상 견디기 어려웠던지, 도중에 여덟 개의 다리를 잔뜩 웅크리고서 모서리 부분에 몸을 바싹 붙였다.	3.102 然后就象是怕受风着凉似地把八只长腿紧紧缩起来，全身都缩在一个角落里。
4.188 그 위에 하나의 둥근 점으로 붙어 있던 거미가 터널을 빠져나오는 순간 마침내 휙 하고 날아 가버린 것이었다.	4.102 在汽车驶出隧道的瞬间，黑点般的蜘蛛仿佛受到强光的攻击， 倏地不见了。(재빨리, 홱, 갑자기)
5.189 그러나 그 소리는 이를테면 날카로운 칼로 커다란 북의 가죽 막을 푹 찔러 아래로 쭉 내리긋는듯한 후련함을 느끼게 했다.	5.102 就像一把锐利的刀从上至下干脆利落地划开一面大鼓，车身传来细微而令人不快的震荡。
6.189 그는 이십대의 시절로 되돌아간 듯한 기분이 들었다. 지금보다 훨씬 젊었던 그 무렵에 그는 이미 자주 차도 위에서 자동차로 연주를 하곤 했다.	6.103 他仿佛回到了二十几岁，那时经常在车道上用汽车演奏音乐。
7.190 더욱이 예전에는 간간이 경적을 울려 트럼펫 소리까지 동원했으므로 훨씬 그럴듯한 화음을 만들어낼 수 있었다.	7.103 时不时传来的警笛声增添了小号的效果，还真是像模像样的合奏。
8.190 하지만 이내 그는 퍼뜩 정신을 차리고서 운전대를 잡고 있는 손의 움직임을 멈추었다.	8.103 马上回过神来，抓紧了方向盘。
9.191 꽥꽥거리며 달아나는 그 동물을 사람들이 기를 쓰고 쫓아가 잡으려 들면 번번이 미끄러운 은빛 몸통이 손에서 쑥 빠져나가 놓치고 마는 것이었다.	9.103 嗷嗷叫着飞速奔跑。倘若人们大费周折抓住它，它可以凭借滑溜溜的银色身体狡猾逃脱。
10.192 그는 운전석에 못 박힌 채 과녁에 꽂힌 화살처럼 부르르 몸을 떨었다.	10.104 像钉在靶上的弓箭一样抖个不停。
11.192 뒤에서 따라오던 차들이 요란하	11.104 后面的车纷纷按着喇叭变换车道从

게 경적을 울리며 차선을 변경하여 바로 옆을 휙휙 지나치고 있었다.	他旁边飞驰而过。
12.192 온몸에서 힘이 빠져나간 탓에 자기가 싼 똥 위에 털썩 주저앉아 있는 듯한 느낌이 들기도 했다.	12.104 他好像被什么勾住了魂，又似乎大小便失禁，坐在自己的排泄物上，
13.192 그 연기 속으로 끝이 보이지 않게 뻗어 있는 자동차들의 행렬이 꾸역꾸역 밀려들어가고 있었다.	13.104 一望无际的长长的车队正向着那烟雾蠕动。
14.195 그때 그녀가 갑자기 활짝 웃는 얼굴로 사람들을 돌아보며 활달한 목소리로 말했다.	14.106 妻子突然笑容满面，欢快地跟大家说:
15.198 그 말에 그가 선뜻 대답을 하지 못하자, 의사는 제풀에 멋쩍은 미소를 지으며 말했다.	15.108 医生见他没回答，脸上挂着不自在的笑容说:
16.199 그러던 어느 날, 수영을 한 뒤에 사우나에서 거울에 자신의 벗은 몸을 비춰본 순간, 깜짝 놀라지 않을 수 없었다.	16.108 有一天游完泳，在桑拿房里照镜子时，他被自己的裸体吓了一跳。
17.200 자기도 모르게 고개를 휘휘 저었다.	17.108 于是下意识地晃了晃自己的头。
18.205 우리는 빙글빙글 돌아가는 불 바퀴에 묶인 채 살아가고 있는 것이지요.	18.111 我们被捆在转圈的火轮上。
19.205 어느 날 문득 그것이 나타나 내게 바짝 따라붙었지요.	19.111 它在某天突然冒了出来，紧紧跟着我，
20.205 모골이 송연해지면서 등 뒤로 식은땀이 주르르 흘러내리는 것을 느끼지 않을 수 없지요.	20.111 我感到毛骨悚然，后背冷汗直冒。
21.206 내가 그것의 꼬리를 꽉 물고서,	21.112 紧紧抓着它的尾巴，
22.208 그는 슬며시 그녀에게 말을 건넸다.	22.113 他小心翼翼地问道。
23.209 차가 멈춰 서더니 조수석 쪽 차	23.114 车子停住了副驾驶一侧的窗户降了

창이 스르르 내려갔다.	下来。
24.210 아랫배가 두툼한 오십대 초반의 팀장과 비쩍 마른 이십대 후반의 신입 사원은	24.114 那两个人一个是长着啤酒肚的五十来岁的科长，另外一个是不到三十岁的新职员。
25.213 잠시 후에는 그의 앞에도 바짝 구워져서 허옇게 벗겨진 뼈들이 수북이 쌓여 있었다.	25.116 没过多久他面前也堆满了白花花的羊排骨,
26.221 어제 아침에 보았던 것보다 훨씬 크고 색깔도 더 요란한 놈이었다.	26.121 这只比昨天早上看到的那只更大，颜色更鲜艳。
27.223 그러다가 그와 손이 닿으면 슬그머니 자기 손을 거두어들이곤 했다.	27.122 可一碰到他的手便马上缩了回去。
28.224 두 개의 동전을 그 남자를 향해 휙 던졌다.	28.122 直接把两枚硬币扔向小伙子,
29.227 그저 입 안 가득 물었다가 풀풀 내보낼 뿐이었다.	29.124 在嘴里含了一会儿后噗噗吐了出来。
30.230 절망적인 심정으로 힐끗 주위를 돌아보았으나,	30.126 他绝望地看了看四周,
31.232 그의 머리가 목에서 툭 떨어져 바닥에 나뒹굴었다.	31.127 头从脖子上掉了下来，在地上翻滚着。
32.233 허공에서 사람의 형상을 한 것들이 수평으로 둥둥 떠다니고 있었다.	32.127 空中水平漂浮着人形的物体。
33.235 풍선처럼 혹은 기구처럼 떠 있는 수평인들은 바람에 밀려 이리저리 움직이다가 서로 몸이 부딪치곤 했다.	33.128 气球般飘浮的水平人被风吹来吹去互相碰撞,
34.235 그때마다 몸이 불규칙하게 흔들림으로 인해 거기에 매달려 있던 수직인들이 뚝뚝 떨어져 내렸다.	34.128 身体不规则地摆动，每当那时垂直人就会坠落,
6 『채널 부수기』	**『摧毁频道』**
1.239 실제로 김동학은 아침에 눈을 뜨는 순간부터 온 세상이 빙글빙글 돌아	1.131 现实生活中的金东学早上一睁眼就被这个旋转的世界弄得晕头转向。

가는 모습에 현기증을 느끼곤 했다.	
2.239 꼬리에 꼬리를 물고 뱅뱅 맴을 도는 것이다.	2.131 整个世界似乎都在原地首尾衔接地打转。
3.240 말하자면 그의 내면에는 지금 이 순간에도 그 둥근 톱니바퀴 모양의 채널이 거의 기계적으로 빙글빙글 돌아가고 있다.	3.131 也就是说，在金东学的内部，圆形齿轮般的频道每时每刻都在机械转动。
4.242 섣불리 이곳에 들어왔다가는 의사들이 탐욕스러운 손길 아래에서 육체가 조각조각 나누어질지도 모르는 일이었다.	4.132 如果草率进来，弄不好身体会在医生贪婪的手下大卸八块。
5.242 응급실에 도착한 후로 그의 곁에는 줄곧 한 젊은 여자가 바싹 붙어 있었다.	5.132 金东学被抬进急救室后，有个年轻女人一直围着他转。
6.242 어렴풋이 생각이 날듯하면 곧 그녀의 얼굴 위로 그가 알고 있는 또 다른 여자 얼굴들이 휙휙 스쳐 지나가는 것이었다.	6.132 马上就要想起来的时候，其他女人的脸孔就会从她脸上嗖嗖掠过。
7.243 그리고 격한 감정을 못 이겨 그를 왈칵 껴안았다가 그의 사지가 덜렁거리는 것을 느끼고는 깜짝 놀라 몸을 떼며 정신을 차렸고,	7.132 抑制不住强烈情绪时便一下子抱起他，感到他四肢摇摆时便吓得把他放回去。
8.243 개처럼 냄새를 맡는 그 모습에 김동학은 당장이라도 그 의사가 커다랗고 척척한 혀를 내밀어 자신의 얼굴을 핥을지도 모른다는 생각이 들어 눈을 질끈 감았다.	8.133 看到医生像狗一样嗅着，他想医生可能马上就要用又大又湿的舌头舔自己的脸，连忙闭上了眼睛。
9.244 뒤이어 터진 노른자위가 혓바닥처럼 슬그머니 앞으로 밀려나오는 광경이 순차적으로 이어졌다.	9.133 接着蛋黄像舌头一样慢慢地伸到眼前，

10.245 그리고 끝으로 반으로 갈라진 채 속이 텅 빈 달걀 껍질들이 뒤로 하나씩 벌렁벌렁 넘어질 때, 그는 깜짝 놀란 얼굴로 자리에서 벌떡 일어났던 것이다.	10.133 最后空蛋壳一个个倒下。他被彻底吓醒了，呼地从床上坐了起来。
11.245 자리에서 일어나자마자 평소처럼 그는 우선 그리 넓지 않은 집 안을 이리저리 돌아다니며 모든 전등을 켰다.	11.133 他一如平常，一下床就打开不算宽敞的房间里的所有灯，
12.245 물론 화장실을 제외하면, 불을 켠다고 해서 훨씬 밝아지거나 하는 것은 아니었다.	121.133 除了卫生间以外，灯全开了也不怎么亮堂。
13.249 우뚝우뚝 솟아 있는 골조들,	13.135 高耸的构架，
14.249 그러나 조만간 그것들이 하나의 새로운 건축물로 완결되리라는 생각에 그는 자기도 모르게 부르르 몸을 떨었다.	14.135 不久之后都将变成一栋全新建筑。一想到这里他就激动得浑身发抖。
15.251 김동학은 펄쩍 뛰며 반발했다.	15.136 跳起来反驳说:
16.253 비가 억수로 쏟아지면 그제서야 일단으로 와이퍼를 움직이면서 고개를 쭉 뽑아 전방을 주시하며	16.137 只有大雨倾盆时他才会打开雨刮器的一档，伸头凝视前方慢速前进。
17.255 종잇장들이 갈가리 잘려져서 쏟아져 나오는 모습을 볼 때마다 뭐라고 표현하기 어려운 쾌감을 느끼곤 했다.	17.138 看到纸张被切碎后喷涌而出的场面，会产生难以形容的快感。
18.255 마치 문서 속에 압축되어 있던 비밀을 그의 손으로 조각조각 나누어 세상에 환원한다고나 할까,	18.138 就好像压缩在文件中的秘密通过他的手粉碎后又还原到这个世界:
19.255 비로소 그 비밀을 공작새의 날개처럼 활짝 펼친다고나 할까,	19.138 秘密便像孔雀开屏一样展开。
20.256 물론 다른 사람들도 어느 정도 그러하겠지만 그는 그 정도가 훨씬 심했다.	20.139 也许其他人也要耗费能量，但他的情况要严重得多。

21.257 그럴 때면 빙글빙글 돌아가는 채널의 끝에 달린 날카로운 칼날이 그들의 머리를 뎅강뎅강 잘라버렸다.	21.139 那时滴溜滴溜转动的频道后面总有一把快刀把他们的头一切砍下,
22.260 그동안 그는 이미 일 년여에 걸쳐 매주 두어 번씩 새벽에 집을 나와서 텅 빈 거리와 공원과 시장 골목과 인근 야산을 배회했다.	22.141 一年多的时间里，他每周都有一两天凌晨徘徊在空旷的马路、公园、市场胡同和附近的山上。
23.260 새벽에는 항상 관절에 힘이 하나도 없었는데, 그날은 그 증세가 훨씬 심했다.	23.141 凌晨散步的时候他常感到关节无力，那天更是如此。
24.260 평소처럼 그는 산책을 하다 말고 간간이 구석진 곳에 가만히 서서 텅 빈 거리를 바라보곤 했다.	24.141 平时他走着走着会停在一个角落里静静地看着空旷的马路。
25.260 무심코 걸어오다가 그를 발견한 사람들은 유령이라도 본 듯이 흠칫 놀라 그 자리에 멈춰 섰다.	25.141 如果无意中走来的行人看到他，会以为看到了幽灵，吓得愣在那里。
26.262 그로 인해 얼굴이 지워진 채 양쪽 어깨만 불쑥 솟아 있는 그녀의 모습은 흡사 달아나는 먹이를 좇아 날개를 퍼득거리며 앞으로 달려가는 암탉을 연상시켰다.	26.142 她的脸藏在肩膀间，活像一只拍打翅膀追着饲料奔跑的母鸡。
27.265 그러자 그녀는 가볍게 머리를 끄덕이며 스르르 눈을 감았는데,	27.144 她轻轻点了点头，闭上了眼睛。
28.268 그는 침대의 눅눅한 시트 위로 다시 벌렁 누웠다.	28.146. 他重新躺倒在潮湿的床单上。
29.272 몸을 둥글게 웅크렸다가 사지를 쭉 펴며 발작적으로 폴짝폴짝 뛰어오르기 시작했다.	29.148 身体缩成一团, 四肢伸展, 发疯似的跳个不停。
30.272 칸막이와 탁자의 다리와 시멘트 벽에 대가리와 몸통을 쿵쿵 부딪치며	30.148 头和身体不断碰撞着隔板、桌子腿和水泥墙。

이리저리 길길이 뛰어다녔다.	
31.272 고양이는 바닥에 모로 축 늘어져 있었다.	31.148 老猫横躺在地上。
32.272 불룩한 아랫배를 쿡쿡 찔러보는 사람들의 손길에도 고양이는 꼼짝하지 않았다.	32.148 有人过去戳了戳猫的大肚子，猫没有任何反应。
33.278 김동학은 자기 속에서 초라하고 남루한 채널 하나가 슬그머니 열리다가 제풀에 맥없이 닫히는 것을 보았다.	33.151 他内部一个寒酸、褴褛的频道有气无力地关闭。
34.278 김동학이 구급차나 경찰을 불러 주겠다고 하자, 사내는 흠칫 놀라며 거칠게 고개를 저었다.	34.151 金东学想帮他叫救护车或警察，可他猛烈摇头,
35.278 김동학은 사내의 입에 귀를 바싹 가져다 대고서야 겨우 그 말을 알아들었다.	35.152 他把耳朵凑到男人嘴边才听懂,
36.279 그러고 나서 그는 거추장스러운 것을 훌훌 털어낸 심정으로 홀가분하게 그 자리를 떠났다.	36.152 随后他像摆脱了累赘，心情轻松地离开了那里。
37.280 마치 얼떨결에 회전문 속으로 뛰어들다가 문틀에 꽉 끼어버린 기분이었다.	37.153 那心情就如同糊里糊涂之中被旋转门狼狈地夹住。
38.282 그 속은 텅 비어 있어서 앞으로 새로운 사실들을 하나씩 채워나가야 할 낯선 채널 하나가 회전문 돌아가듯 스르르 열리는 것을 느꼈다.	38.154 金东学觉得内部生成了一个陌生的频道，像旋转门一样自动打开，里面空空如也，需要用一件件新的事实去填满。
39.283 힐끗힐끗 주위를 살피며 자동차들 사이를 빠져 다니는 그의 모습은 차 도둑의 꼴과 다를 바가 없었다.	39.155 左顾右盼在汽车中穿行的他活像偷车贼。
40.284 사람들의 사이의 관계라는 것은 그 방황과 배회 속에서 서로 언뜻언뜻	40.155 人与人之间的关系就在那彷徨和徘徊中一晃一闪、交错而过，仿若昙花一现。

그리고 아슬아슬하게 스치는 동안,	
41.285 그 순간 눈을 질끈 감았던 김동학이 다시 눈을 뜨고	41.156 那一瞬间金东学闭上了眼睛，当他睁开眼睛时，
42.286 어느 날부턴가 불쑥불쑥 그의 앞에 나타나 그를 놀라게 했다.	42.156 可不知从哪天起，年轻人总会突然冒出来吓唬金东学。
43.286 다른 사람들을 깜짝 놀라게 하는 것이 그의 가장 큰 재주인 모양이었는데,	43.156 看来吓唬别人是他的特长。
44.287 휴대폰을 든 채 횡단보도로 들어섰던 한 여자가 깜짝 놀라 그 자리에 멈춰 섰다.	44.156 有个拿着手机正准备穿过人行横道线的女人也被那辆黑车吓得停住了脚步。
45.287 그때 마침내 그녀가 그를 발견했다. 처음에 그녀는 깜짝 놀라 그 자리에 얼어붙었다.	45.157 女人发现金东学时一下子僵住了。
46.288 그러나 다음 순간, 갑자기 그녀의 얼굴이 활짝 펴지면서 입술이 크게 벌어졌고, 그 열린 입을 통해 높고 밝은 목소리가 흘러나왔다.	46.157 可随即又生动了起来，张大的嘴里发出一串响亮的女高音:
47.289 그녀로 인해 그가 만들어놓은 채널의 세계는 훨씬 풍요로워질 것이 분명했다.	47.157 她的存在会让金东学的频道更加精彩。
48.290 마침내 그는 그녀의 눈 속에 들어 있던 채널들이 활짝 열리는 것을 보았다.	48.158 他看到女人眼里的频道敞开，
49.291 이윽고 그녀는 그의 몸에 기대듯이 하며 바닥으로 스르르 무너져 내렸다.	49.158 后来她完全靠在他身上，又缓缓滑到地上。
50.291 이제 축 늘어진 그녀의 몸에는 아무런 진동도 일어나지 않았다.	50.159 从女人瘫软的身上已感觉不到任何振动，
51.292 그는 주머니 속의 휴대폰에서 정	51.159 手机好似产生了静电，总让他不由

전기 같은 것이 느껴질 때마다 자기도 모르게 흠칫 몸을 떨었다.	自主地发抖。
52.293 그는 유리창에 이마를 바싹 대고 손바닥으로 빛을 막으면서 안을 들여다 보았다.	52.159 他把额头贴在玻璃墙上，用手挡着光向里张望。
53.293 그때 안쪽에서 그의 눈앞으로 누군가의 커다란 얼굴 하나가 불쑥 나타났다.	53.160 这时里面突然有一张大大的脸出现在眼前。
54.293 그는 깜짝 놀라 뒤로 물러섰다.	54.160 他吓了一跳，马上后退一步，
55.293 한기준은 창가 자리에 앉아 어깨를 축 늘어뜨린 채 탁자 위의 신문을 뒤적거리고 있었다.	55.160 韩奇俊坐在靠窗的位置上，垂着肩膀翻看报纸，
56.293 그때 한기준이 창밖에 서 있는 그를 보았는지 엉거주춤 몸을 일으켰다.	56.160 韩奇俊可能是发现了站在窗外的金东学，半抬起身来
57.294 그리고 곧 이어 물이 유리창 위로 좍 끼얹어졌다.	57.160 接着玻璃窗又被泼上了水。
58.295 우리에 갇힌 원숭이를 흉내 내며 길길이 날뛰기 시작했다.	58.161 像被关在笼子里的猴子一样活蹦乱跳。
59.295 유리벽에 맞닿은 그의 이마가 아래로 주르륵 미끄러져 내려갔다.	59.161 贴着玻璃窗的额头哧溜地向下滑去。
60.297 왼쪽 주머니 속에서 갑충이 부르르부르르 몸을 떨었다.	60.162 左边口袋里甲壳虫在发抖，
61.297 그 속에 얽혀 있던 회로들이 부글부글 끓어오르기 시작한 것이었다.	61.162 缠绕于其中的电路烧着了。
62.298 그리하여 그는 마지막으로 한 번 더 어깨를 활짝 펴고서 온 세상에 반발했다.	62.162 他最后一次挺起胸膛试图反抗世界。
63.298 그는 고통에 겨운 사람이 스스로 무덤 속으로 걸어 들어가듯 성큼성큼 공사장 안으로 걸음을 옮겼다.	63.162 他大步走进工地，就像痛苦不堪的人走向坟墓。

7『격렬한 삶』	『激烈的一生』
1.302 그중에는 꽤 큰 소리로 혼잣말을 중얼거리며 이리저리 두리번거릴 뿐만 아니라 허공에 대고 삿대질까지 하는 사람들도 적지 않았지.	1.165 他们中有不少人会大声自言自语、左顾右盼，还在虚空中比比划划。
2.303 상체를 비틀고 심지어 발로 쾅쾅 땅을 구르다가 문득 얻게 된 깨달음이야.	2.165 扭动上身，有时甚至会咣咣地跺脚，那是方才理解了他们的行为。
3.304 어느 날 문득 수면 위로 떠올라 있는 그 널찍하고 미끈거리는 등을 바라보는 것은 어린 나로 하여금 두려움에 젖게 하기에 충분했다.	3.166 某一天，它那浮出水面宽大而平滑的脊背突然吓到年幼的我。
4.305 나는 동화책을 읽다가 깜짝 놀라고 말았다.	4.166 读到一篇童话，故事让我大吃一惊。
5.309 이미 오래 전에 간조가 끝나고 물이 다시 들어차고 있다는 것을 깜박 잊고 있었다.	5.169 忘记已经落潮很久，潮水已开始上涨。
6.310 같이 왔던 바닷가 마을의 아이들이 우리를 골탕 먹이기 위해 평소와 달리 자기들끼리 슬쩍 빠져나간 탓도 있었다.	6.169 或许是住在海边的孩子们，为让我们吃点苦头，故意一声不吭地溜了。
7.314 타인들에게 가까이 다가가서 조심스레 맛을 보고는 슬쩍 뒤로 물러나면서 입맛을 다시는 행위를 반복하게 되리라는 것,	7.171 我会不断地靠近别人，小心翼翼地品尝味道之后，便悄悄后退细细品味；
8.315 비록 외출 전후에 더 조용하고 무기력해진 모습을 보이기는 했지만, 그래서인지 오히려 훨씬 자연스러워 보였다고도 할 수 있어.	8.171 外出前，他显得特别安静、柔弱，但并不做作。
9.318 결국 두 동생은 마룻바닥에 벌렁	9.173 结果两个妹妹一下都躺在了地板上，

누워버렸어.	
10.318 하지만 나는 어머니 곁에 바싹 붙어 앉아서 바둑판과 바둑알을 흥미롭게 바라보았지.	10.173 我则紧紧贴着母亲，津津有味地看着棋盘和棋子。
11.318 그럴수록 어머니의 무릎에 바싹 몸을 붙여야 했지.	11.173 可越是悲伤我就贴近母亲的膝盖。
12.320 한참 후의 어느 날 죽은 아버지는 문득 내 일기장에서 되살아났어.	12.174 父亲在去世很久后的一天，突然在我的日记本上复活了。
13.322 나는 사람들을 깜짝 놀라게 할 정도로 격렬한 반응을 보이곤 하였는데,	13.175 我会表现出令人吃惊的激烈反应。
14.322 그 상처를 그냥 내버려두었다가 곪기라도 한다면 그 심해 물고기나 마비 증세를 불러올 가능성이 훨씬 높아지는 것이니,	14.175 如果对伤口置之不理, 伤口便会腐烂, 伤口的腐烂会增加唤醒深海鱼或麻痹症状的可能性,
15.326 옆자리에서 술을 마시던 사람들 중에 한 여자가 내 쪽으로 고개를 쭉 빼며 물었다.	15.177 在旁边喝酒的客人中，有个女人伸着脖子问我:
16.327 아까처럼 열쇠가 침대 위에 놓여 있을 뿐 방은 텅 비어 있었다.	16.178 可只有钥匙放在床上，屋里空荡荡的。
17.328 침목들이 내게 부여하는 리듬에 따라 느릿느릿 쉬지 않고 걸음을 옮기고 있을 뿐이다.	17.178 随着枕木赋予的节奏，缓慢地、不停地挪动着脚步。
18.331 우리가 어두컴컴한 숲 속에서 나뭇가지를 보고 뱀인 줄 알고 깜짝 놀라듯,	18.180 就像我们在漆黑的树林里把树枝误认为是蛇而心惊胆战,
19.332 내게서 떨어져 나가서 세상을 돌아다니던 어떤 것이 덜컥 상이라는 수상한 뼈다귀를 물고 내게로 돌아온 거야.	19.180 从我身上离去在世界上游荡的某种东西, 突然叼着“奖”这个可疑的骨头向我跑了回来。
20.334 갑자기 몸속에서 뭔가 뜨거운 덩어리가 터져 나오면서 몸 전체로 열기	20.182 我体内某种滚烫的东西破裂了，热气哗地向全身蔓延开来。

가 확 번져 나갔다.	
21.335 그러나 곧 그 위로 한기가 덮치면서 식은땀이 땀구멍에서 쑥 솟아올랐다.	21.182 随后袭来一股寒气，让每个毛孔里都冒出冷汗。
22.337 그러고는 손을 거두고서 오른손으로 양복상의 주머니 부분을 툭툭 치며 말했다.	22.183 随后又把手收了回去，轻轻拍打着西装口袋说:
23.338 그러고서 그는 잠시 망설이는듯하더니 주머니에 손을 넣어서 두툼한 지갑을 슬쩍 꺼내 보였다.	23.183 他好像稍微犹豫了一下，把手伸进兜里掏出厚厚的钱包在我面前亮了亮。
24.338 나도 나 자신이 한 말에 깜짝 놀랐지만,	24.183 我被自己说出的话吓了一跳，
25.339 두 손이 수전증에 걸린 것처럼 부들부들 떨렸다.	25.184 双手抖个不停。
26.339 그 말에 다시금 내 속에서 불쾌감이 불끈 치밀었다.	26.184 听完这句话，我的不快猛然爆发，
27.339 그 결과, 나는 급기야 고개를 휘휘 저으며 중얼거렸다.	27.184 我摇了摇头，咕哝着说:
28.341 그러나 예상했던 대로 다시금 터무니없는 분노와 고통이 그 빈자리로 꾸역꾸역 밀려 들어와서 순식간에 가득 채워버렸다.	28.185 莫名其妙的愤怒与痛苦再次涌进、填满了那空荡的空间。
29.343 내가 허청허청 그쪽으로 다가가자,	29.186 我有气无力地向他走去，
30.346 그가 뻔뻔스럽고 노골적인 눈길로 내 위아래를 훑으면서 필요 이상으로 꼬치꼬치 캐물었기 때문에,	30.188 他毫不掩饰地用无赖的眼神上上下下打量了我一遍，又刨根问底般问了半天。
31.348 나를 보고 깜짝 놀라는 그녀의 얼굴은 아주 잠깐 마치 반가워서 웃음을 짓는 것처럼 보였다.	31.189 她受到了惊吓，那表情乍一看去好似惊喜，
32.349 몸이 심하게 이리저리 쏠리는 건	32.189 身体东倒西歪还可以忍受，

그런대로 참을 수 있었는데,	
33.350 그러자 그녀는 씁쓸한 표정을 지으며 내 미소를 물끄러미 바라보더니,	33.190 她的表情有些苦涩，呆呆地看着微笑的我说:
34.351 그러고는 얼굴에서 뚝뚝 떨어지는 물방울을 바라보며 고개를 저었다.	34.190 望着从脸上滴落的水珠摇了摇头。
35.353 계절이 늦가을이어서 이내 으슬으슬 한기가 느껴지기 시작하여 창문을 닫고 상의를 다시 걸쳐야 했다.	35.191 深秋之夜寒气逼人，我关上窗户披上外套。
36.358 그러니까 잎과 줄기를 부르르 떨었다.	36.194 叶子和茎簌簌颤抖。
37.358 그녀는 내게 자주 물을 흠뻑 뿌려주었지만,	37.194 虽然她会给我提供充足的水，
38.358 빛의 흐름을 타고 공중에서 둥둥 떠다니는 즐거움을 누렸으므로,	38.194 我乘着光的潮流飘浮在空中，享受着快乐。
39.359 나는 욕실 안에서 이틀 밤낮이 아니라 그보다 훨씬 오랜 시간 동안, 적어도 몇 주일 몇 달을 보낸 것처럼 여겨지곤 하는 것이다.	39.194 我在浴室里度过的时间不止两天两夜，起码有好几个星期或者好几个月。
40.361 방금 전에 얼핏 보았을 때 분명 욕조 안은 텅 비어 있었는데, 그런데 그곳에 저절로 물이 차면서 서서히 올라오는 수면 밑에서 커다란 물고기의 등판 같은 것이 모습을 드러내고 있었던 거야.	40.195 刚才还空空的浴缸里涨起了水，露出了巨大的鱼背。
41.361 욕조는 곧 물과 물고기의 몸통으로 가득 찼는데,	41.195 浴缸马上就被水和鱼身塞满了，
42.362 그러고는 욕실 문을 등지고 그 자리에 우뚝 서서 두 사람을 바라보았어.	42.196 背对着浴室门望着他们俩。
43.366 그때 문득 내 눈에는 그녀가 투명한 방충망처럼 보였다.	43.198 我猛地感觉她是透明的纱窗，

8 『첫사랑에 관하여』	『关于初恋』
1.375 그날 그는 비록 시간이 평소보다 훨씬 늦어지기는 했어도 다행히 별 탈 없이 귀가를 할 수 있었다.	1.203 那天他虽然比平时晚了一些，但总算安全到家了。
2.375 곧이어 누군가의 거친 손바닥이 그의 몸을 썩썩 쓸어내리는 느낌을 받곤 했다.	2.203 紧接着感到有一双粗糙的手在抚摸他的身体。
3.375 눈에 보이는 사물들이 팔을 내뻗어 춤을 추듯 휘휘 내저으며 다가와,	3.203 眼前的所有东西都像跳舞似的挥动着胳膊走近他，
4.377 주기적으로 하반신에 찌르르 하는 자극이 느껴질 뿐,	4.204 除了感到下半身周期性的刺痛以外其他没什么。
5.378 그러다가 문득 아까 나름대로 몇 마디 재치를 부려서 말을 한 기억이 떠올랐다.	5.205 然后我突然想起来刚才我的确说了几句自认为很有水平的话。
6.379 아침에 일어나 거실로 나가보니 그가 완전히 벌거벗은 몸으로 냉장고 문을 열고 그 안을 물끄러미 들여다보고 있더라는 것이었다.	6.205 第二天早上起来她走到客厅，看到长辈光着身子打开冰箱呆呆地看着里面。
7.379 비쩍 마른 그 고양이는 살아 있는 것이 분명했지만,	7.205 老猫虽然瘦骨嶙峋，分明还活着。
8.384 유독 얼굴에 화끈화끈 열이 나서 에어컨 바람으로 식히지 않고서는 견디지 못하게 될 수가 있겠는가.	8.208 如果不打开空调，脸上热辣辣的实在受不了。
9.385 그 차가움에 깜짝 놀라지 않을 수 없었다.	9.208 然后就会被那冰凉吓到。
10.388 난데없이 봉변을 당한 상대방은 당연히 깜짝 놀라서 무슨 소리냐고 되물었고,	10.210 电话那头客户莫名其妙地被吓了一跳，问我是怎么回事。
11.390 내가 물리치려 하면 할수록, 오히려 그런 부정적이고 자기 파괴적인	11.211 我越想击退它们，那些否定的、自我破坏的情绪就像雨后的春笋般迅速冒出，

감정들이 비온 뒤의 죽순처럼 점점 쑥쑥 자라나서 급기야는 내가 미쳐가고 있다는, 내가 미쳐가고 있는 게 분명하다는 생각이 들게 만드는 것이었다.	让我发疯，我肯定自己已经疯了。
12.394 문득 적어도 지금으로서는 그런 식으로 문제를 해결하려는 생각 또한 망상일 뿐이라는 것을 깨달았다.	12.213 我突然意识到试图解决问题的想法也只不过是一种妄想而已。
13.394 나는 평소에 비해 머릿속이 훨씬 맑다는 것을 느꼈다.	13.214 我发觉头脑比平时清晰了许多。
14.395 망상은 슬그머니 모습을 다시 드러내고서 제자리로 돌아온 것이었다.	14.214 可妄想又悄悄地现身，回到了原位。
15.395 망상이 본격적으로 시작되기도 전에 나는 내가 지금까지보다 훨씬 큰 위기에 처하게 되리라는 것을 짐작할 수 있었다.	15.214 在妄想发作之前，我已经预感到我将要面对前所未有的严重危机。
16.395 그 예감만으로도 나는 몸이 덜덜 떨렸다.	16.214 想到这儿我已经在发抖了。
17.400 내 몸은 텅 빈 들판을 가로질러 걷고 있었고,	17.217 身体穿过空旷的原野，
18.400 포장된 도로는 청동의 강물처럼 푸르스름한 인광을 발하며 고갯마루에서부터 굽이굽이 아래쪽으로 흘러 내려가고 있었다.	18.217 柏油路像一条青铜的河流，绿光粼粼，弯弯曲曲地流到山脚下。
19.403 새삼스레 온몸이 땀에 젖어 있는 것을 느꼈으나, 이제는 아예 굵은 땀방울이 목과 등줄기를 타고서 줄줄 흘러내리고 있었다.	19.219 全身被汗濡湿，现在更是挥汗如雨。
20.403 모기들, 날벌레들이 네 방향, 여덟 방향에서 앵앵거리며 달려들었고, 아예 맨살에 톡톡 부딪쳐왔는데,	20.219 蚊子、飞虫从四面八方飞来，撞上我裸露的皮肤。

21.405 잔잔하게 흔들리고 있는 푸른 수면에 비친 내 얼굴은 훨씬 젊었다.	21.220 微波荡漾地绿色水面上映出了我的脸，显得非常年轻。
22.406 하는 수 없이 훨씬 더 큰 힘을 주어보지만 기껏해야 줄기가 끊어지고	22.221 当我们用更大的力气去拔时，草茎就断了。
23.409 그 원숭이들은 긴 팔로 나뭇가지를 잡고서 휘휘 몸을 돌리기도 하고 이 가지에서 저 가지로 넘나들기도 하면서 나를 향해 조롱과 야유를 보내는 것이었다.	23.222 那些猴子伸出长长的手臂抓着树枝翻跟头，在树枝间跳来跳去，一边嘲笑我，一边起哄。
24.411 그때 나는 내 말이 삽에 떠서 던진 젖은 흙처럼 그녀 앞에 털썩 떨어져서 굵은 모래알이 튀어 오르고 탁한 물이 주변으로 번져나가는 것을 보았다.	24.223 当时我看到我的话像被铁锹铲起扔在她面前的湿泥巴一样，蹦出沙粒，溅起浊水。
25.413 그때마다 내 의식 깊은 곳에서 문득 첫사랑의 기억이 되살아나 나를 괴롭혔다.	25.224 每当那时，在我意识的深处，夏苏的初恋就会来折磨我。
26.415 그녀는 나보다 훨씬 민첩하여 특히 잠자리를 잘 잡았다.	26.226 她身手敏捷，特别会抓蜻蜓。
27.419 나는 자신의 머리에 떠오른 그 말에 나 스스로 깜짝 놀라서 눈을 번쩍 떴다.	27.227 当我的脑海里浮现出她这句话时，我自己也吓了一跳。我不停地眨着眼睛，

〈부록 표8〉『빛의 제국』: 의태어가 출현하는 원문과 번역문

『빛의 제국』	『光之帝国』 대륙본	『光之帝國』 타이완본
1.9 쇄골 아래에서 오랫동안 잠자코 지내던 육신이 문득 잠에서 깨어나 제 위에 있는 무겁고 권위적인 존재를 발견하고는 쾅쾅, 거칠게 문을 두들기며 항의하는 느낌이었다.	1.1 在锁骨以下长久沉睡的肉体突然醒来，发现了高高在上的沉重而权威的存在。	1.7 鎖骨下方沉睡已久的肉身，彷彿突然從睡夢中轉醒，發現了它上方沉重而權威的存在。
2.10 누군가 뒤통수 오른쪽을 작은 바늘로 콕콕 찌르는 듯했다.	2.1 仿佛有人拿着细小的针猛刺后脑勺的右半部。	2.7 就好像有人用細小的針連續猛刺著他後腦勺的右側。
3.10 그렇게 생각하니 처음 보다는 훨씬 견딜 만했다.	3.1 这样想着，他感觉比开始好受多了。	3.7 如此一想，似乎比一開始要好受多了。
4.10 그는 오른손을 쑤욱 아내의 팬티 깊숙이 밀어넣어 배꼽 아래까지 무성히 뻗어 올라온 음모를 쓰다듬었다.	4.1 他将右手使劲伸进妻子的内裤，抚摸着茂盛地蔓延到肚脐以下的阴毛。	4.7 他把右手伸進妻子的內褲裡，
5.11 그는 나비의 목덜미를 살살 쓰다듬은 뒤 화장실로 들어가	5.2 他轻轻地摸了蝴蝶的脖子，然后走进卫生间，	5.8 他輕輕撫摸蝴蝶的脖子後走進浴室，
6.11 딸 현미는 검지로 그의 등을 괜히 쿡 찌르고는 입을 샐쭉거렸다.	6.2 女儿贤美用食指戳了戳她的后背，撇了撇嘴。	6.9 女兒賢美用食指戳他的後背，嘴一撇。
7.12 기영은 입을 헹구고 화장실에서 나와 나비를 번쩍 안아 올렸다.	7.3 基荣漱完口，走出卫生间，一把抱起蝴蝶。	7.9 基榮漱口後，從浴室走出來，突然一把抱起蝴蝶。

8.12 그녀는 식탁까지 걸어와 배꼽을 긁어대던 손으로 시리얼을 먹고 있는 딸의 머리를 살짝 헝클어뜨렸다.	8.3 她走到饭桌前，伸出刚才挠过肚脐的手，轻轻弄乱了正在吃麦片的女儿的头发。	8.9 她走到餐桌旁，用搔過肚臍的手輕撫著正在吃燕麥片的女兒的頭髮。
9.12 기영은 관자놀이를 손가락으로 지그시 누르며 말했다.	9.3 基荣用手指轻轻地按着太阳穴，说道:	9.9 基榮輕輕用手指按著太陽穴說道:
10.14 순간 기영은 갑자기 하늘로 살짝 떠오르는 느낌을 받았다.	10.4 突然间，基荣有种漂漂欲飞的感觉，	10.11 那一瞬間，基榮突然有種飄飄欲仙的感覺，
11.17 인상을 살짝 찌푸리는데 뒤에서 누군가 그녀의 어깨에 손을 얹었다.	11.6 贤美轻轻地皱了皱眉，后面有人把手搭在她的肩膀上。	11.14 她輕輕皺起眉頭，這時有人從後面將手搭上她的肩膀。
12.17 그 손가락에 볼이 콕 하고 찔렸다.	12.6 那根手指重重地戳中了她的脸颊。	12.14 那隻食指重重地戳中她的臉頰。
13.17 키도 비슷하고 헤어스타일도 닮은 두 소녀는 학교를 향해 한들한들 걸어가기 시작했다.	13.6 身高差不多，发型也相似，两个少女慢悠悠地往学校走去。	13.14 兩個身高相仿、髮型也一樣的少女，開始慢悠悠的走向學校。
14.18 아영이 펄쩍 뛰었다.	14.7 雅英怒气冲冲地说。	14.15 雅英大吃一驚。
15.21 현미는 창가에 있는 자기 자리로 걸어가며 아영 쪽을 슬쩍 돌아다보았다.	15.10 贤美走向自己靠窗的位置，悄悄地回头看了看雅英。	15.18 賢美則走向窗戶旁邊自己的位子，並悄悄回頭看了一下雅英。
16.21 인생의 어둡고 음험한 뒷면을 얼핏 훔쳐본 느낌이었다.	16.10 感觉就像猛然窥见了黑暗而丑恶的人生背阴面。	16.18 感覺就像猛然偷窺到黑暗而陰險的人生背面。
17.22 그래서 그녀는 텅 빈 집에서 혼자 컵라면을	17.10 很多时候，雅英都是守着空荡荡的家，独自吃大	17.19 所以雅英經常都是在空無一人的房子裡，獨自吃

먹는 날이 많았다.	碗面。	著泡麵。
18-1.22 가방에서 노트를 꺼내 펼쳤지만 선뜻 손이 가질 않았다.	18-1.11 她从书包里拿出笔记，刚刚展开，忽然停下手来	18-1.19 她從書包裡拿出筆記本翻開，卻無法很快進入。
18-2.23 금세 쿠바 음악의 흥겨운 리듬이 차 안을 꽉 채우기 시작했다.	18-2.11 古巴音乐的欢快节奏立刻充满了车内的空间。	18-2.19 頓時車裡開始充滿古巴音樂的歡快旋律。
19.23 멀리서 어슴푸레 떠오르는 해를 바라보며 지그시 액셀러레이터를 밟으니	19.11 望着远处隐约升起的太阳，他轻轻地踩下了油门踏板。	19.20 他眺望著遠處隱約升起的太陽，輕輕踩下油門，
20.23 그때 125cc 혼다 오토바이 한 대가 운전석 쪽으로 바짝 붙었다.	20.12 这时，一辆125CC的本田摩托车紧紧贴在他的驾驶席旁。	20.20 一輛一二五CC的本田摩托車緊緊貼在駕駛座旁。
21.23 그는 헬멧을 쓴 운전자를 힐끗 살펴보았다.	21.12 他斜着眼睛看了看戴着头盔的司机。	21.20 他瞟了眼戴著安全帽的騎士，
22.24 들어갈 때와는 달리 졸음이 싹 가신 표정이었다.	22.12 与进去的时候不同，脸上的睡意完全消失了。	22.20. 瑪麗從浴室出來，臉上已毫無進去時的睡意。
23.24 그리고 일어나 지난 밤에 준비해둔 옷을 착착 차려입기 시작했다.	23.12 然后起身，按部就班地穿着昨天晚上准备好的衣服。	23.21 然後起身，依序穿上昨晚已經準備好的衣服。
24.25 스타킹을 쭈욱 늘여 신고 핸드백 속에 화장품 파우치를 던져 넣고 현관으로 나섰다.	24.12 迅速穿上长筒袜，把化妆袋塞进手提包里，走到玄关门前。	24.21 將絲襪拉長後穿上，並把化妝包丟進包裡，走到玄關前。
25.25 그녀는 고양이털이 검은 스커트에 묻을까봐 나비를 슬쩍 피해 구두를 신었다.	25.12 她害怕猫毛沾上自己的黑裙子，轻轻避开蝴蝶，穿上了皮鞋。	25.21 她怕貓的毛沾上黑色絲襪，穿鞋的時候，輕輕避開蝴蝶。

26.25 원당의 승마장으로 이송되던 중 트럭을 탈출한 네 마리의 말 때문에 출근길 강북강변도로의 차들은 꼼짝 못하고 줄지어 서 있었고,	26.13 运往元堂马场的途中，有四匹马逃出了卡车，导致江北沿江大道的上班车辆动弹不得，排起了长队。	26.21 在將這些馬運送到元塘馬場的途中，有四匹馬從卡車上脫逃，導致江北邊道路的上班車輛動彈不得、大排長龍。
27.25 그는 빙긋 웃으며 도심에서 벌어진 그 소동을 지켜보았다.	27.13 他面露微笑，观望着城市中心上演的骚动。	27.21 他莞爾一笑，觀看市中心發生的這場騷動。
28.25 펄쩍 펄쩍 뛰며 돌아다니는 말에 비하면 차에 앉아 있는 승용차 운전자들은 난쟁이처럼 왜소해 보였다.	28.13 比起那些活力四射的马来，坐在车里的汽车司机就像侏儒似的，显得猥琐不堪。	28.22 比起那些來回奔躍的馬匹，坐在車裡的汽車駕駛人看起來就像侏儒一樣矮小。
29.26 뉴스가 다른 꼭지로 넘어가자 물비린내가 살짝 풍기는 화장실로 들어가 선 채로 소변을 보았다.	29.13 新闻转向另外的兴奋点，他走进隐隐散发着水腥气的卫生间，站在马桶前小便。	29.22 進入下一條新聞後，他走進隱約泛出水腥味的廁所，站著小便。
30.28 비틀비틀. 제멋대로 굴러가려는 이 두 바퀴 달린 괴물을 통제할 수 있게 되기까지는 삼십 분이 족히 걸렸다.	30.14 足足用了三十分钟，总算控制住了这个摇摇晃晃、自行其是的两轮怪物。	30.23 她花了整整三十分鐘，才能控制住這個搖搖晃晃、任意前行的兩輪怪物；
31.28 문득 담배 생각이 간절했다.	31.15 突然间，她迫切地想要抽烟。	31.24 她突然渴望抽菸，
32.29 상기된 얼굴에 다리를 살짝 절뚝거리는 것으로 보아 운전자인 것 같았다.	32.15 脸色涨红，稍微有点跛脚，看起来应该是司机。	32.24 滿臉脹得通紅，稍微有些跛腳，看來可能是駕駛人。
33.29 마리는 그에게서 슬	33.15 玛丽微微转过头去。	33.24 瑪麗微微轉過頭去。

쩍 고개를 돌렸다.		
34.32 꾸벅꾸벅 졸기도 했다.	34.17 后来她都点头打瞌睡了。	34.26 還連連打起瞌睡。
35.32 정말 죽어서 천사처럼 누군가의 눈에 뵈지도 않은 채 둥둥 떠다닌다면 얼마나 좋을까.	35.17 如果死后像天使那样飞来飞去，而不被别人看见，那该多好啊。	35.27 如果眞的死掉，變成天使一樣，任何人都看不見，在天地間悠悠飄蕩該有多好?
36.32 숨이 컥 하고 막혔다.	36.17 她连声咳嗽，喘不过气来,	36.27 因而喘不過氣來。
37.32 벌떡 일어난 외할머니가 벽장문을 열어젖혔다.	37.17 外婆猛然站起，打开了壁橱门。	37.27 外婆猛然起身，迅即拉開壁櫥的門。
38.33 경비는 차에 올라타더니 주차 엘리베이터 안으로 차를 휭. 한 방에 집어넣었다.	38.18 保安坐上汽车，轰的一声，就把车子塞进了停车电梯。	38.27 警衛上了車，嗖的一聲，一次就把車開進停車升降梯裡。
39.33 깨끗하게 정리된 책상을 쓰윽 일별하고 오른쪽의 큰 서랍을 열어	39.18 看看整理得干干净净的办公桌，打开右边的大抽屉,	39.27 她看了一眼整理得乾乾淨淨的書桌，打開右邊的大抽屜,
40.34 소매를 들어 슬쩍 냄새를 맡아보았다.	40.19 她抬起袖子，悄悄地闻了闻味道。	40.28 她舉起袖子，稍微聞了一下味道,
41.35 힐끗 지점장을 살펴보았지만 겉으로 보기엔 그저 평범한 중년 남자에 지나지 않았다.	41.19 她偷偷地瞥了一眼分店长，外表看来只是个平凡的中年男人罢了。	41.29 她曾偸偸地觀察過經理。外表看起來，他只是一個平凡的中年男性,
42.36 십대 초반에 경험한 방언의 몰아경이 문득 그리워져	42.20 他突然想起了十几岁时体验到的方言的无我之境,	42.29 他突然懷念起十多歲的時候經歷過的說方言的無我之境,
43.36 연출이 꿈이었으나 결국 이리저리 흘러흘러 여기까지 온 것이었다.	43.20 他的梦想是当导演，结果稀里糊涂地跑到了这里。	43.30 他的夢想雖然是當導演，但隨著時間流逝，終究來到了這裡。

44.37 어느 샌가 그가 방향을 슬쩍 바꾸어놓았다.	44.21 不知什么时候他悄悄地调换了方向。	44.31 不知從何時起, 他將顯示器的方向稍微做了調整,
45.38 위성곤씨한테 매력이 철철 넘쳤다면 포르노를 보는 것 정도는 아무것도 아니었을 거야.	45.21 要是魏成昆先生浑身上下魅力十足, 那么你看黄色书刊也就不算什么了。	45.31 如果你全身上下散發魅力, 那看A片也不會成爲任何問題。
46.38 그는 슬쩍 위성곤을 살폈다.	46.22 他悄悄地打量着魏成昆。	46.31 他偸瞄了魏成坤,
47.39 손가락으로 관자놀이를 꾹 눌렀다.	47.22 他用手指使劲按住太阳穴。	47.32 他使勁用手指壓住太陽穴,
48.39 불길한 예감이 스멀스멀 콧등을 간질였다.	48.22 不祥的预感轻轻搔着他的鼻尖。	48.32 不祥的預感暗暗搔著他的鼻尖。
49.40 목을 이리저리 돌려보기도 하고 주먹으로 가볍게 책상을 톡톡 두들기기도 했다.	49.23 一会儿四处张望, 一会儿轻轻地拿拳头敲着桌子。	49.33 一下四處張望, 一下又用拳頭輕輕敲打書桌。
50.40 주변을 스윽 살폈다.	50.23 他迅速扫视周围。	50.33 他環顧四周。
51.41 기영은 구글로 슬쩍 화면을 바꾸었다.	51.24 基荣不动声色地转换到谷歌的画面。	51.34 基榮悄悄將電腦畫面轉換爲google。
52.43 기영에게 도달한 저 중세 탁발승의 하이쿠는 거대한 사막을 걸어서 통과한 낙타처럼 바싹 야위어 있었다.	52.25 基荣读到的这首中世纪托钵僧的俳句干巴巴的, 就像走过广袤沙漠的骆驼。	52.35 基榮手上的十七世紀托鉢僧俳句, 有如走過巨大沙漠後的駱駝, 乾癟而瘦弱,
53.43 이상혁이 내려 보낸 거의 모든 선들은 가닥가닥 잘려나간 채,	53.26 李相革布下的全部线索都被切得支离破碎,	53.36 幾乎所有李相赫布下的組織都被裁撤得支離破碎,
54.44 자기도 모르게 얼굴을 찌푸린 그는 갑자기 벌떡 일어나 발로 쓰레기	54.26 他下意识地绷紧了脸, 猛然跃起, 狠狠地踢飞了垃圾桶。	54.36 他臉色一沉, 突然猛地站起來, 大力踢垃圾桶。

통을 거세게 걷어찼다.		
55.44 성곤이 화들짝 놀라 자리에서 일어났다.	55.26 成昆大惊失色，连忙站了起来。	55.36 成坤嚇了一跳。
56.45 발걸음을 옮기자 살짝 어지러웠지만 곧 정상으로 돌아왔다.	56.27 刚走出几步，感觉有点儿头晕，不过很快就恢复正常了。	56.37 他走了幾步，雖然有點暈眩，但隨即恢復正常。
57.45 화장실에서 장마리는 깁스를 떼어내고 각질이 더덕더덕 앉아 있을 속살을 북북 피가 날 때까지 긁어대고 싶은 충동에 시달렸다.	57.27 在卫生间，张玛丽的心里涌起强烈的冲动，真想扯掉石膏，使劲去挠快要结痂的皮肤，直到汩汩流血。	57.37 化妝室裡，張瑪麗的心裡湧起強烈的衝動。她想撕開石膏，用力去抓卽將結痂的肌膚，直到流血爲止，
58.47 식은땀을 줄줄 흘리며 백 킬로그램의 거구가 와장창 소리를 내며 쓰러지자	58.28 冷汗涔涔直流，重达两百斤的身躯哗啦啦倒下了，	58.38 他冷汗直流，重達一百公斤的龐大身軀倒在地上發出砰然巨響
59.47 식은땀이 비질비질 흘러 이마를 덮었다.	59.28 冷汗还在流个不停，已经淹没了额头。	59.38 冷汗流滿整個額頭。
60.48 눈곱이 가득 낀 두 눈만 소처럼 끔뻑거리다가	60.30 只有两只布满眼屎的眼睛像牛似的闪动，	60.39 只有布滿眼屎的雙眼如牛眼般閃爍著光芒。
61.49 그는 주춤주춤 환자에게 다가갔지만 어머니에게 막혀 허리께에서 멈추었다.	61.30 仁硕迟迟疑疑地走向患者，却被母亲挡住了，停在了患者的腰部附近。	61.40 仁碩躊躇地走向父親，卻被母親擋住，只得杵在父親的腰部。
62.51 날이 흐렸고 살짝 비가 뿌리는 것 같기도 했다.	62.32 天阴了，好像下起了小雨。	62.42 天陰，好像還在下小雨。
63.52 밝게 웃을 줄 알았고 슬쩍 남을 배려할 줄도 아는데다	63.32 她笑得很灿烂，也懂得为别人考虑	63.42 她笑容燦爛，還有點懂得體貼他人，
64-1.52 슬쩍 반을 살폈지	64-1.33 悄悄打量班里的情	64-1.43 她稍微環視一下班裡，

만 오지 않은 학생은 없어 보였다.	况，好像没有缺席的学生。	看來似乎沒有缺席的孩子。
64-2.53 소지 저럴때 한 대 딱 때려도 모르는 거 아닐까?	64-2.33 哎呀，苏智这样的时候，打她一下都不知道吧?	64-2.43 喂，蘇智這樣的時候，打她一下，她也不知道吧?
65.53 머리가 비쭉 솟은 남자아이는 그 말이 끝나기가 무섭게 과장된 걸음으로 성큼성큼 소지 쪽으로 걸어갔다.	65.33 话音刚落，留着寸头的男孩子就迈着夸张的步子，走向苏智身边。	65.44 話一說完，男孩就邁著誇張的步伐走向蘇智身邊，
66.53 그녀는 눈을 몇 번 깜빡이더니 고개를 좌우로 살짝 흔들었다.	66.33 她眨了几下眼睛，轻轻地摇了摇头，	66.44 她眨了幾下眼睛，輕輕左右搖晃一下頭部，
67.54 차는 교문을 지나 성큼 학교로 들어섰다.	67.34 经过校门，汽车飞快地进入学校。	67.44 通過校門之後，車子很快地進入學校。
68.55 여자아이들은 엉덩이 쪽으로 말려 올라간 팬티의 아랫단을 슬쩍 손으로 매만져 바로 잡았다.	68.34 女孩子们走路的时候，等待自己轮次的时候，不时地用手轻轻碰触卷到屁股上面的短裤边缘。	68.45 女孩子走路的時候或排隊等待的時候，用手輕輕調整上捲到屁股的短褲下緣。
69.55 그는 물끄러미 그 모습을 바라보았다.	69.35 他怔怔地望着眼前的景象。	69.45 基榮看著那景象出神。
70.57 문자 받고 깜짝 놀랐어.	70.36 我接到短信，吓了一跳。	70.46 我接到留言時嚇了一跳。
71.57 소지는 씩 웃으며 살짝 눈을 흘겼다.	71.36 苏智笑了笑，轻轻瞪了基荣一眼。	71.46 蘇智嗤嗤一笑，橫了他一眼。
72.58 그는 슬쩍 벽시계를 보았다.	72.37 他看了看墙上的挂钟。	72.48 他悄悄看了牆上的鐘，
73.59 그는 입술을 꾹 다물고 잠시 계산을 해보았다.	73.37 他咬紧嘴唇，暗自算了算，	73.48 他緊閉雙脣，暗自計算時間。
74.59 그는 그녀의 눈동자	74.38 他在她眼前摇晃右手，	74.49 他用右手在她面前晃，

앞에서 오른손을 이리저리 휘저어보다가 그녀가 깨어날 때까지 잠자코 기다렸다.	直等到她回过神来。	等待她回神。
75.62 냉동실엔 비닐에 싸인 달러 뭉치가 꽝꽝 언 갈비짝 아래 깔려 있었다.	75.40 冷冻室里的冻排骨下面压着装在塑料袋里的成捆美元。	75.51 冰庫裡冷凍排骨下方壓著包在塑膠袋裡的成捆美金。
76.64 소지는 눈을 질끈 감고 말했다.	76.41 苏智紧紧闭上眼睛，说道:	76.53 蘇智緊緊閉上眼睛說道:
77.64 그러곤 씩 웃었는데	77.41 说完，他笑了。	77.53 然後他嗤笑了一聲。
78.66 그녀는 입술을 꾹 다물고 아무 말도 하지 않았다.	78.43 她紧闭嘴巴，什么也不说。	78.54 她緊閉雙唇，沒說一句話。
79.66 몸을 오들오들 떨며 눈을 감았다.	79.43 他闭着眼睛，浑身发抖。	79.54 他的身體微微發抖，雙眼緊閉。
80.67 슬슬 내 눈길을 피하고……	80.44 他悄悄地躲避着我的视线……	80.55 他會避開我的目光……
81.70 그러나 결코 불쾌하지는 않은 냄새가 콧속으로 간질간질 스며들었다.	81.46 绝对不会令人不快的气味痒痒地深入他的鼻孔。	81.58 但是並不讓人覺得不快的味道，鑽進他的鼻孔。
82.70 그 냄새를 맡자 불끈 힘이 솟았다.	82.46 闻到这段气味，他立刻振作起来。	82.58 聞到這股味道，他突然生出力量。
83.70 소지는 본관 현관 앞에 서서 기영의 차가 교문 밖을 지나 사라지는 것을 물끄러미 바라보았다.	83.46 苏智站在主楼玄关前面，怔怔地注视着基荣的汽车消失在校门外。	83.58 蘇智站在主樓門廊前，出神地看著基榮的車消失在校門之外。
84.71 아빠는 아직 싸늘한 봄바람에 몸을 웅크린 아이들이 스멀스멀 기어나오는 교사 쪽을 슬쩍 돌	84.46 春风还有些凉意，孩子们蜷缩着身体慢慢地钻出教室。爸爸往教室那边瞟了一眼，毫不犹豫地上了车。	84.59 還是春寒料峭時節，孩子蜷縮著身體緩緩走出教室。爸爸微微看了教室一眼，毫不猶豫地鑽進汽車裡。

아보더니 주저 없이 차에 올라탔다.		
85.71 일본의 커리어우먼들처럼 짧게 쳐서 삐죽삐죽 올린 헤어스타일 때문에 다른 여자 선생님들과 구분하기가 쉬웠다.	85.46 她的头发像日本职业女性那样剪得很短，尖锐地竖起，很容易和其他女老师区分开来。	85.59 因爲她的髮型像日本職業婦女一樣，剪成尖翹的頭髮，很容易和其他女老師區分。
86.73 아영은 씩 웃으며 제자리로 돌아갔다.	86.48 雅英笑着回到自己的座位。	86.60 雅英咧嘴一笑，回到自己的位子上。
87.73 그녀는 뒷문으로 들어오는 진국에게 슬쩍 눈길을 주었다.	87.48 她悄悄地看了看从后门进来的镇国。	87.60 她微微瞄了一下剛從後門進來的振國。
88.75 감색 스트라이프 정장은 옷감이 훌륭하지는 않으나 허리에 착 붙어 맵시가 났다.	88.49 深蓝色条纹正装面料不是非常出色，但是紧贴在腰间，款式很别致。	88.62 黑色條紋西裝的布料雖然不是非常昂貴，但腰部剪裁貼身得體。
89.76 도로를 Z자로 칼질하며 이리저리 다른 차량을 추월하기도 했다.	89.50 呈之字形在路上穿行，超越其他的车辆。	89.63 他也用Z字形在道路上穿梭，超越其他車輛。
90.78 그는 백미러를 힐끗 쳐다보며 추월선으로 치고 나갔다.	90.51 他看了看倒车镜，沿着超车线冲了出去。	90.64 他瞥了一眼後視鏡，從超車道衝了出去。
91.79 그는 빙긋이 웃었다.	91.52 他微微一笑。	91.65 他微微一笑。
92.79 갑자기 휙 돌아서서 활짝 웃으며 개다리춤을 추셨어요.	92.52 突然转身，满面笑容地跳狗腿舞。	92.65 突然轉過身來開懷大笑，開始跳起扭腿舞來。
93.79 갑자기 온 동네가 개다리춤을 추는 아이들로 가득 차는거예요.	93.52 转眼睛，整个小区里都是跳狗腿舞的孩子。	93.65 轉眼間，整個社區裡都是跳著扭腿舞的孩子。
94.79 그러곤 턴테이블에	94.52 他把卡拉扬放入点唱	94.65 他將卡拉揚的唱片放

카라얀을 걸고 소파에 누워 입을 꾹 다문 채 그걸 듣곤 하셨죠.	盘, 躺在沙发上, 默默地听。	進轉盤, 躺在沙發上, 緊閉著雙唇聆聽。
95.80 그의 입꼬리가 슬쩍 치켜올라갔다.	95.52 她的嘴角轻轻翘了起来。	95.66 他的嘴角微微上翹。
96-1.80 그는 주변을 슬쩍 살핀 후,	96-1.53 他不动声色地环顾四周,	96-1.66 他迅速觀察了一下周遭,
96-2.80 성곤은 힐끔 벽시계를 보았다.	96-2.53 成昆扫了一眼挂钟。	96-2.66 成坤看了一下牆上的時鐘。
97.81 이리저리 굴러다니는 명함과 용도를 알 수 없는 여러 가닥의 전선,	97.53 四处滚落的名片和不知做什么用的电线,	97.67 四散的名片和幾條用途不明的電線、
98.82 왜 굳이 손이 많이 가는 이런 코스를 선택한 건지 선뜻 납득할 수가 없었다.	98.54 为什么非要选择这条耳目众多的路线呢? 他百思不得其解,	98.67 爲甚麽一定要選擇這麽費功夫的路徑? 對此, 他百思不解。
99.82 물에 잠기자 하드디스크의 내부에서 물방울들이 보글보글 올라왔다.	99.54 泡进水里后, 硬盘内部就噗噜噗噜地冒起了水泡。	99.68 硬碟一浸入水裡, 內部就開始冒出氣泡。
100.82 거품이 더 이상 올라오지 않자 그것을 꺼내 물을 탈탈 털어 사무실로 가지고 돌아왔다.	100.54 等到不再有泡沫的时候, 他拿出主机, 甩干水分, 带回了办公室。	100.68 氣泡停止聲息後, 他將硬碟從水裡拿出來甩乾, 帶回辦公室。
101.82 명함과 펜, 클립, 스테이플러와 딱풀 등이 우수수 떨어져 책상 위 고무판을 덮었다.	101.54 名片、笔、曲别针、订书器和胶水统统倒出来, 盖住了桌子上的胶板。	101.68 名片、筆、迴紋針、釘書機和膠水等全部倒出來, 蓋住了書桌上的膠板。
102.84 그러다 문득 정신을 차려보니 어느새 시디의 시대도 가버리고 이렇	102.55 突然间他回过神来, 发现CD时代已经结束, 取而代之的是通过文件听音乐的	102.69 等他再回過神來, CD的時代竟已逝去, 用檔案聆聽音樂的時代到來。

듯 파일로 음악을 듣는 시대가 되어 있었다.	时代。	
103.85 오래된 하드디스크는 물에 담가버리고…… 부글부글	103.56 陈旧的硬盘浸入水中……噗噜噗噜。	103.70 就像老硬碟浸入水裡一樣……噗嚕噗嚕。
104.86 그러면서도 슬쩍 기영의 눈치를 살폈다.	104.57 说着，男人悄悄打量基荣的脸色。	104.71 即便如此，男人還是悄悄地觀察基榮的臉色。
105.87 권태가 걸음걸음 바짓자락을 타고 뚝뚝 떨어졌다.	105.57 倦怠总是沿着裤腿簌簌滑落。	105.71 倦怠感似乎都沿著褲管滴滴滑落。
106.88 그는 붉은 망토를 두르고 청량리역에서 작은 나무 궤짝 위에 올라가 고래고래 소리를 지르고 있었다.	106.58 他头裹红巾，站在清凉里地铁站的小木柜上面高声呐喊。	106.72 他穿著紅色的披風，爬到清涼里站內的小木櫃上，高聲大喊。
107.88 예전보다 훨씬 말랐고 눈빛은 형형했다.	107.58 比以前瘦多了，眼神更明亮了。	107.72 比以前更瘦，目光更加炯炯有神。
108.88 기영은 그의 팔을 살짝 붙잡았다.	108.58 基荣轻轻拉了拉他的胳膊。	108.73 基榮輕輕抓住他的手臂，
109.92 빌딩과 빌딩 사이, 도시의 주름 사이로 검은 구름이 꾸역꾸역 내려오고 있었다.	109.60 大厦之间、城市的褶皱之间落满了乌云。	109.75 在大樓與大樓之間、在都市的皺褶之間，烏雲蜂擁而至。(벌 떼처럼 쇄도하다)
110.92 마음속에선 불끈불끈 억하심정도 꿈틀될 테지.	110.61 你会突然觉得很郁闷，	110.75 你的心裡會不以爲然，
111.95 그는 잰 발걸음으로 계단을 성큼성큼 내려가기 시작했다.	111.62 他迈开大步，匆匆走下楼梯。	111.77 他邁開大步，匆匆走下階梯。
112.97 그녀보다 일 년 늦	112.63 比她晚一年进公司的	112.78 比她晚一年進公司的

게 입사한 딜러 김이엽이 활짝 웃으며 그녀를 반겼다.	销售员金利烨满面笑容地迎了上来。	銷售員金利燁，笑容滿面地迎上前來。
113.97 김이엽이 씩 웃었다.	113.64 金利烨笑了。	113.79 金利燁咧嘴一笑。
114.98 집에 들어 갈 때면 아내가 서 있는 것 같아 깜짝깜짝 놀란다고 했다.	114.64 回到家里，他惊讶地以为站在面前的人是妻子。	114.79 他說回家的時候，會誤以爲是妻子站在那裡，大吃一驚。
115.98 그러 사정을 아는 동료들이 가끔 자기 계약을 슬쩍 그에게 밀어주기도 했는데 그럴 때면 그도 굳이 거절하지는 않았다.	115.64 了解情况的同事们偶尔把自己的单子悄悄地推给他，他也并不拒绝。	115.79 知道他情況的同事，偶爾會把自己簽訂的合約悄悄遞給他，這個時候，他也不會拒絕。
116.101 그는 지하철표를 떨어뜨리는 척하면서 자연스럽게 힐끗 뒤를 살폈다.	116.66 他假装弄掉了地铁票，自然而然地回头看了看。	116.82 他假裝將地鐵票掉在地上，很自然地回頭觀察後方；
117.101 배는 불룩 나오고,	117.67 肚子凸出来了，	117.82 他現在肚子凸起，
118.104 마치 그 모든 것을 영원히 간직하기라도 할 것처럼 힘껏 들이마시고 잠시 숨을 멈추었다.	118.68 他仿佛要把这一切永远留存下来，用力吸了几口，稍作停顿，	118.84 他好像要永遠留住這所有味道似的，用力地吸氣、屏住呼吸，
119.104 곧 출발하겠다는 안내방송, 달싹달싹 벌렁거리는 자동문의 조급함,	119.68 列车即将出发的广播，震颤不已的自动门给人们以急迫感。	119.84 地鐵馬上就要出發的廣播；即將關閉的自動門；
120.105 문득 감상적인 기분에 사로잡혔다.	120.69 他突然有些伤感。	120.85 他突然滿懷感傷。
121.106 비쭉비쭉 위로 뻗친 머리를 와인색으로 살짝 물들이고	121.69 翘起的头发染成了葡萄酒色，	121.85 他高高翹起的頭髮略微染成了葡萄酒色，
122.107 비정규직의 증가,	122.70 他们在讨论非正规	122.86 他們討論著約聘職工

믿었던 좌파 정부의 반노동자적 정책, 그리고 단체협상을 이리저리 회피하는 교활하고 재수 없는 사용자에 대하여 떠들고 있었다.	职业的增加、曾经深信不疑的左派政府的反劳工政策，以及千方百计逃避团体协商的狡猾可恶的雇主。	的增加、曾經相信的左派政府的反勞工政策， 以及千方百計迴避團體協商、可惡又狡猾的雇主。
123.107 그는 바싹 마른 재생지가 되어	123.70 他变成了干巴巴的再生纸,	123.86 他變成極其乾燥的再生紙,
124.107 싸구려 항수 냄새가 확 끼쳐왔다가 사라졌다.	124.70 廉价香水的味道扑面而来，很快又消失了。	124.86 廉價的香水味撲鼻而來卻又立即消失。
125.108 자리가 여기저기 텅텅 빈 것은 아니었지만 그렇다고 굳이 그의 옆으로 와서 앉아야할 만큼 부족한 것도 아니었다.	125.71 虽然空座不是很多，却也没少到非坐他身边的程度。	125.87 雖然空位不是太多，但也沒到一定要坐到他身邊的程度。
126.108 남자가 읽는 글을 힐끗 훔쳐보았다.	126.71 悄悄地瞥了一眼男人正在看的报纸。	126.87 基榮悄悄看了一眼男人閱讀的報紙,
127.109 대신 자리에서 벌떡 일어나 기영 쪽으로 몸을 돌렸다.	127.72 而是猛地站起身来，转向基荣那边了。	127.87 反而迅速從座位上起身，將身體轉向基榮一側。
128.109 놀란 것도 아니고 그렇다고 의심하는눈빛도 아닌, 살짝 불쾌한 기색이었다.	128.72 他的眼神中没有惊讶，也没有怀疑， 只有稍许的不快。	128.88 眼神既非驚嚇，也非懷疑，只是透出些微不快。
129.109 그저 손을 내저으면 됐을 텐데 왜 자리에서 벌떡 일어났을까.	129.72 只要摆摆手就行了，为什么突然站起来呢?	129.88 他只要揮揮手就行，爲甚麽要突然站起來?
130.110 지점장이 언제나처럼 곁눈으로 슬쩍 그녀를 살폈다.	130.72 分店长像往常那样用眼角余光看了看她。	130.88 經理和往常一樣，用眼睛餘光看著她的動靜。

131.110 그녀는 김이엽에게는 슬쩍 눈인사만 날리고 쇼룸을 걸어나갔다.	131.73 她向金利烨悄悄地使了个眼色，走出了展厅。	131.89 她向金利燁悄悄使了個眼色，走出展示廳，
132.111 그녀도 오른발을 성큼 차도 위로 내뻗었다.	132.73 她的右脚也迅速地迈上了车道。	132.89 她的右脚也伸向車道。
133.112 긴장이 사라지면서 스르륵 졸음이 쏟아질 때도 많았다.	133.74 很多时候，随着紧张感的消失，困意汹涌而来。	133.90 緊張感爲之消失，甚至常有睡意襲來的時候。
134.115 너구리와 백설공주로 분장한 배우들이 춤을 추며 겅중겅중 걸어다녔다.	134.76 扮成貉子和白雪公主的演员们扭腰跳舞，蹦蹦跳跳地走来走去。	134.92 裝扮成浣熊和白雪公主的演員跳著舞，蹦蹦跳跳，
135.116 아 그래, 그런 생각을 하고는 지레 놀라 허둥지둥 손님도 별로 없던 멍청한 래프팅 보트를 타고 어두운 동굴 안에서 이리저리 쿵쿵 부딪히며 내려왔었지.	135.76 啊，是的，想到这里，他吓了一跳，慌里慌张地乘上没有多少客人的笨重的漂流木筏，在黑暗的洞窟里横冲直撞。(横冲直撞 성어: 제멋대로 활기치다. 좌충우돌하다. 종횡무진 돌진하다)	135.92 啊! 是啊，想到這裡，他自己也嚇了一跳，慌慌張張地坐上沒有幾個乘客的愚蠢漂流船，在黑暗的洞窟裡到處碰撞後下了船。
136.119 그리고 고추장을 풀어넣은 펄펄 끓는 물에 먹기 좋게 다듬은 붕어토막을 넣었다.	136.79 把收拾好的鲫鱼放进加了辣椒酱的沸腾的水中。	136.95 切成一塊塊適合入口的大小，然後放進已經煮沸的辣椒醬湯頭裡。
137.124 집에서도 어머니는 일곱시 기상 사이렌이 울리기 전에 일어나 착착착 가족들의 식사 준비를 하고 함께 밥을 먹었으며 아버지와 함께 직장으로	137.82 在家里，母亲在早晨7点的铃声响起之前早早起床，为家人做好早饭，吃完之后，再和父亲一起上班。	137.98 在家裡，母親會在七點鈴聲響起之前起身，有條不紊地準備好家人的早餐，一起吃飯，然後和父親一起出門上班。

출근을 했다.		
138.125 그런데 그 순간 기영은 아버지가 자신에게 결백을 주장하지 않고 있다는 것을 문득 깨닫게 되었다.	138.82 那个瞬间，基荣突然意识到了，父亲并没有坚持自己的清白。	138.99 但那一瞬間，基榮領悟到父親並未對他主張自己是淸白的。
139.126 불이 마른 종이에 옮겨 붙으며 훅 타올랐다 사그라졌다.	139.84 火转移到了干巴巴的纸上，燃烧起来，继而灭了。	139.101 火星點燃乾巴巴的紙捲後，旋卽熄滅。
140.128 먹을 게 없어 위장은 비고 텅 빈 속에서는 헛트림만 올라오는, 말 그대로 공기의 시대였던 것이다.	140.85 没有食物，胃肠总是空空如也。在这种状态下连连打空嗝，这就是所谓的空气时代。	140.102 因爲沒有食物，腸胃總是空空如也，在這種情況下還總是打嗝，這就是父親所說的空氣的時代。
141.128 아버지는 슬쩍 화제를 돌렸다.	141.85 父亲悄悄地转移了话题。	141.102 父親悄悄地轉移了話題。
142.129 그는 허리를 더욱 깊이 숙이고 오른발과 왼발을 번갈아 쭉쭉 뻗으며 앞으로 나갔다.	142.86 他把身体压得更低，双脚交替，向前滑行。	142.103 他把腰部彎得更低，雙脚交替向前滑行。
143.129 허리를 쭉 펴고 두발을 모아 얼음가루를 튕겨내며 멋지게 제동을 했다.	143.86 他伸起腰，双脚聚拢，完美地停了下来，冰屑纷纷溅起。	143.103 他伸直腰部，雙脚聚攏，冰屑紛紛揚起，漂亮地停了下來。
144.130 털실로 짠 붉은 목도리를 목에 두른 정희가 기영을 향해 생긋 웃었고,	144.86 贞姬戴着毛线织成的红围脖，冲着基荣莞尔一笑。	144.103 貞姬脖子上戴著用毛線編織的紅色圍巾，對著基榮微微一笑，
145.131 강렬한 눈화장과 입술에 바른 불그죽죽한	145.87 浓艳的化妆和涂在嘴唇上的红艳唇膏使贞姬看	145.104 因爲畫著濃豔眼線和紅色唇膏，貞姬看起來比

루즈 때문에 정희는 나이보다 훨씬 성숙해 보였다.	起来比实际年龄显得成熟。	實際年齡更加成熟。
146.131 기영과 친구들은 입을 딱 벌린 채 정희의 도약과 회전을 지켜보았고,	146.87 基荣和朋友们瞠目结舌地注视着贞姬的跳跃和旋转,	146.104 基榮和朋友望著貞姬的跳躍和旋轉目瞪口呆,
147.132 해는 어느새 뉘엿뉘엿 모란봉 쪽으로 떨어지고 있었다.	147.87 太阳也慢吞吞地落到牡丹峰后了。	147.104 太陽也慢慢落到牡丹峰後。
148.134 그는 벌떡 일어나 복도로 나가 희미한 빛이 들어오는 복도 끝을 향해 달렸다.	148.89 他猛地站了起来, 走出门, 朝着散发出微弱光芒的过道尽头跑去。	148.106 他猛地站了起來, 跑到走道上, 朝著透出些微光線的走道盡頭跑去。
149.134 그는 정희의 품에 안겨 숨을 몰아쉬다가 뜨끈하고 시큼한 체액을 그녀의 배에 울컥 토했다.	149.89 他扑在贞姬怀里, 气喘吁吁, 把热乎乎又酸臭的体液吐到她的腹部上面。	149.106 他被貞姬抱在壞裡, 氣喘吁吁, 將一股酸熱的胃液吐在她的腹部。
150.135 건너편 아파트의 창문들이 도깨비불처럼 흔들흔들 희미한 빛을 발하고 있었다.	150.89 对面公寓的窗户里发出黯淡的灯光, 犹如鬼火般闪闪烁烁。	150.107 對面公寓的窗戶透出鬼火般閃爍的微光。
151.135 지하묘지를 배회하는 유령들처럼 촛불과 사람의 얼굴만 둥둥 떠다니는 것처럼 보였다.	151.90 他们就像徘徊在墓地的幽灵, 只有追光和人脸飘浮在空中。	151.107 看起來就像徘徊在墓地的幽靈, 只有燭火和人的臉孔漂浮在空中。
152.137 그녀의 상상 속의 거래들이 빼곡하게 몇 십 권에 달하는 장부들을 가득 채우고 있었다.	152.91 她想象中的交易密密麻麻地写满了几十本账簿。	152.108 記載她幻想中交易的帳簿多達數十本, 其中密密麻麻地記錄著虛擬的人物購買了大量的虛擬商品。
153.138 무릎을 살짝 덮는 길이의 단정한 청회색 스	153.92 她身穿稍微盖过双膝的端庄的青灰色裙子, 年	153.109 她穿著長度略微蓋住膝蓋的端莊青灰色裙子,

커트를 입었고 나이는 삼십대 후반. 눈가와 목에 살짝 주름이 잡히긴 했지만 이목구비가 또렷한 미인이었다.	龄在三十五到四十岁之间，眼角和脖子稍有皱纹， 不过看得出这是位五官端正的美女，	年紀接近四十， 雖然眼角和脖子有點皺紋， 但仍是五官分明的美女。
154.139 얼핏 보면 공포에 질려 있는 것 같기도 했고 또 달리 보면 슬퍼하고 있는 것 같기도 했다.	154.92 乍看上去，她似乎有点儿恐惧。	154.109 乍看之下， 似乎處於極度恐懼的狀態，
155.139 바로 그때 누구인지 번뜩 깨달았다.	155.92 正在这时，他忽然想起她是谁了。	155.110 就在此時， 他突然想起她是誰了。
156.140 전동차가 약수역에서 멈춰 서자 그녀는 갑자기 벌떡 일어나 급하게 내려버렸다.	156.92 不久，地铁在药水站停下来。她突然起身， 匆忙下去。	156.110 過了一會兒， 地鐵在藥水站停車， 她突然猛然起身，很快下了車。
157.147 그는 깜짝 놀라 자세를 고쳐 잡았다.	157.98 他大吃一惊，坐正了身体。	157.116 他嚇了一跳， 連忙坐直身子，
158.149 그때 정훈은 불쑥 이런 질문을 기영에게 던졌다.	158.99 突然，正勋问了基荣一个问题。	158.118 那時正勳突然問了基榮一個問題。
159.150 기름칠한 방직기처럼 한치의 오차도 없이 착착착 진행되는 퍼레이드를 볼 때 마다 가벼운 성적 흥분을 느꼈다.	159.100 每当看到犹如抹上润滑油似的纺织机那样毫无偏差地进行的游行队伍， 他都会产生轻微的性快感。	159.119 每次看到閱兵儀式進行得一絲不錯， 如同塗上潤滑油的紡織機， 他都會感到輕微的性快感。
160.152 마리는 메뉴판을 바라보다 슬쩍 치우고 테이블 위의《중국의 별》을 힐끔 쳐다보았다.	160.101 玛丽看了一会儿，把菜单推开， 看了看放在桌子上的《红星照耀中国》。	160.120 瑪麗看了一下， 輕輕移開菜單， 瞄了眼桌上的《西行漫記》。
161.152 그녀는 그냥 씩	161.101 她莞尔一笑。	161.120 她只是咧嘴一笑。

웃었다.		
162.154 뒷모습을 마리는 흘깃 쳐다보았다.	162.102 玛丽盯着她的背影。	162.122 瑪麗瞥了一眼她的背影。
163.155 동시에 그가 혀를 낼름 내밀었다.	163.103 与此同时，他吐出了舌头。	163.123 同時還吐了吐舌頭。
164.155 그리고 샐쭉 삐친 표정으로 물었다.	164.103 气呼呼地问道:	164.123 然後撇著嘴，以彆扭的表情說:
165.156 그는 고집스럽게 입술을 꾹 다물었다.	165.104 他固执地咬紧嘴唇。	165.124 他執拗地咬著嘴唇。
166.156 딱 한 번만이에요	166.104 真的，就这一次。	166.124 眞的。就一次。
167.157 살짝 열린 문틈으로는 자리에 앉아 있는 성욱의 자신만만한 얼굴이 보였다.	167.104 隔着微微敞开的门缝，她看到了坐在餐桌前的成旭自信满满的脸庞。	167.125 從略微開啓的門縫間，她看到坐在位子上的成旭充滿自信的臉孔。
168.159 우물우물 토마토를 씹으며 그녀가 말했다.	168.106 一边嚼着西红柿，一边说道:	168.126 她嚼著番茄說道:
169.161 손끝이 파르르 떨렸다.	169.108 手指瑟瑟发抖。	169.129 指尖開始發抖，
170.164 뜬금없이 푹 끓인 찌개 속의 생태알이 떠올랐다.	170.110 让她突然想起沸腾的汤锅里的鱼籽。	170.131 讓她沒來由地想起沸騰燉湯裡的明太魚卵。
171.165 진국의 얼굴이 살짝 붉어졌다.	171.110 镇国的脸蓦地红了。	171.132 振國的臉微紅，
172.166 점심시간을 틈타 농구를 하러 나온 남자아이들이 유인원처럼 손을 번쩍 들고 이리저리 뛰어다니고 있었다.	172.111 趁着午饭的时间出来打篮球的男生们像类人猿似的高举双手，四处跑动。	172.133 趁著午餐時間出來打籃球的男學生，像類人猿一樣高舉雙手，四處跑跳。
173.167 아영의 표정이 살짝 어두워졌다.	173.112 雅英的表情黯淡下来。	173.133 雅英的表情稍微黯淡下來。

174.167 현미는 아영의 손을 꼭 잡았다.	174.112 贤美紧紧抓住雅英的手。	174.133 賢美緊緊抓住雅英的手,
175.169 그러다가 갑자기 쑤욱 꺼지듯 아래로 내려가기 시작하더니 한참을 내려가다 덜컥 멈추었다.	175.113 走着走着突然朝下面滑行, 过了很久才猛然停车。	175.135 然後車子突然開始下坡, 過了好一陣子陡地停住。
176.170 이상혁은 영화계의 스타처럼 씩 웃었다.	176.114 李尚赫像电影明星那样面带微笑。	176.136 他像電影明星一樣咧嘴一笑,
177.172 만약 잘 정돈된, 깔끔하고 단정한 상태를 아름다움이라 부른다면 평양이 서울보다 훨씬 '아름답다'고 할 수 있었다.	177.116 如果说整洁有序的状态算是美丽的话, 平壤要比首尔"美丽"得多。	177.138 如果說妥善整修、乾淨整齊的狀態能稱之爲美麗的話, 那麼平讓可以說比首爾更美。
178.174 이상혁이 다시 씩 웃었다.	178.117 李尚赫又笑了。	178.139 李相赫再度咧嘴一笑。
179.174 남한의 고문을 흉내냈을 고문은 아마도 실제보다 훨씬 잔혹할 것이었다.	179.117 模仿韩国的拷打可能会比实际情形更残酷。	179.139 模仿南韓的拷打, 可能會比實際情況還更殘酷。
180.176 그는 기영과 격의없이 친해지자 불쑥 이렇게 말했다.	180.118 基荣成为亲密无间的朋友之间, 他突然说,	180.140 那人在和基榮成爲親密的朋友之後, 突然如此說道:
181.178 그 페이지를 북 찢어 잘근잘근 찢은 다음 입에 넣고 씹었다.	181.120 他把纸撕成碎片, 塞进嘴里。	181.142 於是他將那頁存摺撕成碎片, 然後放進嘴裡咀嚼。
182.183 마리가 물으면 장익덕은 씩 웃으며	182.123 玛丽这样问的时候, 张益德笑了,	182.146 瑪麗如此問時, 張益德咧嘴一笑,
183.184 울화가 치밀 때는 확 이혼을 해버릴까 싶기도 했다.	183.123 有时又恼羞成怒, 甚至想和她离婚。	183.146 有時在生氣的時候, 也曾心想要不就離婚算了。

184.188 아직 개발이 채 끝나지 않은 강남은 이가 빠진 듯 듬성듬성 건물이 들어서 있었고,	184.126 江南的开发还没有结束，稀稀落落地排列着许多建筑，好像掉了牙。	184.150 尚未開發完成的江南就好像掉了牙齒的口腔一樣，聳立零星的建築，
185.189 발목의 고통보다는 차밍 워크 스쿨에 참가할 수 없게 되었다는 사실이 분해서 찔끔 눈물을 흘렸다.	185.127 比起脚腕的疼痛，更让她气愤的是无法参加模特课程。想到这里，她忍不住黯然流泪。	185.150 而比起脚踝的疼痛，無法參加美姿美儀教室課程的事實更讓她生氣，從而流下幾滴淚水。
186.189 발목은 이제 발을 디디지도 못할 정도로 아파왔고 살짝 만져보니 벌써 퉁퉁 부어오르고 있었다.	186.127 脚腕疼得无法迈步，她轻轻地摸了摸，脚腕已经肿得很高了。	186.150 她脚踝痛得無法行走，輕輕摸了一下，脚踝已經腫起來了。
187.191 누군가의 집요한 악의가, 보이지 않는 손이, 제대로 잘 나가고 있던 내 삶의 행로를 슬쩍 뒤틀어놓은 것임에 틀림없다.	187.128 肯定是某个人的顽固恶意、某个看不见的手，在无形中摧毁了本来一帆风顺的人生之路。	187.152 一定是某個人執著的惡意、某隻看不見的手，悄悄地扭曲了她原本一帆風順的生命。
188.192 강한 후폭풍이 그녀의 몸을 휘청 흔들고 지나갔다.	188.128 强烈的后怕沉重地摇撼着她的身体。	188.152 車子行經的强風使她身體搖晃。
189.192 깜짝 놀라 오른쪽으로 고개를 틀어	189.128 她吓了一跳，向右转过头去，	189.152 因爲嚇了一跳，瑪麗轉頭向右，
190.192 경찰관은 3차선으로 어슬렁 걸어나와 산타페의 속도를 늦춘 다음 갓길로 데려갔다.	190.129 警察慢吞吞地走向三车道，让“圣达菲”放慢速度，带到了路边。	190.152 警察慢吞吞地走向第三車道，等到聖塔菲的速度降低之後，將車引導至路邊。
191.192 경찰관이 자신을 향해 다가오는 그녀를 힐	191.129 警察悄悄地看了看朝自己走过来的张玛丽。	191.152 警察悄悄注視向自己走來的張瑪麗，

끗 쳐다보았다.		
192.193 그녀는 최대한 침착하려고 노력하며 또박또박 말했다.	192.129 她尽可能保持冷静, 一字一顿地说:	192.153 她盡可能保持沉著, 清楚地說道:
193.194 울컥 눈물이 솟았다.	193.130 眼泪夺眶而出, ([성어] 눈물이 쏟아지다. 울음을 터뜨리다.)	193.154 她的眼淚奪眶而出,
194.195 기어를 D로 거칠게 당겨놓은 그녀는 마리를 슬쩍 흘겨보며	194.130 她粗暴地把挡位拉到D挡, 瞪了玛丽一眼,	194.154 她粗暴地將排檔桿拉到D檔, 斜眼瞄著瑪麗,
195.195 머리끝이 쭈뼛쭈뼛 서는 기분은 참으로 오랜만이었지만 결코 유쾌하지 않았다.	195.131 很久没有这种怒发冲冠的感觉了, 只是丝毫没有痛快感。(성어: 화가 머리끝까지 치밀어 오르다. 노발대발하다)	195.155 很久沒有這種怒髮衝冠的感覺了, 可是感覺一點都不痛快。
196.196 그녀는 지점장 쪽으로 고개를 돌리고 이런 말을 퍼부어주려다가 문득, 그게 무슨 소용인가, 싶어 그만두었다.	196.131 她把头转向分店长, 想吐出心里的不快, 忽然又觉得这有什么用呢? 于是放弃了这个念头。	196.她把頭轉向經理那一側, 想要吐出這些話, 但突然間覺得只是徒勞, 因而作罷。
197.197 습관처럼 주변을 슬쩍 둘러보았다.	197.132 他习惯性地悄悄环顾四周,	197.156 習慣性地悄悄環視四周,
198.197 그가 들어가자 문은 스르륵 닫혔다.	198.132 他走进去, 门又自动关闭。	198.157 他一進去, 門就自動關上。
199.198 회색 조끼는 이해가 안 된다는 표정으로 고개를 절레절레 흔들었다.	199.133 灰马甲露出不解的表情, 连连摇头。	199.157 灰色背心用一種無法理解的表情搖搖頭。
200.200 한 놈이 뛰면 덩달아 이리저리 뛰거든.	200.134 一个动了, 别的都跟着乱动。	200.159 只要有一個人跑, 別的傢伙也會跟著動。
201.201 그러나 그녀를 둘	201.135 然而环绕在身边的	201.160 但圍繞在她身上的

러싸고 있는 맥락이 후광 처럼 그녀를 감싸고 있어 실제보다 훨씬 더 화려해 보이는 것도 사실이었다.	脉络却像光环似的将她团团包围， 使她看上去要比实际显得更华丽。这的确是事实。	某些東西卻像光環一樣包圍著她, 以致於看起來比實際上更加耀眼。
202.201 아이들은 튕겨일어나 이리저리 움직이며 떠들어댔다.	202.135 孩子们连蹦带跳, 动来动去, 喧闹不已。	202.160 孩子們從座位上彈起來, 跑來跑去, 喧鬧不已。
203.201 연필이 데구르르 굴러 바닥으로 떨어졌다.	203.135 铅笔滚落在地。	203.160 鉛筆滾落到地上。
204.202 담임은 현미를 보자 활짝 웃으며 옆자리의 회전의자를 끌어왔다.	204.135 看到贤美， 班主任就笑着拉过旁边的转椅。	204.161 導師一看到賢美就滿面笑容地拉過旁邊的旋轉椅子。
205.203 그러다 소지와 딱 마주치고 말았다.	205.136 正好和苏智相遇。	205.162 卻剛好和蘇智相遇。
206.205 소지는 슬슬 근처에 앉아 있는 다른 선생님들의 눈치가 보였다.	206.138 苏智悄悄地看了看身边其他老师们的脸色。	206.164 蘇智悄悄看了看坐在附近的其他老師臉色。
207.205 소지는 고래를 끄덕이면서 현미의 반듯한 이마를 물끄러미 바라보았다.	207.138 苏智点了点头， 茫然地注视着她端正的额头。	207.164 蘇智邊點頭， 邊茫然地看著賢美端正的額頭。
208.206 현미가 뭔가 더 말하려는 듯 몸을 앞으로 살짝 기울였다.	208.139 贤美身体稍微前倾, 似乎还想说什么。	208.165 賢美好像還想說什麼， 身體微微前傾,
209.207 현미는 일어나 소지에게 고개를 꾸벅 숙여 인사를 하고 교실로 달려갔다.	209.139 贤美站起来， 冲着苏智毕恭毕敬地弯腰行礼, 然后朝教室跑去。	209.165 賢美起身， 向蘇智鞠躬行禮, 然後跑回教室。
210.209 그는 군데군데 눈과 얼음이 남아 있는 대	210.140 他在残留着血迹和冰凌的大操场的告示板上查	210.166 他在四處還有殘雪的大運動場旁公告欄上， 看

운동장 한쪽의 게시판에서 합격자 명단을 올려다 보고 있었다.	看录取名单。	著錄取者名單。
211.211 한 선배가 씩 웃으며 둘에게 말했다.	211.142 一名前辈笑着对他们说。	211.168 一位學長笑嘻嘻地對他倆說:
212.212 쥐가 옆구리를 갉아먹은 낡은 소파에는 카키색 침낭이 둘둘 말린 채 통기타와 함께 놓여 있었다.	212.142 侧面被老鼠咬坏的旧沙发上放着卷起的卡其布睡袋和吉他。	212.168 在側面遭老鼠咬過的舊沙發上, 放置著捲好的卡其色睡袋和木吉他;
213.219 주둥이가 옆에 앉아 있는 기영의 존재를 문득 의식하고 옆구리를 쿡 찔렀다.	213.147 突然, 壶嘴儿意识到基荣坐在旁边, 戳了戳他的腰。	213.174 嘴巴突然意識到基榮也坐在旁邊, 戳了戳他的腰部。
214.221 휴대폰이 부르르 떨기 시작했다.	214.149 手机开始震颤。	214.176 手機開始發出嘟嘟嘟的振動音。
215.221 그는 꾹, 통화 버튼을 눌렀다.	215.149 他按下了通话键。	215.176 他按下了通話鍵。
216.222 성곤의 말끝이 질질 늘어졌다.	216.149 成昆拖着长腔说道。	216.177 成坤的尾音拖得很長。
217.223 기영을 힐끔 보더니 여기저기 흠집이 난 중고 휴대폰 하나를 서랍에서 꺼내 그에게 보여주었다.	217.150 他看了看基荣, 从抽屉里逃出了伤痕累累的旧手机, 递了过去。	217.177 他瞄了一眼基榮, 從抽屜裡拿出一支布滿刮痕的中古手機給基榮看。
218.223 그는 점원이 부른 값에 얼마간의 지폐를 더 얹어 슬쩍 디밀었다.	218.150 他在店员要价的基础上又多塞了几张纸币。	218.177 他在店員要求的價格以外, 又多加了幾張鈔票, 悄悄遞了過去。
219.223 박철수는 가끔 지그시 눈을 감고 그 소리	219.150 朴哲洙不时微闭双眼, 去听那个声音,	219.178 朴哲秀偶爾會緊閉雙眼, 聽著那些聲響。

를 들었다.		
220.225 슬픈 장면에선 눈물을 펑펑 흘렸고	220.151 听到悲伤的场面，她眼含热泪。	220.179 聽到悲傷的情節，她會眼淚直流，
221.226 오른발의 자국은 선명했지만 질질 끌고 간 왼발 쪽은 뭉개져 있었다.	221.152 右脚印很清晰，然而拖着走路的左脚印却很模糊。	221.180 右脚的脚印雖然鮮明，但拖著的左脚印卻非常模糊。
222.226 겨울의 목장은 얼핏 보면 스키장처럼 생겼다.	222.152 乍看起来，冬季的牧场就像滑雪场。	222.180 冬季的牧場乍看之下，就像是滑雪場一樣，
223.227 어떤 면에서 할머니의 직감은 다른 사람보다 훨씬 발달해 있었다.	223.152 有时候，奶奶的直觉要比普通人更发达。	223.180 有時候，奶奶的直覺比其他人還要發達。
224.229 회색 조끼는 나른한 얼굴로 꾸벅꾸벅 졸다가 박철수의 눈길을 느꼈는지 슬그머니 눈을 떴다.	224.154 灰马甲懒洋洋地打着盹儿，突然察觉到朴哲洙的目光，轻轻地睁开了眼睛。	224.182 灰色背心頭一點一點地打著瞌睡，突然察覺朴哲秀的眼神，微微睜開了眼睛。
225.231 장마리는 고개를 푹 꺾었다.	225.155 张玛丽垂下了头。	225.184 張瑪麗低垂著頭，
226.231 그런 채로 그녀는 고개를 절레절레 흔들어 보았다.	226.155 她不停地摇晃脑袋，	226.184 她不住地搖晃腦袋，
227.231 그녀의 좁고 뾰족한 턱 끝은 쇄골이 끊어진, 말랑말랑한 그곳에 딱 맞았다.	227.155 狭窄而尖锐的下巴碰到了锁骨折断的软塌塌的部位。	227.184 尖窄的下巴底部碰觸到鎖骨斷開的柔軟部位。
228.232 성욱은 살짝 불룩한 배와 살집이 붙기 시작하는 허리를 좋아한다고 말했지만 그녀는 믿지 않았다.	228.155 成旭说他喜欢她稍微鼓起的腹部和开始发胖的腰肢，起先她不相信。	228.184 成旭雖說他喜歡稍微隆起的肚子和開始長肉的腰身，但她不相信。

229.233 라파엘의 성모처럼 미소지으려 했지만 입꼬리에 냉소가 살짝 깃드는 것만은 막을 수 없었다.	229.156 玛丽想像拉斐尔的圣母那样微笑，然而她无法阻止嘴角轻轻泛起的冷笑。	229.185 瑪麗雖想如同拉斐爾畫的聖母一樣面露微笑，卻仍無法壓抑嘴角浮現的一絲冷笑。
230.234 기영은 힐끗 통유리창 밖을 살폈다.	230.157 基荣悄悄地看了看窗外。	230.186 基榮悄悄察看玻璃窗外
231.235 기영은 물끄러미 사내를 바라보았다.	231.158 基荣茫然地注视着男人。	231.187 基榮愣愣地望著男人
232.235 종로를 걸어가는데 무슨 계시처럼 성함석 자가 딱 떠오르는 거예요.	232.158 我走在钟路街头，就像某种启示似的突然想起你的名字。	232.187 剛才我走在鍾路上，彷彿得到啓示似的，突然想起你的名字，
233.235 그가 피식 웃었다.	233.158 他笑了。	233.187 男人噗嗤一笑
234.235 기영은 그것을 못마땅하게 생각하는 자신을 발견하고 깜짝 놀랐다.	234.158 基荣发现自己有些看不惯眼前这个人，不由得大吃一惊。	234.187 基榮發現自己對此覺得不滿，因而大吃一驚。
235.236 테이블이 살짝 흔들리자 기영은 오른 팔꿈치로 지그시 테이블을 눌러 떨림을 진정시켰다.	235.158 餐桌轻轻摇晃，基荣用右臂轻轻按了按桌子，让桌子平静。	235.188 桌子輕輕搖動。基榮用右手手肘輕輕壓住桌子，讓抖動平息下來。
236.236 사내는 눈동자를 이리저리 굴렸다.	236.159 男人的眼珠滴溜溜乱转。	236.188 男人的眼珠子到處亂轉。
237.237 허리를 굴신할 때마다 눈살을 살짝 찌푸리는 게 아마도 디스크에 문제가 있는 것 같았다.	237.159 每次弯腰的时候，他都会轻轻皱眉头，看来是腰椎有问题。	237.189 每次彎腰的時候，他都會微微皺眉，看來大概脊椎有問題。
238.237 이필은 미심쩍은 표정을 지으며 고개를 오	238.159 李弼将信将疑，轻轻向右歪了歪头。	238.189 李弼面露懷疑的表情，向右偏著頭，

른쪽으로 <u>살짝</u> 기울였다.		
239.238 십 년 만에 <u>불쑥</u> 나타나 이렇게 끌고 오니.	239.160 十年了，<u>突然</u>出现，把我拉到这里。	239.189 過了十年<u>突然</u>出現，又把我拉來這裡。
240.241 기영은 그의 어깨를 붙잡고 자리에서 <u>벌떡</u> 일어났다.	240.162 基荣抓住他的肩膀，<u>猛地</u>站了起来。	240.192 基榮抓住他的肩膀，<u>猛地</u>站起來，
241.244 그의 옛 동료는 지금 그보다 <u>훨씬</u> 더 불안해하고 있다.	241.164 他的老同事比他<u>更</u>不安。	241.195 他過去的同僚現在比他<u>更</u>不安，
242.245 그는 맥주잔을 입에 갖다대며 눈을 <u>슬쩍</u> 치켜떠 그의 눈치를 살폈다.	242.165 他把啤酒杯放在唇边，<u>轻轻</u>抬起眼睛，观察他的眼色。	242.196 他把啤酒杯靠近嘴邊，<u>輕輕</u>抬起雙眼，觀察基榮的眼神。
243.246 <u>텅</u> 빈 볼링장의 어느 레인에 나 혼자 서 있는 거야.	243.166 我独自站在<u>空荡荡</u>的保龄球场的线上，	243.197 有<u>空無一人</u>的保齡球館裡，我獨自站在某個球道，
244.249 그러면서 탄두가 나선형으로 뚫고 지나간, 그리하여 갓 발굴된 유전처럼 검은 피와 뇌수를 쏟아내고 있는 오른쪽 두개골의 파열부를 <u>힐끗</u> 쳐다보았다.	244.168 同时<u>看了看</u>子弹呈螺旋形穿过的右侧头盖骨的破裂部位。那里喷出黑血和脑髓，就像刚刚被挖掘的油田。	244.199 他<u>瞟了一眼</u>破裂的右側頭蓋骨，那裡遭螺旋形飛出的彈頭穿過，如同新挖掘的油田一樣，冒出黑色的血和腦髓。
245.252 그렇게 걸어가다가 <u>문득</u>, 어째서 저자에게는 아무런 명령도 내려오지 않았을까~~~의아한 생각이 들었다.	245.170 走着走着，意外的念头<u>突然</u>冒了出来。为什么他没接到任何命令?	245.202 走著走著，他<u>突然</u>覺得很奇怪，爲甚麽李弼沒有收到任何命令?
246.252 복잡하게 뻗은 코엑스 지하의 미로를 <u>성큼성큼</u> 걸으며 계속 방향을	246.170 他<u>大步流星地</u>走在COEX地下的复杂通道里，不停地换方向。	246.202 他<u>大步</u>走在韓國貿易中心(COEX)複雜的地下迷宮，不斷改變方向。

바꾸었다.		
247.254 그럴때면 온몸의 땀구멍이 활짝 열리는 기분이다.	247.172 这时候，他感觉全身的汗孔都敞开了。	247.203 每當這個時候，他會覺得全身的毛孔都爲之大開。
248.256 그들은 서로의 얼굴을 잠깐 쳐다보고는 실쭉 웃었다.	248.173 两个人面面相觑，笑着说道:	248.205 他們看了一下彼此，撇嘴笑了。
249.257 청색 양복 둘이 씩 웃었다.	249.174 两名蓝西装男人笑了笑，	249.206 兩名青色西服嘻嘻一笑。
250.257 불쑥 이런 생각까지 들었다.	250.174 我突然想到，	250.206 他突然想到，
251.258 주민증을 분실해서 새로 발급받았는데 깜빡 잊고 예전 걸 들고 다닌 거라고.	251.175 我的身份证丢了，就申请了新身份证。今天突然忘了，带着原来的身份证出来了。	251.207 我的身分證有陣子弄丟了，所以領了新的。但我忘了，還帶著以前的出門。
252.258 그는 등뒤로 수갑이 채워진 채 처음보다 훨씬 흐트러진 모습으로 두 청색 양복 앞에 서게 되었다.	252.175 他手上戴着手铐，双手背在后面，狼狈地站在两名蓝西装面前。	252.207 他的手被反銬到背後，站在兩名青色西裝面前，模樣比一開始還要狼狽。
253.259 저런 식으로 대형 서점에서 다른 사람의 지갑을 홀랑 털어가는 놈들일 수도 있었다.	253.175 也可能是以这种方式在大型书店抢钱包的家伙。	253.207 用這種方法在大型書店洗劫別人錢包。
254.259 그는 자리에서 벌떡 일어나 입구로 걸어갔다.	254.175 他起身朝门口走去。	254.207 他起身朝門口走去，
255.260 감자는 수갑이 채워진 그의 모습을 보고 씩 웃었다.	255.176 看到他戴着手铐，土豆笑了，	255.208 馬鈴薯看到上了手銬的他嗤嗤一笑，
256.261 감자가 씩 웃었다.	256.177 土豆笑了笑。	256.209 馬鈴薯嘻皮笑臉的。

		(성어: 헤헤거리다. 히죽거리다. 낄낄거리며 진지하지 않는 모양)
257.261 서점 직원 몇몇이 빼꼼 고개를 내밀고 구경하다가 그와 눈이 마주치자 문을 닫았다.	257.177 几名书店职员探头看热闹，碰到他的目光，赶紧关上了门。	257.209 幾名書店職員探頭看熱鬧，與他目光相對後，立刻關上門。
258.264 기획이 어느 정도 마무리될 무렵 재경이가 현미의 옆구리를 쿡 찔렀다.	258.179 策划快要结束的时候，在京戳了戳贤美的腰。	258.211 討論即將結束的時候，在京戳了一下賢美的大腿。
259.265 재경은 주머니에서 화장지를 꺼내 눈에 살짝 고인 눈물을 닦았다.	259.180 在京从口袋里拿出餐巾纸，擦了擦眼里的泪水。	259.213 在京從口袋裡拿出面紙，擦掉眼裡的一絲淚水。
260.266 한샘이 바짝 따라붙었다.	260.180 韩泉紧跟上来。	260.213 韓泉緊緊跟著她。
261.268 대신 한샘이를 향해 씩 웃어주었다.	261.182 而是冲韩泉笑了笑。	261.216 反而向韓泉嘻嘻一笑。
262.268 한샘이 팔짱을 더욱 꼭 끼어왔다.	262.182 韩泉的胳膊挽得更紧了。	262.216 韓泉將賢美的手臂挽得更緊了。
263.270 오랜만에 만난 그는 불쑥 그 작은 가방을 들이밀었다.	263.183 睽违已久的他突然递给她那个小小的包。	263.217 許久不見的他突然將那個包遞給她。
264.276 이웃들은 길에서 마주치면 인사를 했고 구멍가게에선 선뜻 외상을 주었다.	264.187 邻居们在路上见面都会打招呼，小店铺也会痛快地同意赊账。	264.222 鄰居在路上遇到會打招呼，小店也可以爽快地賒帳。
265.277 그렇게 생각하다가 문득 뭐, 그럴 수도 있지 싶었다.	265.188 想着想着，她突然觉得，也有这个可能。	265.222 想著想著，她突然覺得似乎也不無可能，

266.277 책상 바로 옆에 우두커니 서 있는 커다란 여행가방에 멈추었다.	266.188 停在了呆立在书桌旁的大旅行箱上面。	266.223 停留在書桌旁的大型行李箱。
267.277 마치 그녀의 등뒤로 슬그머니 다가와	267.188 好像悄悄来到她身后,	267.223 好像從她身後悄悄靠近,
268.280 그 위에 있던 사람들 중엔 살아남은 사람보다 죽은 사람이 훨씬 많았다.	268.190 这之上的人们，死亡人数远远大于幸存人数。	268.224 據說在該位置上方的人，死亡人數要遠超過存活人數。
269.283 습기를 머금은 축축한 바람 때문에 살짝 한기가 느껴졌다.	269.192 夹杂着湿气的风让他感觉到轻微的寒意。	269.226 帶著濕氣的風讓他感覺到些微涼意。
270.284 위는 줄었지만 예전보다 훨씬 더 많은 음식을 필요로 했다.	270.193 他的胃变小了，需要的食物却比以前还多。	270.227 他的胃雖然變小了，卻比以前需要更多的食物。
271.285 장면까지 떠올리다가 그만 깜빡 졸고 말았다.	271.193 他想象着这个场面，突然睡着了。	27.227 他想著這場面，竟不知不覺睡著了。
272.285 날은 좀 더 어두워져 있어 전시장 안은 훨씬 더 밝아 보였다.	272.193 天色更暗了，展厅里却显得更加明亮。	272.227 天色更暗了，展示廳裡看起來更加明亮,
273.287 기영은 문득, 평양으로 돌아가면 저런 일은 없겠구나 생각하며 혼자 슬며시 웃었다.	273.195 基荣突然想到，如果自己回到平壤，就再也不会有这种事了。想到这里，他微微笑了。	273.229 基榮突然想到回到平讓以後，這些事情都不會發生了，不禁輕輕一笑。
274.288 현미는 몇 발짝 걸어가다 아영이 따라오지 않자 몸을 홱 돌리며 짜증을 부렸다.	274.195 贤美走出几步，见雅英没有跟来，就转过身去不耐烦地说:	274.230 賢美又往前走了幾步，看到雅英沒跟上來，隨即轉身不耐煩地說道:
275.290 그러곤 흙장난을 하는 아이를 번쩍 들어	275.197 然后，她猛地抱起正在玩泥巴的孩子，放进了	275.231 母親一把抱起正在玩泥土的孩子，放進嬰兒車

유모차에 태웠다.	婴儿车。	裡。
276.292 그녀는 살짝 뾰로통한 표정으로 대꾸했다.	276.198 她的表情多少有些不快，回答说:	276.233 她用有點嘔氣的表情回答:
277.293 화들짝 놀라 뒤를 돌아보았다.	277.199 玛丽吓了一跳，回头看了一眼,	277.234 她嚇了一大跳，回頭一看,
278.294 장난이라도 칠까 싶어 몰래 다가와 슬쩍 넘겨본 종이에 '골반에 멍이 들다'만 잔뜩 써 있었으니,	278.199 金利烨本想搞个恶作剧，于是悄悄地走上前去偷看, 却发现纸上写满了"骨盆受伤"。	278.234 金利燁原本想開她一個玩笑，於是悄悄走上前偸看, 卻只見紙上寫滿「骨盆受傷」。
279.295 막 시동을 걸고 예열을 하는데 문득 뒤에서 불편한 얼굴로 골프의 뒤꽁무니를 노려보고 있는 경비의 얼굴이 백미러에 잡혔다.	279.200 她发动汽车，开始预热，突然通过后视镜看见保安正盯着"高尔夫"，好像很不高兴。	279.235 她發動車子熱車的時候, 突然從後視鏡裡看到警衛站在車身後方，注視著Golf的車尾, 表情令人不舒服。
280.295 그녀는 절레절레 고개를 저었다.	280.200 她连连摇头。	280.236 她搖搖頭,
281.296 두 대의 차가 드러낸 오장육부를 그는 물끄러미 내려다보고 있었다.	281.201 他低着头，怔怔地望着两辆车暴露出来的五脏六腑。	281.236 他出神地俯看著兩輛車裸露的五臟六腑。
282.300 그러나 지나가는 닭의 다리를 쭉 찢어 뜯어먹을 수 있는 사람은 거의 없을 것이다.	282.203 然而恐怕没有人看见路上的鸡就去扯下鸡腿来吃。	282.239 可是幾乎沒有人看到路過的雞, 會把雞腿扯下來吃掉。
283.302 이런 식이라면 훨씬 더 많은 것을 바꿔갈 수 있을 것이고,	283.205 这样下去，我应该可以改变更多的事情。	283.241 按照這種方式，還可以改變更多東西,
284.302 역한 냄새를 풍기며 지글지글 타는 비계가	284.205 带着恶心的味道, 烤得吱吱响的肥肉通过她的嘴	284.241 那些冒出令人作嘔的味道、吱吱作響的烤焦肥

그녀의 입을 지나 위와 소장 그리고 대장을 통과하는 상상은 유쾌하지 않았다.	巴进入她的胃、小肠和大肠。这样的想象并不愉快，	肉越過她的嘴，通過胃、小腸和大腸，這想像並不愉快，
285.303 그는 긴 앞머리가 이마와 눈을 살짝 덮었고, 끝단이 풀린 힙합 스타일의 청바지를 걸치고 있었다.	285.205 长长的刘海儿轻轻遮住额头和眼睛，穿着松口的街舞风格的牛仔裤。	285.241 他的長劉海稍微蓋住額頭和眼睛，下身穿著寬鬆的牛仔垮褲。
286.303 마침 퇴근시간을 맞아 빌딩들이 사람들을 꾸역꾸역 거리로 토해내고 있었다.	286.205 正赶上下班时间，高楼大厦把人们吐到了街头。	286.241 正逢下班時間，大樓不停地將人們吐到街頭
287.303 그는 로비로 들어가지 않고 호텔 주위를 빙빙 돌았다.	287.205 他没有进入大厅，而是在酒店周围转了转。	287.241 他沒有進入大廳，而是在酒店周圍繞圈。
288.303 발레파킹 전용 주차장의 자동차들을 슬쩍슬쩍 곁눈질해보았다.	288.205 又用余光瞥了一眼代客泊车专用停车场里的汽车。	288.242 又用眼睛餘光瞟了瞟代客停車專用停車場的車子。
289.305 그는 호텔 뒤로 빙 돌아 후문 쪽에서 진입했다.	289.207 他绕到酒店后面，通过后门进入大厅。	289.243 他轉入酒店後方，從後門進入大廳，
290.306 그녀가 화들짝 놀라 손을 휘저었다.	290.207 她大吃一惊，连忙摆手。	290.244 她大吃一驚，連忙搖手。
291.310 그리고 오물오물 씹었다.	291.211 叽里咕噜地嚼了起来。	291.248 然後慢慢地嚼著。
292.312 그녀가 입술을 꾹 다물었다.	292.212 她嘴唇紧闭。	292.250 她咬著雙唇。
293.314 즉 시각을 조화시킬 수 있다면 훨씬 나아질 거라구.	293.214 也就是视觉，肯定会好得多。	293.252 也就是能調和視覺的話，一定會更好的。

294.315 그는 두 손으로 눈을 꾹꾹 눌렀다.	294.214 他用双手使劲按了按眼睛。	294.253 他用雙手使勁按了按眼睛。
295.317 소지는 눈을 가늘게 뜨고 그것을 읽다가 깜짝 놀라 고개를 쳐들었다.	295.216 苏智眯起眼睛，看到这两个字，立刻惊讶地抬起头来。	295.255 蘇智瞇起眼睛讀著，突然大爲驚訝地抬起頭來。
296.323 옆에 머쓱하게 앉아 있던 그의 친구도 허겁지겁 자기 잔을 들었다.	296.220 不知所措地坐在旁边的朋友也慌忙拿起了自己的杯子。	296.260 尷尬地坐在旁邊的朋友，也慌忙擧起自己的酒杯。
297.323 판다가 비웃듯 입가를 슬쩍 치켜올렸다.	297.221 熊猫轻轻抬起嘴角，略带嘲笑地说道。	297.261 熊貓似乎在嘲笑似的，嘴角略微上揚。
298.325 문득, 담배 한 대를 피우고 싶은 강렬한 유혹에 사로잡혔다.	298.222 突然，她冒出了抽烟的强烈念头。	298.263 她突然非常想抽根菸，
299.326 마치 누군가 뒤에서 스카프를 채간 것처럼 휙 사라졌다.	299.223 仿佛有人从后面夺走了围脖。	299.263 好像有人從後面把圍巾搶走一樣。
300.326 마치 자기가 음식값을 내기라도 한 것처럼 생색을 내며 판다의 등을 가볍게 툭 쳤다.	300.223 成旭满脸得意神色，轻轻拍了拍熊猫的后背，仿佛是他结的账。	300.264 成旭滿臉得意的神情，好像是他自己付了錢一樣，輕輕地拍了熊貓的背包一下，
301.327 피자를 우물우물 씹으며 그녀는 얼음을 채운 콜라를 한 모금 마셨다.	301.224 她嚼着比萨，喝了口加冰可乐。	301.264 她嚼著披薩，喝了一口加滿冰塊的可樂，
302.327 그녀는 피자를 우물우물 씹으며 물었다.	302.224 她嚼着比萨，问道。	302.265 她嚼著披薩問道。
303.330 그는 고개를 살짝 오른쪽으로 기울이며 호기심을 드러냈다.	303.225 他轻轻朝右偏了偏头，表示出他的好奇。	303.267 他輕輕地向右偏了偏頭，流露出好奇心。
304.331 그는 인터폰을 끊고 고개를 절레절레 저으	304.227 他放下门禁，摇着头，右手食指朝楼下指了指，	304.268 他掛斷對講機，不住搖頭，用右手食指指著樓

며 아래층을 오른손 검지로 가리켰다.		下，
305.332 배가 부르지 않았다면 훨씬 맛있게 느껴졌을 것이다.	305.227 如果不是肚子很饱的话，肯定会觉得很美味。	305.269 如果不是肚子太飽，感覺應該會更好。
306.333 그러다 문득 뭔가가 생각난 듯 자기 방으로 들어가더니 사진첩을 들고 왔다.	306.228 然后突然想起什么了似的走进房间， 拿出了相册。	306.269 突然間他好像想起什麼似的，進去自己房間，拿出相簿來。
307.337 현미가 오른손을 들어 그의 무릎을, 나비 두 마리쯤이 동시에 앉을 때의 무게로, 살짝 눌렀다.	307.231 贤美抬起右手，用两只蝴蝶同时落在上面的力量，轻轻按了按他的膝盖。	307.273 賢美伸出右手，輕輕按了按他的膝蓋，力道輕得好像兩隻蝴蝶同時停佇時的重量。
308.337 그 접촉을 신호로 그가 와락 그녀를 안았다.	308.231 这次接触成为信号，他猛地抱住了她。	308.273 這個接觸變成信號，他一把抱住她，
309.337 마침내 소년과 소녀의 혀가 격렬히 엉키며 입 속을 가득 채웠고,	309.231 最后，少年少女的舌头激烈纠缠，充满了口腔。	309.274 最終，少年和少女的舌頭激烈地纏繞在一起，塡滿了口腔，
310.337 그제야 정신이 번쩍 든 그녀가 갑자기 그를 밀어냈다.	310.231 直到这时，她才如梦方醒，突然把他推开了。	310.274 賢美此刻才如夢初醒，突然把振國推開。
311.337 그녀는 자리에서 벌떡 일어나 화장실로 갔다.	311.321 她猛地站起来，去了卫生间，	311.274 她則猛然起身，衝進洗手間裡，
312.338 그녀는 몸을 단장하고 얼굴을 살짝 매만진 후에 밖으로 나갔다.	312.232 她整理了衣服，轻轻揉了揉脸蛋，就出去了。	312.275 她重新拉好衣服、稍微整理一下臉孔之後，走到外面去。
313.339 백일사진에서 그는 고추를 내놓고 헤벌레 웃고 있었다.	313.232 百日照上的他露出小鸡鸡，笑得很灿烂。	313.275 在百日的照片裡，他露出小雞雞，燦然笑著，
314.339 그녀는 문득, 엄	314.232 她突然想到，做妈	314.275 她突然思索起變成

마가 된다는 것은 무슨 의미일까, 그런 일이 과연 자신의 인생에 닥쳐올까, 따위를 생각했다.	妈意味着什么? 这种事真的会发生在自己的生命里吗?	母親意味的是什麽?
315.339 어두운 피시방의 구석에서 기영은 슬쩍 주위를 둘러보았다.	315.232 在阴暗的网吧里, 基荣悄悄地打量四周。	315.275 在陰暗網咖的角落裡, 基榮悄悄地環顧四周。
316.339 헤드폰을 끼고 화상캠으로 전송되는 화면을 보며 떠들어대고 있는 여자 아이들도 군데군데 있었다.	316.232 偶尔也能看到戴着耳麦、对着视频窗口谈笑风生的女孩子。	316.276 還有一些女生戴著耳機, 看著用鏡頭傳送的畫面吵鬧不已。
317.343 그녀는 손을 쑥 집어넣어 휴대폰을 꺼냈다.	317.235 她把手伸进去拿出手机。	317.278 她伸手進去, 拿出手機。
318.344 그녀는 구조라도 바라듯 힐끗 뒤를 돌아다보았지만	318.235 她悄悄地看了看身后, 仿佛期待有人来救助。	318.278 瑪麗回頭瞥了一眼, 像是期待誰會來救她一樣,
319.344 그러자 성욱이 허둥지둥 지갑을 꺼냈다.	319.236 成旭慌里慌张地拿出钱包。	319.279 成旭慌忙掏出皮夾。
320.346 그녀는 고개를 절레절레 저으며 휴대폰의 전원을 껐다.	320.237 她摇了摇头, 关掉了手机。	320.280 她搖了搖頭, 把手機電源給關掉,
321.348 그리고 벌떡 일어섰다.	321.238 然后猛地站了起来。	321.282 然後突然站起來。
322.350 그녀는 허리를 살짝 구부렸다.	322.239 她轻轻弯了弯腰。	322.283 她的腰部微彎。
323.350 열아홉 살, 처음으로 함께 잤던 남자는 바싹 말라 있던 그녀의 음부에 카악, 침을 뱉었다.	323.240 十九岁那年, 第一次和她同床的男人对着她消瘦的阴部吐口水。	323.283 十九歲時, 第一次一起做愛的男人對著她乾澀的陰部吐口水。
324.350 그 침을 귀두에	324.240 他在龟头上抹了口	324.283 他將那口水塗在龜

바른 후 질 속으로 쑥 집어넣었었다.	水，然后插进了她的阴道。	頭上後，插入她的陰道裡。
325.351 그는 뭘 그런 걸 묻느냐는 표정으로 씩 웃었다.	325.241 他笑了，好像在说你问这个干什么。	325.284 他咧嘴一笑，表情好像是怎麽連這個也要問。
326.352 혼잣말로 중얼거리곤 좁은 의자 위에서 몸을 쭉 뻗었다.	326.241 他自言自语，然后在狭窄的座位上舒展身体。	326.285 他自言自語說道，然後坐在狹窄的椅子上伸展身體。
327.354 그는 인상을 확 찌푸리고는 전화기에서 입을 떼고,	327.242 他眉头紧皱，嘴巴离开电话，	327.287 他皺緊眉頭，將手機從嘴巴旁邊拿開，
328.359 그는 침대에서 벌떡 일어나 말한다.	328.246 他猛地站起来说:	328.291 他從病床上一躍而起說道:
329.360 그는 자신이 앉아 있는 천막을 슬쩍 둘러보았다.	329.246 他不动声色地环顾自己所在的窝棚。	329.291 他偷偷環視自己所在的棚子。
330.360 누렇게 때가 낀 책장을 이리저리 넘기며 문진으로 누른 흰 A4용지에 자기만 아는 한자들을 초서로 휘갈기고 있었다.	330.246 翻着泛黄的书页，在压着镇纸的白色A4纸上写着只有自己看得懂的草书汉字。	330.291 翻閱泛黃的書頁，在壓著文鎮的A4用紙上，潦草地寫著只有自己才看得懂的草書。
331.361 아니면 왜 이 시간에 퍼뜩 집에 안 가고 이렇게 돌아다녀?	331.247 要不然这个时间你怎么不回家，到处闲逛?	331.292 否則怎麽會這個時間還不回家，在外面閒逛?
332.361 그리고 책을 읽듯이 주절주절 사주풀이를 이어나갔다.	332.247 然后像念书似的逐字逐句地解释起来。	332.292 然後好像念書似的，嘟嘟囔囔地解釋起八字來。
333.362 그는 천막을 확 걷어버리고 싶은 충동에 잠깐 휩싸였으나 언제나	333.248 他突然冒出了踢翻窝棚的冲动，但是像往常那样，他并没有付诸实践。	333.294 他雖短暫出現想一脚把棚子踢翻的衝動，但一如以往，他不會付諸行動。

그랬듯이 행동에 옮기지는 않았다.		
334.363 그는 오른손으로 목덜미를 꾹꾹 주물러보았다.	334.249 他用右手使劲揉了揉后颈。	334.294 他使勁用右手按了按後頸,
335.365 그녀는 깜짝 놀라 눈을 떴지만	335.250 她大惊，连忙睁开眼睛。	335.295 她嚇了一大跳，睜眼一看,
336.367 둘의 자지는 벌써 축 수그러들어 바닥을 내려다보고 있었다.	336.252 两个人的生殖器已经萎缩，耷拉下去了。	336.298 兩人的生殖器已經軟垂下來。
337.368 성욱은 안절부절 마리만 쳐다보고 있을 뿐,	337.253 成旭坐立不安地盯着玛丽。	337.298 成旭只是不安地看著瑪麗,
338.368 매달 기부금을 내고 벗들의 경조사도 꼬박꼬박 챙겼는데.	338.253 每个月都捐款，朋友们的红白喜事我都参加。	338.298 每個月還固定捐獻，朋友的婚喪喜慶也從不缺席。
339.369 금테안경은 방 안으로 성큼 들어왔다.	339.254 金边眼镜大步走进房间。	339.299 金框眼鏡大步走進房裡。
340.370 누군가 메이드룸의 문을 빠끔 열고 그들의 동정을 살피고 있었다.	340.255 有人打开员工室的门，观察他们的动静。	340.301 房務員房間的門開啓，露出一條細縫，有人從裡面觀察他們的動靜。
341.374 택시는 아파트 단지 안으로 쑥 들어가버릴 것이었다.	341.258 出租车进到小区里面了。	341.303 計程車會快速進入公寓社區裡。
342.374 그녀가 깜짝 놀라 몸을 뒤로 젖혔다.	342.258 她大吃一惊，身体仰向后面。	342.304 她大吃一驚，身體後仰。
343.375 그랬다가 다시 슬그머니 궁둥이를 벤치에 내려놓았다.	343.258 然后又悄悄地坐了下去。	343.304 然後又悄悄地坐回去。
344.379 그녀는 피식 웃었다.	344.261 她笑了。	344.308 她噗哧一笑。
345.385 알고 보니 나는	345.265 现在看来，我完全	345.313 現在想起來，也許

훨씬 더 나은 삶을 살 수도 있었는데,	可以拥有更好的人生。	我也可以過著更好的生活,
346.389 문득 깨달았어.	346.268 我突然明白了。	346.317 我突然了解了。
347.389 그녀는 깜짝 놀라 그의 손을 뿌리쳤다.	347.268 她惊讶地甩开了他的手。	347.317 她嚇了一跳, 甩開他的手。
348.392 그녀가 벌떡 일어났다.	348.271 她猛地站起来。	348.320 她猛然起身。
349.394 오른손이 바들바들 떨리고 있었다.	349.272 她的右手在瑟瑟发抖。	349.321 右手哆嗦著。
350.394 발걸음을 옮기며 문득, 저녁 내내 몸을 찍어누르던 피로가 어느새 사라졌음을 느꼈다. 새로운 힘이 내부에서 솟구치고 있었다. 그녀는 성큼성큼 기영에게서 멀어져 어둠 속으로 사라졌다.	350.272 走着走着, 她突然感觉整个晚上压抑自己身体的疲惫在不知不觉间消失了。新的力量从身体内部涌了上来。她迈开大步, 离基荣越来越远, 消失在黑暗中。	350.322 走著走著, 她突然發現一整晚籠罩自己的疲倦在某一瞬間消失不見了。新的力量從內部湧出。她邁開大步, 離基榮越來越遠, 消失在黑暗之中。
351.397 몸이 으슬으슬 떨렸다.	351.274 他的身体瑟瑟发抖。	351.324 他的身體瑟瑟發抖。
352.399 입이 바싹바싹 말랐다.	352.275 他感觉口干舌燥。	352.326 他覺得口乾舌燥。
353.400 울컥, 감정이 북받쳐올라 그는 잠시 말을 멈추었다.	353.276 他突然百感交集, 停了下来。	353.327 他突然百感交集, 說著停了下來。
354.400 그 순간 그는 문득 소지가 마리와 자신의 결정에 대해 아무것도 묻지 않고 있다는 것을 깨달았다.	354.276 刹那间, 他突然意识到苏智根本没问玛丽和自己的决定。	354.327 那一瞬間, 他突然意識到蘇智根本沒問瑪麗和自己的決定。
355.401 현미는 발을 뻗어	355.277 贤美伸脚去踢蝴蝶	355.327 賢美伸脚去踢蝴蝶

나비의 다리를 툭 쳤다.	的腿。	的腿,
356.401 부드러운 분홍빛 육구도 꾹꾹 눌러보았다.	356.277 又使劲按了按它柔软的粉红色的脚掌肉垫。	356.327 又用力按了牠柔軟的粉紅色脚掌。
357.402 푸스스한 머리카락이 볼을 따라 힘없이 가닥가닥 흔들리고 있었다.	357.278 蓬松的头发在脸上无力地摇摆。	357.328 她蓬鬆的頭髮耷拉在臉頰旁。
358.404 지금도 철이라는 상상 속의 아이와 나란히 누워 도란도란 이야기를 나누고 있을 진국의 모습이 떠올랐다.	358.280 眼前浮现出和小哲这个想象中的孩子并排而卧有说有笑的镇国的面孔。	358.331 眼前浮現出振國和想像中名爲小哲的孩子, 並排躺著有說有笑的面孔。
359.404 어느새 그런 진국을 꼭 껴안고 있는 자신의 모습을 생각하고 있었다.	359.280 不知不觉间, 她开始想象自己紧紧拥抱着镇国的情景了。	359.331 不知不覺間, 她開始想像自己緊緊抱住振國的情景。
360.409 성곤이 자리에서 일어나 엉거주춤 인사를 했다.	360.283 成昆站起来, 点头哈腰地打招呼。	360.334 成坤從位子上起身, 弓著腰打招呼。
361.410 스타치오 봉지가 바스락거리는 소리, 바싹 마른 열매를 깨무는 소리만 들렸다.	361.283 开心果袋子沙沙作响, 听起来就像咬干透的果实。	361.335 只聽到開心果袋子窸窸窣窣的聲音和嚼碎堅果的聲音
362.411 정은 씩 웃으며 피스타치오 껍질을 어금니로 깨물었다.	362.285 郑笑了笑, 用磨牙去咬开心果的外壳,	362.337 鄭組長咧嘴一笑, 用門牙咬破開心果殼,
363.414 그는 자리에서 벌떡 일어났다.	363.286 他猛地站了起来。	363.339 他猛然從長椅上起身。
364.415 그리고 피스타치오 봉지를 휙 던져버렸다.	364.287 使劲扔掉了空开心果袋子。	364.340 然後把空了的開心果塑膠袋隨手一扔。
365.417 그는 버럭 소리를 질렀다.	365.288 他大喊道。	365.341 他突然大聲喊叫。

366.418 그때 딴 여자를 만나다가 딱 걸렸습니다.	366.289 当时，我找了别的女人，后来被人发现了。	366.342 那時我找了別的女人，結果被抓到了。
367.418 그는 입을 꾹 다물고 한참 동안 말없이 앉아 있었다.	367.290 他咬紧嘴唇，久久没有说话。	367.342 他緊閉雙唇，無言地坐了許久。
368.419 그는 아무 대꾸도 하지 않고 묵묵히 팔목만 물끄러미 내려다보았다.	368.290 他没有回答，低头默默地看着左手腕。	368.343 他沒有回答，只是怔怔地俯視著左手腕。
369.422 처음에는 규칙이 없는 것처럼 보였지만 곧 서치라이트가 만들어낸 빛의 기둥들이 구불구불 해안을 따라 기영과 잠수정을 이은 가상의 선분 위로 모여들었다.	369.292 起先好像没有规则，探照灯制造的光柱弯弯曲曲地沿着海岸线聚集于连接基荣和潜水艇的假想分线。	369.345 起初看起來雖像似沒有規則，但探照燈射出的光柱沿著蜿蜒曲折的海岸，集中照射在連接基榮和潛水艇之間假想的線段上。
370.424 복도 끝으로 걸어가 마치 벽처럼 보이는 부분을 발로 슬쩍 밀자 문이 열렸다.	370.294 走到过道尽头，他轻轻踢了踢看起来像墙壁的部分，门开了。	370.347 他走到盡頭之後，輕輕用脚一推看起來好像牆壁的部分，門就立卽開啓。
371.424 그 안에는 금테 안경을 낀 육십대의 남자가 좁은 방 안에 누워 잠이 들어 있다가 벌떡 일어나 황급히 리모컨을 집어들며 소리를 질렀다.	371.294 一个戴着金边眼镜的六十多岁的男人躺在狭窄的房间里睡觉，突然坐起来，慌忙拿过遥控器，大声喊道:	371.347 一個戴著金框眼鏡的六十多歲男人睡在狹窄的房裡，突然坐起身來，慌忙拿著遙控器，大聲喊道:
372.426 그럼 꼬박 새우신 거예요?	372.296 您通宵没睡吗?	372.349 那你通宵熬夜啊?
373.428 뭐라고 딱 꼬집어 얘기할 수는 없지만 오늘은 어제와도 달랐고 어제	373.297 说不出究竟是什么原因，但是今天和昨天也不一样，和昨天之前的任何一	373.350 雖然無法說出是什麽，但今天跟昨天不同，和昨天以前的任何一天也都不

이전의 그 어떤 날과도 달랐다.	天都不一样。	相同。
374.428 그녀는 혀를 쑥 빼고 치약을 묻힌 칫솔로 혓바닥을 거세게 문질러 댔다.	374.297 她伸出舌头，用挤了牙膏的牙刷使劲地刷。	374.351 她伸長舌頭，用塗著牙膏的牙刷用力刷著舌面，
375.429 정신이 훨씬 맑아지면서 몸 속 깊은 곳에서 솟구치는 강렬한 힘을 느꼈다.	375.298 精神清爽了许多，感觉有种强烈的力量从身体深处涌了上来。	375.351 精神清爽了許多，感覺到從體內生出一股强大的力量。

참고문헌

고경태, 「반복 합성 의성 · 의태 부사의 말뭉치 빈도 연구－한국어 학습용 4음절의 반복 합성 부사 선정을 위한 시론」, 『우리어문연구』 35권, 2009.

고려대학교민족문화연구원, 『中韓辭典』, 고려대학교 민족문화연구원, 2006.

국립국어원, 『표준국어대사전』, 국립국어원, 2015.

김명순, 「의성 · 의태어의 한중 번역에 관한 연구: 정호승의 항아리에 등장한 표현을 중심으로」, 『외국어교육』 제23권 제4호, 2016.

김영하, 『빛의 제국』 2판, 문학동네, 2020.

김진아 · 차오슈링, 『중국어문법 무작정 따라하기』, 길벗 이지톡, 2004.

김태진, 「러시아어 의성어 연구」, 『한국노어노문학회지』 21권, 2009.

류우쑈통, 「이광수 『무정』 중국어본 어휘 번역 양상 연구」, 영남대학교 석사학위논문, 2014.

박선자 · 김문기 · 정연숙, 『한국어 시늉말 사전』, 세종출판사, 2014.

박종한, 「중국어 번역 기법의 모색」, 『중국어문학』 32권, 1998.

배도용, 「한국어 의성어 · 의태어 교재 개발을 위한 기초 연구」, 『우리말연구』 32권, 2013.

배마리아, 「中 · 韩 拟态 拟声语의 比较研究: 呐喊을 중심으로」, 경기대학교 석사학위논문, 1997.

손나나, 「한국 문학의 중국어번역 연구: 어휘적인 측면을 중심으로」, 계명대학교 석사학위논문, 2012.

손해서 · 채영희, 「한 · 중 의태어 어순 비교 연구: 한국의 AXBX형과 중국의 XAXB형을 중심으로」, 『중국학』 45권, 2013.

신중진, 『현대 국어 의성의태어 연구』, 서울대학교출판사, 1998.

안도현, 『연어』, 문학동네, 1997.

왕원원 · 김정남, 「한중 상징어 대조 연구」, 『한국언어문화』 71권, 2009.

이국혜, 「'A里AB'식 단어구조의 기능에 대한 고찰」, 『인문사회논총』 8권, 2002.
이여진, 「현대 중국어형용사 중첩 연구」, 숙명여자대학교 석사학위논문, 2006.
이지혜, 「현대중국어 중첩 수량표현의 통사 · 의미적 특성 연구」, 성균관대학교 석사학위논문, 2014.
이현주, 「한국문학작품의 번역품질제고를 위한 중국어 번역전략 연구-의성 · 의태어를 중심으로」, 『통역과 번역』 22권 1호, 2020.
이현주, 「웹툰 상징어의 중국어 번역양상 연구」, 『번역학연구』 21권 3호, 2020.
정순매, 「한국어 교육을 위한 의성어 · 의태어의 한 · 중 대조 연구」, 서울대학교 석사학위논문, 2005.
정영지, 「『혀』와 『고래』 속의 의태어 中译 양상 고찰」, 『언어과학연구』 86권, 2018.
정영지, 「『빛의 제국』 중국어 번역본 의태어 비교 분석: 대륙본과 타이완본」, 『중국어문학』 86권, 2021.
조경란, 『혀』, 문학동네, 2007.
채완, 「의성어 · 의태어의 통사와 의미」, 『새국어생활』 3호 2권, 1993.
채완, 「국어 의성어 · 의태어의 연구의 몇 문제」, 『진단학보』 89권, 2000.
채완, 『한국어의 의성어와 의태어』, 서울대학교출판사, 2003.
천명관, 『고래』, 문학동네, 2004.
최수철, 『몽타주』, 문학과지성사, 2007.
최은정, 「우리말 소설의 중국어 번역에서 나타나는 미적 요소의 재현 문제」, 『중국어문학』 57권, 2011.
한국어교육연구소, 『한국어 의성어 · 의태어』, 동양북스, 2015.
한재균 · 김영희, 「한중양국어의 의태어 비교 연구」, 『중국어문논역총간』 24권, 2009.
허뢰, 「소설 『바람의 화원』의 중국어 번역본 『风之画员』의 어휘번역 분석」, 계명대학교 석사학위논문, 2014.
冯时, 「韩国语拟声 · 拟态词的汉译方法研究-以韩国小说『我的甜蜜都市』, 『菊花香』和 『早安』为中心」, 釜山外国语大学校 硕士学位论文, 2012.
汉语大词典编辑委员会, 『汉语大词典』, 汉语大词典出版社, 1995.
黄伯荣 · 廖序东, 『现代汉语』, 高等教育出版社, 2008.

盧鴻金 译,『光之帝國』, 漫遊者, 2019.

朴明爱 · 李琨 · 刘传友 译,『画影图形』, 求真出版社, 2014.

千太阳,『鲑鱼』, 华中科技大学出版社, 2016.

全明吉 · 金声宇 编,『中韩辞典』, 黑龙江朝鲜民族出版社, 2012.

权荣翼,「韩文拟声、拟态词的中文翻译法研究」, 华中科技大学 硕士学位论文, 2013.

王剑引,『中国成语大辞典』, 上海辞书出版社, 1995.

王润秀,「韩国语拟声、拟态词汉译方法初探－以韩国长篇小说『寻找母亲』为例」,『中韩语言文化研究』 11, 2016.

王振凤,「韩国语拟态词的特性以及与汉语的对应」, 延边大学校 硕士学位论文, 2007.

薛舟 · 徐丽红 译,『舌尖上凋落的爱情』, 重庆出版社, 2010.

薛舟 · 徐丽红 译,『鲸』, 重庆出版社, 2011.

薛舟 译,『光之帝国』, 人民文学出版社, 2012.

中国社会科学院语言研究所词典编辑室编,『现代汉语词典』, 商务印书馆, 2015.

네이버 사전:『에드월드 표준한한중사전』,『고려대 한한중사전』,『고려대 한국어대사전』

정영지

경북대학교 중어중문학과 학사, 석사

중국 中山대학교 박사(중국 음운학, 문자학 전공)

POSTECH 인문사회학부 강의

현재 경북대학교 중어중문학과 및 어학교육센터 강의

「二等 開口 喉牙音字 중 i-介音의 來源 고찰」, 「어기조사 '啊'의 音變 처리상의 문제 및 교육」

등 음운, 음성 관련 어학 논문 다수

효과적인 의태어 번역전략

—한국 현대소설의 중국어 번역을 중심으로

초판 1쇄 인쇄 2022년 1월 18일
초판 1쇄 발행 2022년 1월 28일

지은이 정영지

펴낸이 이대현

책임편집 강윤경 | **편집** 이태곤 권분옥 문선희 임애정

디자인 안혜진 최선주 이경진 | **마케팅** 박태훈 안현진

펴낸곳 도서출판 역락 | **등록** 1999년 4월 19일 제303-2002-000014호

주소 서울시 서초구 동광로46길 6-6 문창빌딩 2층(우06589)

전화 02-3409-2060(편집부), 2058(영업부) | **팩스** 02-3409-2059

전자우편 youkrack@hanmail.net | **홈페이지** www.youkrackbooks.com

ISBN 979-11-6742-227-9 93710

정가는 뒤표지에 있습니다.
파본은 교환해 드립니다.